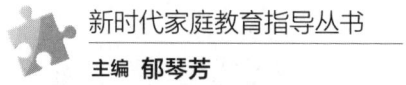

教师家庭教育指导实务

（小学版）

王君瑶 吴叔君 主编

हिन्दी जनता की भूख

"新时代家庭教育指导"丛书编委会

主任　汤林春　江伟鸣
主编　郁琴芳
成员　（以姓氏拼音字母为序）
　　　戴耀红　贾永春　李金瑞　李正刚　刘景旭
　　　刘　静　王君瑶　王　萍　温剑青　吴叔君
　　　徐　群　杨　静　尹蓉蓉

《教师家庭教育指导实务（小学版）》编委会

主编　王君瑶　吴叔君
编委　顾莹莹　李正刚　刘　静　郁琴芳

代序

学校家庭教育指导须把握"四个第一"

伴随着经济增长与社会转型,我们以往教育的"顺序模式"——即家庭教育、社会教育和学校教育先后分别在个体成长过程中发挥各自作用——正在转变为一种新的"重叠模式",即在儿童和青少年成长的每一个阶段,家教、家长、学校、教师、社会越来越呈现为相互联系、共同影响着孩子的成长发展。如何将上述不同的教育因子有机结合在一起,形成一种整合优势,已成为当前"家校合作""校社共育"的一个重要课题。

一、家庭,是儿童人生的"第一所学校"

教育是衡量一个国家文明传承和经济社会发展水平的重要指标。习近平总书记在 2015 年新春团拜会上讲话中指出:"家庭是社会的基本细胞,是人生的第一所学校。不论时代发生多大变化,不论生活格局发生多大变化,我们都要重视家庭建设,注重家庭、注重家教、注重家风"。

从社会结构而言,家庭作为社会的最基本单元,营造良好的家风、弘扬家庭美德是构建和谐社会最为重要的基础,更是社会文明程度的重要标志。从人的发展序列而言,家庭是个体生命成长的最初始的场所。从教育的环境而言,家庭教育作为一切教育的基础、教育的重要组成部分,既是学校教育的重要支撑和有益补充,又与学校教育、社会教育共同构成了"三位一体"的综合育人格局。

无独有偶,2015 年 10 月国家主席习近平在伦敦出席全英孔子学院和孔子课堂年会开幕式致辞中,再次提到了家庭教育的重要性。他指出:"由英国广播公司制作的纪录片《我们的孩子够强吗?》,该片对比了英式教育和中式教育,在中国网络播出,使中国广大家长认识到张弛有度于子女成长的重要作用,但中国孩子玩得太少了,要让他们多玩一玩"。

客观地说,改革开放近四十年来,中国的教育取得了举世瞩目的成就,为社会主义现代化建设培养了一亿多大学毕业生。当然,我们学生的学习压力,尤其是升学竞争方面的压力仍相当大。高考、中考指挥棒,经层层放大,最终将压力传递到了每一个家庭,导致学生学业负担始终得不到减轻。一方面,我们天天喊"减负",另一方面,我们的家长又一直被迫给孩子"施压",这是一个悖论,这仍是需要我们学校、家庭乃至全社会共同努力、不断破解的一个社会难题。

记得知名教育家吕型伟先生曾这样感叹:"今天我们的教育能到愉快这个水平吗?我说过我们的'小皇帝'顶多只能享受到6岁,6岁一上学,就从皇帝变成了'奴隶'。过去讲溥仪是从皇帝到平民,我们的孩子比不上溥仪这个末代皇帝。中国的传统文化中最突出的两个字就是'听话'。稍稍懂事就教育孩子要听话,小时听爸爸妈妈的话、上学听老师的话、工作了听领导的话,似乎听话是中国人的为人之本……"中国家长一边在生活上过分疼爱自己孩子,一边又在学业上无休止地"催逼"孩子。

其实这与中西方家庭代际传递文化有关,中国代际关系是"反哺模式",西方是"接力模式"。前者对子女几乎是无限责任,所以才会有"啃老一族"。在西方个体主义文化下,成年子女与父母同住就表明子女没有独立生存的能力。而我们的教育观念是受了所谓"木桶理论"影响太深。中国家长喜欢告诉孩子,去补最短的一块"知识",家长不停地督促孩子改正其不足,弄得孩子一点自信也没有。而我们参观过的荷兰,该国的教育,不管是学校考试也好,公司培训也罢,首先是问孩子擅长什么?特别问你最感兴趣什么?即便有弱点和缺点也没关系,因为还有"团队合作"训练等着你,你不擅长之处有另一个擅长此道的同事来互补,与你共同完成。

好在如今越来越多的中国70后、80后家长,开始更多关注孩子的良好习惯与人格培养。最近上海社会科学院青少年研究所一项有关家庭教育代际比较的研究显示,家长和学生均认为最重要的排前三位品质是责任感、独立和宽容尊重他人;家长最看重责任感,学生则最看重宽容、尊重他人。尤其是一些国外留学回来的年轻父母,越来越多关注如何让孩子真正为了兴趣在学习、为自己而学习。这说明经过多年家庭教育的科学普及,广大家长,尤其是年轻父母的育儿观念开始有了改变,这是令人喜悦与欣慰的转变。

二、家长,是孩子健康成长的"第一责任人"

教育始于家庭。家长的教育理念、教育方法、教养方式深深影响着孩子。父母是孩子生命中第一任老师,孩子降生到这个世界最先看到的人,也是最关注孩子的亲人。在一个人的教育中,父母的家庭教育是成功的关键,对一个人起着举足轻重的作用。

1. **父母对孩子的教育进行得最早、时间最长**。胎儿在体内就受到母亲"体内环境"的直接影响,胎儿的健康与否与母亲有着密切的关系。比如孕妇愉快的情绪,平静的心境,可减少胎儿躁动,有利于其健康发育。即使日后入托、入园,以及入小学、中学,孩子大部分时间仍生活在家庭中,受父母的潜移默化影响最大。父母的教育是在孩子模仿性最强的幼小年龄进行的,不但占其"先入为主"的便利,而且父母的形象示范、言传身教也给孩子以终身影响。如果父母语言、行为、习惯不良,那就较难保证孩子在这些方面能做到优良。因此,做家长首先自己要学习,学习家庭教育的科学理念与新知,不断提高自身素养与育儿能力。做父母的应明白,教育并不只是认字、读书、数数等,教育也包括孩子的举止行为、感知认知等各方面。家长在平时生活中应成为孩子潜移默化的行为示范。比如父母相亲相爱关系融洽,脾气各方面都很好,那孩子在以后的人生道路上也会平易近人。总之,父母理所当然地应该担负起教育孩子的第一责任。

2. **让孩子在规则与自由中健康"成人"**。"自由过度"会导致孩子任性放肆。婴幼儿有以自我为中心的思维特点,如果一切都顺应他的本性,会导致为所欲为的倾向。如不服管教、攻击性强都与父母过度顺应孩子的自由需要有关。自由过度实际上就是放任纵容,对培养孩子的社会性和责任心是不利的,使孩子"长"不出个性却"长"出任性。而"规则过度"又易于致使孩子缺乏个性。有的父母认为听话的孩子让人省心,少惹出麻烦事儿来,这种观念多表现在控制欲望比较强的父母身上,长期生活在这种环境中的孩子,做事和思维的依赖性比较强,害怕尝试新事物,而且调整情绪变化的灵活性比较弱,这将影响孩子的创新意识与个性成长。因此,应倡导让孩子学会规则又拥有自由的平衡教育策略。没有规则的自由是放任,没有自由的规则是遏制,都是家庭教育不得法的表现,理想的状况是把握好规则与自由的张力,这样的孩子将来将发展出既有责任心、又有开拓性的健康人格。

3. **培养孩子自信、悦纳,爱思考、善表达之品性**。爱因斯坦早就预言,一个人提出问题的能力比解决问题的能力重要。想象力远比知识重要。爱因斯坦说这个话的时候,人们还不能切身感受到这些话里蕴藏的奥秘,但在现在互联网时代,这一道理已经成了生动的现实。网络时代对于青少年而言,更重要的是具备如下能力:知识迁移与学习力、独立思考与表达力、承诺坚毅与执行力、自我悦纳与抗逆力。这些能力与知识和文凭无关。但在当代快速变化、变动、变革的社会特别重要。我蛮欣赏北京十一中李希贵校长的一句话:教育最大的成功是培养出自我悦纳、充满自信的学生。每个人都有优点和不足,关键在于自己如何看待。既要看到自己的优势,还要了解自身的弱点。

作为家长对于孩子的培养,重要的不在于孩子能考多少个100分,而在于把他培养成为一个"完整"的人,让孩子对生活和学习充满热情。一项关于儿童兴趣与幸福感的调查显示,如果有一件事情是孩子最喜欢做的,而大人又创造条件让他做这件事,那么他一定会很有幸福感。人有先天的基因,孩子的学习能力不完全是与生俱来的,但也不完全由后天的训练形成,而是由先天基因给出了某些能力和许多能力发展的框架,需要后天的经验来启动和发展。

其实,所谓"开发智能"的说法并不太科学。智能有多种,对人的智能多元化的理解,澳大利亚人认为土著人只有音乐和体育才能。而中国现在流行的是,每个人都有多元智能,什么都可以学好,唱歌跳舞都去发展。但事实上,一个人不可能样样都好。其实,人一生中一定有一件事情他做起来最省力、学得最快。如果有一件事情是孩子最喜欢做的,而且他最擅长,而你又创造条件让他做这件事,那么他一定会很有成就,也会很有幸福感。

三、学校,要帮青少年"扣好人生第一粒扣子"

2016年习近平总书记在会见第一届全国文明家庭代表时强调:"广大家庭都要重言传、重身教,教知识、育品德,帮助孩子扣好人生的第一粒扣子,迈好人生的第一个台阶"。并指出家庭教育要从小处着眼,家长要做好示范,有关部门和专业机构要共同"科学有序"地大力推动家庭教育工作。

"人生的扣子从一开始就要扣好。"习近平总书记在不同重要场合多次强调要引导和帮助青少年学生扣好人生的第一粒扣子。总书记用十分通俗、形象、准确的语言强调了对青少年进行正确人生观教育的重要性。所谓"扣好人生第一粒扣子",实际上包含了以下几个内涵:一是学校要帮助学生从小树立正确的人生观、价值观。观念是行动的指南,正确的观念才能引导出正确的行动,正确的行动才能产生好的结果,人才能走好圆满幸福的人生。二是学校要通过"家校共育""校社共建"帮助青少年树立远大的理想。观念重在当下,理想关注未来,要引导学生胸怀大志,放眼世界,脚踏实地,成就未来。三是学校要积极组织实施丰富多样的家校合作、校园文化与社区公益活动,让孩子在集体生活中培养能力,在社会实践中增加才干,"扣好人生第一粒扣子"。

"扣好人生第一粒扣子"是十分重要的,衣服的扣子扣错了可以重来,而人生第一粒扣子如果扣错了,要想纠正将会相当困难,一旦错误的观念形成,要想改变它,要花费很大的力气。古人曰:"入门须正,立志须高",意思就是要走好人生开始最关键的几步。如何才能帮助学生"扣好人生第一粒扣子",习总书记为我们学校德育提出了一个重大命题。

引导孩子首先知道自己将来"需要"什么这一点非常重要。这是因为如何走好未来生活道路的每一步,都是由人生目标与信仰决定的。孩子12岁到18岁的时候,是树立理想的关键时期。尤其是我们学校老师要创造条件让他自由选择,他自己会做决定,但你需要提供环境,引导他,并且尊重他的决定,帮助他去实现。

人生目标选择为什么重要?哈佛大学对一群智力、学历相似的人进行了25年的跟踪调查。3%有清晰且长期目标的人,大都成了顶尖成功人士;10%有清晰短期目标的人,大都成为专业人士;60%目标模糊者,能安稳工作生活,无特别成绩;27%无目标的人,经常失业,生活动荡。尽管我们孩子中绝大多数终将成为普通人,因此,扣好人生"第一粒扣子",培养孩子具备走向社会之"核心素养",应成为我们学校家庭教育指导之首要任务。

四、教师,应成为学校家庭教育指导的"第一实施者"

当前家庭教育应突出"核心素质"培养,"主战场"无疑是学校,而具体指导则应由经过家庭教育理论与实务培训的教师来担任。2013年2月,UNESCO发布报告《走向终身学习——每位儿童应该学什么》。该报告基于人本主义的思想提出核心素养,即从"工具性目标"(把学生培养成提高生产率的工具)转变为"人本性目标",使人的情感、智力、身体、心理诸方面的潜能和素质都能通过学习得以发展。在基础教育阶段,尤其要重视身体健康、社会情绪、文化艺术、文字沟通、学习方法与认知、数字与数学、科学与技术等七个维度的核心素养。上述素养是未来个人终身发展和社会发展所需要的"必备"品格与"关键"能力。

众所周知,队伍建设是家庭教育指导的核心要义,而教师群体在学生眼中最具影响力,理应成为学校家庭教育指导的主力军。而师资队伍建设首先离不开教材建设。呈现在各位读者面前的这套《教师家庭教育指导实务》丛书,正是由上海市数十位中小学德育、学科教育、学前教育和家庭教育专业人员、研究专家合作完成。本套丛书的创新与特色在于:

第一,作为国内第一套适用于在岗中小幼教师、家庭教育指导者的开展家庭教育指导的通俗读本,具有较好的实验性、实务性与示范性。丛书在征求、听取中小学、幼儿园校长、园长、教师以及广大家长对家庭教育需求基础上,首次提出教师作为家庭教育指导者应该完成的四大任务和必须具备的四大能力。

第二,丛书是目前国内第一套分学段(分学前版、小学版、初中版、高中版四册)的家庭教育指导者实务读本。首先,读本对在岗教师家庭教育指导的基本任务、基本能力做了较为系统的梳理。其次,读本按照青少年儿童年龄、心理发展特点,分层递进,在对家庭教育指导一般理论归纳梳理基础上,凸显了不同学段的家庭教育指导重点和难点问题,便于不同学段的教师对本教材的自学与使用。

第三,丛书既有对家庭教育基本问题的理论阐释,又有来自一线教师提供的大量真实案例,可帮助教师厘清家庭教育的基本概念、核心理念,在家庭教育情景、案例教学中掌握科学指导的方法、技巧。

第四,丛书又是多方合作、共同协同的科研成果。在编写过程中受到了市教委德育处的大力指导,得到了市教科院家庭教育研究与指导中心专业支持,同时也获得了基层校长、教师热情参与。理论与实践较好结合是本套丛书的一个特色。使得它成为本市在岗教师开展家庭教育指导、提升教师自身指导能力的培训教材。

以上是遵郁琴芳主任之嘱、阅读《教师家庭教育指导实务》丛书后的一些思考与感想,是为序。

中国教育学会家庭教育专业委员会副理事长
上海社科院青少年研究所所长　　杨　雄
2017 年 12 月于上海社会科学院

目　录

第一章　教师与家庭教育指导 …………………………………………… 1
　一、家庭教育与家庭教育指导 ………………………………………… 3
　　（一）家庭教育指导≠家庭教育 …………………………………… 3
　二、家庭教育指导的价值意义 ………………………………………… 8
　　（一）家庭教育指导对儿童成长的意义 …………………………… 8
　　（二）家庭教育指导对家长的意义 ………………………………… 8
　　（三）家庭教育指导对学校的意义 ………………………………… 9
　三、教师与家庭教育指导的关系 ……………………………………… 10
　　（一）家庭教育必离不开教师的指导 ……………………………… 10
　　（二）教师工作无法游离于家庭教育 ……………………………… 11
　四、教师的家庭教育指导能力 ………………………………………… 12
　　（一）学校开展家庭教育指导的问题 ……………………………… 12
　　（二）教师家庭教育指导能力的不足 ……………………………… 14

第二章　教师家庭教育指导基本任务 …………………………………… 17
　一、全面掌握小学生的发展规律 ……………………………………… 19
　二、科学理解教育综合改革的内涵 …………………………………… 20
　　（一）关于学习准备期 ……………………………………………… 20
　　（二）关于等第制评价 ……………………………………………… 27
　三、专业引领小学生家长的教育需求 ………………………………… 33
　　（一）不同年段家长对家庭教育指导的需求 ……………………… 33
　　（二）小学阶段家长在家庭教育中的常见问题及基本素养需求 … 34
　　（三）小学阶段家庭教育指导的主要原则 ………………………… 35
　四、小学生家庭教育指导重点 ………………………………………… 36

（一）学习指导 …………………………………………… 36
　　　（二）生活指导 …………………………………………… 37
　　　（三）情感品德指导 ……………………………………… 38

第三章　教师家庭教育指导基本能力 ………………………………… 41
　一、沟通与交流 …………………………………………………… 43
　　　（一）日常沟通 …………………………………………… 47
　　　（二）家访 ………………………………………………… 60
　二、策划与组织 …………………………………………………… 81
　　　（一）家长会 ……………………………………………… 81
　　　（二）家校活动 …………………………………………… 102
　　　（三）班级家委会 ………………………………………… 124
　三、指导与引领 …………………………………………………… 142
　　　（一）特殊家庭的个别化指导 …………………………… 142
　　　（二）家长社群的专业引领 ……………………………… 152
　四、应对与干预 …………………………………………………… 163
　　　（一）常见的突发事件 …………………………………… 163
　　　（二）突发事件的应对 …………………………………… 172

第四章　不同教师群体的家庭教育指导 ……………………………… 187
　一、学科教师 ……………………………………………………… 189
　　　（一）家庭教育指导亦是学科教师的份内事 …………… 189
　　　（二）如何发现学生的问题 ……………………………… 195
　　　（三）如何与班主任合作 ………………………………… 200
　二、职初教师 ……………………………………………………… 203
　　　（一）家庭教育指导的理念与意识（常见问题） ……… 203
　　　（二）如何尽快与家长建立互信关系 …………………… 206
　　　（三）职初教师如何与有个性的家长打交道 …………… 213

后记 …………………………………………………………………… 221

第一章

教师与家庭教育指导

《教师法》规定:"教师是履行教育教学职责的专业人员。"每一位老师都深知,教书育人是自己天然的职业使命。学校是专门从事教育的组织机构,为人民大众提供教育公共服务,而教师则是学校组织中最重要的专业人员。那教师是不是只需要在学校里站稳三尺讲台?他们需要熟悉家庭教育,开展家庭教育指导吗?毕竟,众所周知,家庭是私生活的场所,而家庭教育是私人领域的教育活动。

答案当然是否定的。要回答上述问题,我们首先需要了解什么是家庭?什么是家庭教育?什么是家庭教育指导?在厘清概念的基础上,进一步明晰家庭教育指导的价值与意义所在,从而深刻理解教师与家庭教育指导的关系。

一、家庭教育与家庭教育指导

(一) 家庭教育指导≠家庭教育

1. 何为家庭?

每个人都有自己的家庭,每个人也都熟悉我们所谓的家庭指的是什么。不过真正用学术语言来定义它,还是有点难度。来自学术界的专家会从不同的学科背景出发给家庭下各种定义,比如著名的社会学家费孝通先生认为:"父母与子女形成的团体,我们称作家庭。"[1]教育学家陈桂生认为:"家庭是以一定的婚姻关系、血缘关系或收养关系组合起来的初级社会群体。"[2]

综合众多专家的观点,我们需要理解关于家庭的几个基本要义:

第一,家庭是人生最重要的场所。

家庭是人类社会最基本的组成单位,它保证了人类的生存、繁衍和发展的需要,同时它也是人生最重要的场所。朱永新教授认为,人的一生实际上生活在四个地方,分别是:子宫、家庭、学校和职场。而在这四个场所中最长久、最重要的还是家庭,因为家庭在这四个阶段一直存在,这四个阶段与家庭都有着非常密切的关系。

第二,家庭是以婚姻关系形成的社会组织。

家庭是由婚姻构成的,血缘关系是姻缘关系派生出来的。婚姻是社会为双方约定的共同担负抚育子女责任的契约。一旦婚姻结束,正常的家庭随之解体。一个没有孩子的家庭解体要相对简单,而社会对有了孩子而准备离异的夫妻,总是首先明确双方对抚育孩子具有不可推卸的责任,然后才慎重地用法律的手段确定孩子的监护人。随着时代的变迁和社会的发展,中国家庭的离婚率从2002年开始就一路走高。由于婚姻变动而引起的单亲家庭、离异家庭、重组家庭都是影响儿童成长的重大环境因素。

第三,家庭是亲子两代(也可以超过两代)以血缘关系或收养关系形成的社会组织。

父母的姻缘关系自然会带来亲子的血缘关系或者收养关系。无论在哪种关系中,孩子都是家庭中重要的成员。因此,亲子关系也是家庭关系中重要的组成部分。

第四,家庭是人,特别是未成年人精神和物质生活的寄托。

对于儿童青少年而言,家庭是他们的出生地,是一个温柔的港湾,是他们最早生活和成长的地方,更是他们的第一所学校,所以父母就是他们的第一任老师。家庭对儿童来说发挥着不可替代的教育功能。儿童正是在家庭学习各项技能才完成了他们社会化的第一步,在家庭中他们学会如何表达、如何自理、如何交往等,家庭生活是他们能步入社会独立生活前的重要阶段。

2. 何为家庭教育?

社会学家邓志伟在《家庭社会学》中把家庭的功能归类为:生物功能(生育等)、心理功能(情感慰藉等)、经济功能(生产、分配、交换和消费)、政治功能(小型政府、家长权力)、教育功能(社会化、家庭教育)、娱乐功能、文化功能(习俗、宗教学习)。

谈到家庭的教育功能,自然就引出家庭教育这个概念。在现代社会,家庭教育已成为一个独立的学科,并且已经成为教育系统的重要组成部分。与家庭的概念一样,众多学者对家庭教育有不同的理解和定义。一般来说,家庭教育有狭义与广义之分。狭义的家庭教育概念是众人耳熟能详的,即父母或者其他年长者在家庭内自觉地、有层次地对子女进行的教育(《中国大百科全书·教育学》),这个解释也通常是我们普遍认可的解释。在日常的谈资中,我们提到家庭教育就会自觉的认为是长者对其子女的教育。但是随着时代发展,家庭教育内涵并不只有这些,所以目前家庭教育更多地从狭义走向广义的概念。

马和民教授认为,家庭教育不仅要关注家庭成员之间的影响,还要关注家庭环境因素所产生的教育功能。[3]另外我们还要关注子女在父母教育中对父母的影响以及对父母教育的反馈过程。因为父母和孩子是两个相对的又互为存在条件的概念,父母作为养育者,他们的教育目的、教育内容、教育方法和手段,都要考虑孩子的年龄特点与个性特点。[4]也就是说家庭教育要了解教育对象的特点,因材施教,否则教育效果就会大打折扣。这也可以理解为什么"天才"不可复制,成功的家庭教育只能学习或模仿,而不能照搬照抄。

深刻理解家庭教育,还必须认识家庭教育的三大特点:

(1) 家庭教育是私密教育,是基于血缘与情感的教育。

家庭是在婚姻与血缘的基础上建立起来的,没有婚姻也就没有子女,没有子女也就无所谓家庭教育。我们知道有了婚姻才能诞生孩子,子女与父母有着天然的血缘关系,因此家庭教育还有血缘的基础。当然现今社会,出于某些原因个别家庭会通过领养的方式有自己的子女,那么他们就存在法律上的血缘关系。血缘关系是一种天然的关系,就像动物会保护幼崽一样,父母会出于本能保护自己的孩子,爱护自己的孩子,孩子对自己的父母有着天然的依恋和爱慕,在最初几年孩子完全不能离开自己的养育者。这也是家庭教育区别于社会教育与学校教育的最大的不同。家庭教育可能从孩子还未出生就已经开始发生,并与养育同行,比如胎教。长大之后,即使参与了学校教育以及社会教育,家庭生活仍是儿童生活的重要组成部分,所以家庭教育仍然会是儿童教育的重要内容。因为血缘的维系,家庭教育会持续终生,只要血缘没有断,情感没有断,家庭教育就会一直持续。所以在这个意义上,家庭教育不单单指 0-18 岁儿童的家庭教育,而是终身教育。

(2) 家庭教育是生活教育,与家庭的日常生活不可分割。

家庭教育不是严肃的学校教育,它是一种存在于父母与子女之间的教育关系,它的发生不受空间、时间的限制,更没有固定的方法或者模式,因此有父母与子女存在的地方就可以发生家庭教育。家庭教育可能发生在全家一起吃饭的时候,也有可能发生在全家一起在游乐场排队游玩的时候,有可能发生在睡觉前,也有可能发生在上学的路上,这些场景既是家庭生活的场景,也是家庭教育的情境。家庭教育可以贯穿于家庭生活的各个方面。

随着时代的发展,家庭生活水平的提高,家庭生活的内容开始越来越丰富,家庭教育的内容也随之开始丰富多样。例如亲子阅读、亲子游戏、出国旅游等家庭生活的形式开始出现并流行。这些看似是简单的家庭生活的内容,其实有很深的教育隐喻。如一些父母会希望通过亲子阅读提高孩子的识字能力和文学功底,亲子游戏中加入了更多的智力因素,让儿童在游戏中发展智力,提高反应及思考力,出国旅游更是如此,家长希望带领孩子一起开阔视野,学习不同国家的民俗风情以及地理知识。随着父母文化水平的提高,父母会单独安排有教育意义的家庭生活内容,并赋予很高的教育期望和教育目标。从这种意义上,家庭教育何尝不是"在生活中感悟教育,在教育中提升生活"。

(3) 家庭教育是自然过程,潜移默化且影响深远。

家庭教育是会对儿童一生都有重要影响的教育,深入到孩子血液和骨髓里。每个孩子在走上社会时都带着自己原生家庭的影子。儿童天然会模仿自己的父母,会沿袭家庭环境对自己的影响,或许有些儿童到了青春期开始叛逆,开始反对自己的父母,开始试图挣脱家庭的束缚,开始"做自己",但是他们仍然不能去除自己身上的家庭烙印,再独立创造一个完全不同的自己。

家长的行为不仅给孩子创设了环境,更给孩子树立了学习的榜样。环境与家长行为本身就有潜在的教育意义。因此家庭教育的发生是潜移默化的。而且这种潜移默化可能影响孩子的一生,人的性格和行为习惯一旦树立,改变就变成很困难的事。有学者提出在家庭教育概念中,涉及三个有关亲子互动的概念——影响、培养和教育。[5] "教育"更显示它的目的性与规范性,"培养"看重的是儿童身体和心理的发展。"影响"则是最关键的,父母对孩子可以产生积极的影响,也可以产生消极的影响,潜移默化、不被完全意识且影响深远。

3. 何为家庭教育指导?

家庭教育是教师熟悉的概念,但家庭教育指导这个概念对于教师而言相对陌生。学者胡杰指出:家庭教育指导的含义,有广义和狭义之分,主要是以教育对象来区分。狭义的家庭教育指导是指:"由社会通过大众传媒或社会机构,以儿童家长为主要对象,以提高家长的教育能力和水平、改善教育行为为直接目标,以促进儿童身心健康成长为目的的一种教育过程。"狭义的家庭教育指导实际上就是我们传统意义上的"家长学校"的概念,简而言之,就是教会家长如何教育孩子。广义的家庭教育指导则是在教育的对象上给予了发展,它符合现代意义上的家庭教育理论,因为家庭教育的双向互动性,决定了家庭教育指导的对象不仅是家长或者长辈,更应该包括子女。从现实意义上来说,指导子女如何孝敬长辈,接受长辈的教育,在家庭生活以及其他家庭活动中需要遵循的思想和行为准则,乃至如何与家长或者其他长辈沟通,这些都需要家庭教育方法的指导。[6]

在基层学校的一线工作中,我们通常取家庭教育指导的狭义概念,即:由家庭外的社会组织、机构组织的,以家长为对象,以提高家长的教育素质、改善教育行为为直接目标,以促进儿童身心健康成长为目的的一种教育过程。[7] 家庭教育指导完全有别于家庭教育,我们用一张图示来直观感受家庭教育与家庭教育指导完全不同。学者李洪曾老师将家庭教育指导从家庭教育中剥离出来,提出了"4421"的家庭教育指导理论框架。即在家庭教育指导工作的全过程中涉及4类对象,就是儿童、家长、作为指导者的教师和作为组织管理这项工作的分管领导;包括4个具体过程,即儿童的发展过程、家长对儿童的教育过程、指导者对家长的指导过程和组织管理者对指导者的组织管理过程。任何一个具体过程都在两种环境下进行,即物质环境和精神环境;以上全部的要素都会受到外部社会大背景的制约。

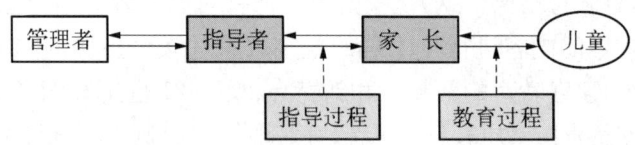

我们来分析这个概念的时候,必须明确以下几点:

第一,家庭教育指导是家庭以外的组织实施的活动和教育过程。家庭教育指导显然是在家庭外部,而不是在家庭内部。众所周知,学校是家庭教育指导的主阵地。但需要提醒教师的是,家庭外部开展家庭教育指导的组织,不单单是学校,可以是妇联、居委、非政府组织乃至企业等其他组织。

第二,家庭教育指导的主要对象是成人,而非儿童。

由于家庭教育指导的主要对象是作为儿童监护人的成人,指导一般在家长工作之余的时间内进行,指导是为家长的家庭教育服务的,因此我们可以把家庭教育指导看作是一种带有师范性的、业余的成人教育。

第三,家庭教育指导有明确的目标。

有学者认为,家庭教育指导目标由直接目标和间接目标两部分组成。直接目标:通过多元化的指导措施,帮助家长建立现代的教育观念,端正自身对子女的教养态度,掌握科学的教养知识,提高自身的教育素养。间接目标:以培养青少年良好道德品质、个性品质为主导,促进青少年全面、和谐发展。指导的具体目标由改进目标与发展目标两部分组成。改进目标是从问题出发,施予必要的教育干预,以达到应有的状态;发展目标是从应有的状态出发,进行必要的教育调整和主体整合,以达到状态的理想化。[8]

第四,家庭教育指导有多样的指导形式与方法。

家庭教育指导形式多样,杨宝忠老师在《大教育视野中的家庭教育》中将家庭教育指导的形式分为个别指导和集体指导两大类。个别指导形式包括:家庭访问、在校接待、单独咨询、电话联系、信件来往、家校联系册和电子信箱等;集体指导形式包括家长会、讲座与报告会、经验交流会、专题讨论会、大众传媒教育开放活动、亲子活动等。[9]

第五,家庭教育指导有固定的内容要求。

站在学校立场,家庭教育指导内容一般包括:(1)向家长介绍、提供有关儿童发展、本学段的教育和家庭教育的基本规律、理论知识和实际情况;(2) 介绍孩子所处年龄段在生活和学习中以及家长在家庭教育中容易出现的问题,并提出供家长参考的处理意见和建议;(3) 围绕社会热点问题和学校的工作中心与家长交流。

《上海市家庭教育指导大纲》是我国第一部针对家庭教育指导工作的大纲,其中对家庭教育指导的内容进行了明确的规定:"家庭教育指导的内容应体现时代性,体现新形势下家庭教育的新起点和新特点,反映21世纪知识经济社会对人才的要求。要向家长宣传素质教育的思想,宣传现代儿童观、教育观、人才观,加强家庭美德教育、职业道德教育、社会公德教育,讲授不同年龄段儿童和青少年身心发展的一般规律和个体差异等。""应具有阶段性。根据不同年龄段儿童家庭教育的特点和容易发生的问题,确定重点指导的内容。"同时上海市还于2009年出台了《上海市0-18岁家庭教育指导内容大纲(试行)》,大纲中按照不同年龄阶段的划分详细规定了家庭教育指导的内容,具有很好的可参考性和执行性。

二、家庭教育指导的价值意义

(一) 家庭教育指导对儿童成长的意义

虽然家庭教育指导的对象是家长,但是不管是家庭教育还是家庭教育指导,它们的终极目标均是指向儿童发展的。因此家庭教育指导对于儿童成长来说,是帮助儿童在不同的阶段能更好地渡过难关,更健康地成长为一个全面发展的人。特别是现代社会呼吁学校,努力培育出全面、独立、主动、创新的儿童。家庭教育指导就担负着提高家长教育素养,帮助家长了解不同年龄段儿童的发展特点,提供家长合适的方法去对待不同阶段的儿童,与家庭共同承担培养全面发展儿童的重要使命,与家长携手帮助儿童渡过不同阶段的成长难关的责任。

(二) 家庭教育指导对家长的意义

既然家庭教育指导的直接对象就是家长,那么积极有效的家庭教育指导对家长的意义更为重大。

1. 家庭教育指导有助于提升家长的教育素养

家长是儿童成长最初也是最直接、最主要的教育者,而家长的教育素养对儿童的发展有着至关重要的意义。一般而言,家长的教育观念、教育能力、教育方法等,都属于教育素养范畴之内。在育儿过程中,无论是正确的教养观念还是具体的有效行为,都不是天然赋予父母的。任何成人,为人父母都是以"学"为长,哪怕是面对自己的二宝孩子。因此,家长需要外界的专业的家庭教育指导以更好地提升自身的教育素养。

2. 家庭教育指导有助于家长更了解自己的孩子

学校是联系家长和孩子之间的桥梁,帮助家长了解群体中孩子的发展情况,指导家长正确处理亲子关系,是学校家庭教育指导的重要价值。

一方面,从理论上来说,最了解孩子的应该是孩子的家长,但是"当局者迷"的现象有很多,有时候因为接触太密切,目标比较单一,家长反而不能从整体上了解孩子的发展。尤其,对于进入初高中的孩子来说,更多的秘密不愿意对家长说,甚至会"家长面前一套,背地里一套",让家长更加不能全面了解儿童的发展。而教师则可以从更高的角度、群体的层面全面了解孩子的发展情况,从不同儿童的对比中来判断儿童发展水平的高低,对家长给出正确的教育建议。

另一方面,有些年轻的家长自身是独生子女,爱子之心人皆有之,血浓于水的亲情使很多家长溺爱、否定、过分保护、放任、干涉孩子等,亲子关系不和谐。教师如果能够适时地介入开展家庭教育指导,对于改善亲子关系有极大的益处。

3. 家庭教育指导有助于家长与儿童一同成长

现代社会,特别是上海的小学生在校接收的信息量远远超过家长这一代当年的受教育水平,家长的教育能力远远不能满足孩子发展的需要。实践研究表明,家长学习家庭教育知识的程度,远不能满足对子女教育的实际需求,因而导致其教育能力不高,直接影响亲子之间的沟通,影响家庭教育的效果。正如有些家长反映,孩子前段时间还好好的,这段时间突然特别难相处。就是因为家长没有将孩子看成是不断发展的儿童。还停留在原来对孩子的了解之上,教育方法没有跟随孩子的成长进行更新。儿童阶段是人这一生生长与发育最快的阶段,如果家长没有跟随孩子一同成长,那么教育就会滞后,发生矛盾在所难免。家庭教育指导帮助家长不断成长,在不断学习教育知识的同时与儿童一同成长。

(三)家庭教育指导对学校的意义

1. 家庭教育指导让家校合作更深入、更高效

在学校寻求的众多合作力量中,家长是最重要的一个,家庭和学校是并肩作战的合作者的角色。随着对家庭教育重要性的认可,越开越多的学校重视家校合作。开展家庭教育指导的首要任务是教育家长,从教育观念、教育能力、教育行为等方面采取多元化渠道对家长进行教育。与教育学生的不同之处在于,学校对家长的指导不仅是"传道授业",更是帮助家长解惑,提升家长的教育素质。通过学校主动

的家庭教育指导与服务,家庭与学校联系更紧密,联系内容更丰富,有助于拓宽家校合作的内容,进一步加深家校合作的效果。

2. 家庭教育指导有助于提高学校的教学质量

家庭教育指导的"家长主体"原则,增强了家长参与学校教育的主动性和积极性,为学校提供了丰富的教育资源,有些高知或有特长的家长可以作为家长教师、志愿者将自身的知识带给学生,让学生拓宽视野,让学校整体受益。多元的家长教育素质层次所发出的不同声音和需求,为学校的发展提供了丰富而宝贵的建议。学校真诚地帮助家长提升教育素质的同时,学校自身的教育效能也得到了增强。家长教育素养的提高最直接的好处就是促进学生的发展,学生的发展与水平的提升也在不断提高着学校的整体办学水平。

三、教师与家庭教育指导的关系

厘清教师与家庭教育指导的关系是有效开展家庭教育指导的前提。帮助教师定位好自身在家庭教育指导中的角色,对于提高家庭教育指导工作的效率与水平有很大帮助。

(一)家庭教育必离不开教师的指导

家长的家庭教育理念和方法基本来源于两个方面。其一,大多数家长的教育方法、教育理念来自世代相传,即他们的父母如何教养他们,他们就会沿袭父辈的教养理念和方法,并用之来对待自己的孩子。其二,中国社会的信息化使得各类教育信息和资讯异常发达,相当一部分家长将工作之余从教育书籍、杂志、网络上学来的教育知识,使用在自己的孩子身上。一般而言,从网络上学习育儿往往存在一些问题,比如缺乏科学性、系统性,面对纷繁复杂的育儿信息家长往往无从下手,同时他们也容易被各类媒介中的错误信息、模糊信息和虚假信息所误导。

教育是一件系统而专业的工作,家庭教育指导帮助家长从更专业的视角了解教育,了解孩子。帮助家长从具体的教育细节中抽身,站得更高一点看孩子的表现和自己的教育行为。例如面对初中生的叛逆与对抗,许多家长认为是孩子太不听话,甚至有些归结在自身太宠孩子,但从专业角度讲初中生的叛逆与对抗正是他们这个年龄段的重要特征,是他们走进青春期的重要表现,对其独立性与发展自我意识有重要帮助。一旦家长从更专业的视角了解了孩子的发展与表现,在应对孩子的时候就不会措手不及。

儿童进入学龄期后,特别是初高中阶段,与其他媒介相比(杂志、网络等),家长与学校的关系更为密切,家长对学校的信任度也更高,因此,学校从现代教育理念出发开展家庭教育指导,有利于帮助家长转变观念,确立现代教育观,真正理解教育不是把孩子培养成为应付考试的"两脚书橱",而是尊重孩子的个性发展,适应社会主义市场经济的竞争性、开放性、创造性。

(二)教师工作无法游离于家庭教育
首先,家庭教育指导工作亦是教师重要的工作内容。

能够承担家庭教育指导者重任的人员众多,包括一些教育专家、一些家长领袖。但不可否认的是,那些接触孩子较多的专业人士(教师、社会工作者、医护人员等)则是当仁不让的家庭教育指导者。其中与孩子接触最紧密、家庭教育指导条件最便利的非教师莫属。

从国家政策看,2012年教育部颁布《幼儿园教师专业标准(试行)》、《小学教师专业标准(试行)》和《中学教师专业标准(试行)》。《专业标准》是国家对幼儿园、小学和中学合格教师专业素质的基本要求,是教师实施教育教学行为的基本规范,是引领教师专业发展的基本准则,是教师培养、准入、培训、考核等工作的重要依据。教师专业标准分专业理念与师德、专业知识和专业能力三个维度。在幼儿园、小学和中学的三个学段的专业标准中,"与家长进行有效沟通合作""协助学校与社区建立合作互助的良好关系"这两条都明确规定为教师的"沟通与合作"能力。

从教育实践看,柳华在《如何正确处理教师与家长的关系》中指出,指导家长是教师的责任,处理好与家长的关系是做好家长工作的前提条件。中小学教师中尤其是班主任教师在家庭教育指导工作中承担更多。教师是承担家庭教育指导工作的主要角色,首先源于教师是家长在教育方面最信任的人,信任让家长更乐于接受老师的意见与建议,这是教师家庭教育指导的"特权"。其次教师在每日的教学工作中了解每一个学生,在做家庭教育指导工作时有较强的针对性与持久的关注度,在工作中可以根据需要随时联系家长,这是教师在做家庭教育指导工作时得天独厚的条件。最后教师在多年的教育工作中积累了丰富的教育经验,了解各年龄段孩子的特点,指导方式也更专业,更真实可信。

其次,教师不能越过家长做家庭教育。

家庭教育是在血缘基础上,以亲子关系为基本关系的一种教育,实施教育的主体是儿童的父母或者长辈,而教师要做的是帮助家长提升家庭教育的水平,所以家庭教育指导的对象是家长而不是儿童。上海市教科院李洪曾老师的文章《家庭教育指导的目的、任务、性质、渠道》中,对家庭教育指导的性质作了阐述:家庭教育指导是整个国民教育体系中的一个组成因素,它是主要以家长为对象的一种成人教育,但必定又是一种业余教育,作为为家长提供对子女进行有效教育知识和方法的家庭教育指导又带有师范教育的性质。教师不能越过家长直接实施家庭教育,因为家长的教育角色是不可替代的。教师在做家庭教育指导时有必要提醒家长重视家庭教育的重要性。

最后,学校教育与家庭教育相互配合才能取得最好的育人效果。

培养健康、快乐的儿童是学校教育与家庭教育共同的育人目标。而实现这样的培养目标,需要学校、家庭、社会三位一体合力育人。

教师在做家庭教育指导时要注意儿童所在家庭的家庭教育状况,采取有针对性的措施进行指导,这样才能事半功倍,例如一位儿童的家庭是一个重视家庭教育的书香世家,那么给予家长教育方法上的多样化指导是合适的,否则一直从观念上强调家庭教育如何重要,让家长如何关注孩子的成长就非常不合时宜了。家庭教育也应配合教师的家庭教育指导,积极汲取教师在家庭教育方式及方法方面的指导与建议,并根据实际情况具体实施在自己的家庭教育中。

四、教师的家庭教育指导能力

与教师的看家本领——教育教学能力相比,家庭教育指导能力较容易被教师所忽略。同时,由于家庭教育指导是面向家长的成人教育,教师开展工作面临着许多不可控的因素,因而目前教育实践中也的确存在着一些共性的问题,针对教师群体的家庭教育指导专业培训的量也较少、质也不高。从学校有效推进家校合作的角度,提升教师家庭教育指导能力是亟待加以解决的教师专业发展新问题。

(一)学校开展家庭教育指导的问题

学校教育与家庭教育有本质区别。家庭教育独立而有个性,而学校教育集体性较强。学校家庭教育指导多从学校教师的立场出发,从帮助儿童成长的角度提升家长素质。

1. 指导对象缺少针对性和层次性

家庭教育指导的针对性是指,教师针对儿童的具体情况而对家长的个别化指导。家庭教育指导的层次性,则是指教师根据家长及家庭的特点,对家长分层分类进行指导。

目前,学校教育在班级教学的现实条件下,无法完全做到面对家庭的"因材施教"。学校家庭教育指导是"集体指导"与"个别指导"相结合,并以"集体指导"为主。每次的集体指导都有一个共同的主题,主题内容由班主任及学科老师决定,家长集体参与学习研究共同的话题。集体指导便于组织,也有助于家长相互之间交流经验,却由于缺少针对性,家长的实际教育问题不能得到很好的解决。

家长的教育背景、文化程度等都有差别,不同的家长对自身教育能力的信心不同,不同的家长对学校家庭教育指导的需求也不同。比如,文化程度低的家长以学习接受者的角色迫切需要学校的指导,而文化程度高的家长以教育合作者的角色需要学校教育的开放和支持。因此,学校的家庭教育指导者对家长的指导较泛化,缺少层次性,没有照顾到不同教育素质层次家长的不同需求。

2. 指导观念与指导实践不合拍

从改革开放至今,上海市家庭教育指导的观念随着社会的发展与时俱进。上世纪末,上海市编制并发布了《上海市0-18岁家庭教育指导内容大纲(试行)》,家庭教育指导的观念渗透到包括学校在内的各个实施家庭教育指导的机构中。就学校而言,上海市在600多所学校设立了家庭教育指导实验基地,科学的指导观念逐渐播撒在学校的办学理念中。

但是真正的改变非一朝见成效。在基础教育综合改革的浪潮中,学校教育在探索中前进,一方面需要改革现行的课堂教学理念与模式,另一方面也希望改革的理念能得到家长的理解与支持。尽管学校把家庭教育指导摆在了议事日程上,但往往却受制于各种因素而把它放在靠后的位置上,学校对家庭教育指导的实践是心有余而力不足。从教师层面来说,科学的家庭教育指导理念,真正贯彻体现到每一位教师的家庭教育指导实践中,也还有很长的路要走。

3. 指导内容的单一、狭隘

能够承担起家庭教育指导重任的场所很广泛,学校是学龄儿童家长接受家庭教育指导的主要场所。学校家庭教育指导的优势在于:其一,教师与家长有较长一段时间的"交往"与"共事",教师可以随着儿童成长的不同阶段给予家长具体的指导,这样的指导就完全不同于有些机构的一次性、随机性的指导;其二,学校作为教育公共服务机构,教师家庭教育指导的公益性让指导者与被指导者有着高度统一的目标——培养儿童健康成长。但是,学校家庭教育指导的特色也衍生出了学校家庭教育指导的一些不足。比如,学校家庭教育指导的关注点集中在"儿童发展",较少关注"家长成长"。即便聚焦"儿童发展"主题,很多学校常常重"儿童学习能力"发展,轻"儿童社会性及道德情感"发展。家庭教育指导内容的单一、狭隘严重影响到家庭教育指导的实效。

4. 教师的指导往往受困于家长自身存在的问题

家庭教育指导的对象是家长,即已经形成固定思维习惯和行为模式的成人。改变成人的教育观念,改进他们的教育行为往往是非常困难的。此外,教师面对的家庭教育指导对象多元复杂、层次不一、差异悬殊,比如,家长对子女的期望过高就会导致家长重视智育而轻视德育的倾向,因而大多数家长更加关注教学质量、孩子的学习成绩;有的家长对家庭教育不重视也不投入,往往是孩子遇到问题的时候才开始重视家庭教育,后期干预比较多;家长忙于工作而忽视儿童的成长,隔代教育现象比较多。如若家庭教育指导效果不佳,有时候不能单方面责备教师的指导不力,家长自身存在的问题往往是强大的破坏力。这也影响了教师去实施家庭教育指导的主动性和自我效能感。

(二) 教师家庭教育指导能力的不足

1. 教师职前教育中基本缺失家庭教育指导内容

准教师在走上讲台进行有效的教育教学之前,首先应具备一定的知识和技能,这一过程主要在职前教育中完成,即通常意义上的师范教育。目前,我国师范院校开设的公共教育类课程中主要是普通教育学、普通心理学,而有关家庭教育方面的课程相对较少。即使开设,这些课程也大多以选修的形式让部分感兴趣的学生选修。这种情况导致师范学生在走上工作岗位前,不具备基本的家庭教育以及家庭教育指导方面的理论知识。职前教育中的准备不足,往往会让很多教师走入学校,开始自身的职业生涯时,与学生家庭进行沟通和指导时措手不及。一些祖籍外省市的教师,面对海派家庭文化,他们开展家庭教育指导时也常有"水土不服"的文化冲突现象出现。

2. 教师职后培养中较少专门涉及家庭教育指导内容

上海市教科院家庭教育研究与指导中心曾开展过一项上海市中小幼教师家庭教育指导能力与培训现状的调查。调查结果表明:在受访的教师样本中,约有四成教师在职前学历教育中,完全没有接受过任何家庭教育指导方面的课程学习;而在职期间,教师接受最多的相关培训是校本培训,只有较少部分教师参加过市级和区级的专题培训。目前,教师职后教育的任务大多由区级教育学院这一机构来担当。区级教育学院的师训部门针对本区域教师开展专门的、有较长学时(比如一个学期或一个学年)的家庭教育指导专业培训相对较少。从教师角度来说,"学校教学及管理任务比较繁重,精力有限"是影响教师参加家庭教育指导培训的最主要因素,其次是"培训激励机制不够完善",再次是"培训内容和个人需求不对口"。

3. 学校对教师开展家庭教育指导缺乏足够的支持

学校教师是学校家庭教育指导工作的直接实施者,他们为学生家长服务,提供各类指导。但教师个体在开展这项工作的时候是需要学校的组织支持和校园氛围的。一些学校对于家庭教育指导工作是"有虚无实"的,比如典型的支持不力就是学校还没有把家庭教育指导工作作为教师业绩考核的范畴。这也就表明,学校根据相关的教育政策法律法规,要求教师参与家庭教育指导工作,但是教师是否指导,指导情况如何校方并不关心,使得这项工作渐渐沦为教师的个人行为。即使学校对教师开展家庭教育指导工作有一定的要求,如果缺乏监督与管理意识,在实际过程中不对这项工作进行考核,不给教师提供相应的培训机会,也易导致教师步履维艰、孤独地承担这项工作。

4. 家庭教育全员指导实施效果不理想

从全员育人的角度,学校所有的教师应该都有职责做好家庭教育指导工作,全员包括学校里的校长、副校长、班主任、科任老师和所有工作人员。但实际上,学校开展家庭教育指导主力军是班主任、德育教导及部分分管的行政领导。目前,大多数学校没有专职的家庭教育指导教师,班主任承担了大量的指导与服务家长的工作,不仅时间长、任务重,更重要的是教师的指导素养跟不上。很多年轻教师本身就是独生子女,缺乏与家长、学生沟通的技巧,难以应付层出不穷的问题。尤其,面对学生叛逆、厌学、早恋等一些心理问题的时候,对家长给予有针对性地专业指导并不是每个教师都能提供的,因此,学校需要给予班主任教师适当的专业支撑,比如学校设置专业的人员、打开校门引进专家资源等,以解决资源不足的情况。

参考文献:

[1] 费孝通. 生育制度[M]. 天津:天津人民出版社,1981:70
[2] 陈桂生. 教育原理[M]. 上海:华东师范大学出版社,1993:273
[3] 马和民,高旭平. 教育社会学研究[M]. 上海:上海教育出版社,1998:445
[4] 邹强. 中国当代家庭教育变迁研究[D]. 华中师范大学博士学位论文,第10页
[5] 黄河清. 家校合作导论[M]. 上海:华东师范大学出版社,2008.9:24
[6] 胡杰. 将家庭教育指导纳入政府公共服务体系的研究[D]. 上海:上海交通大学,2011
[7] 李洪曾. 家庭教育指导的目的、任务、性质与渠道[J]. 山东教育,2004,(Z3)
[8] 李洪曾. 家庭教育指导的目的任务性质和渠道[J]. 幼教园地,2004(1)
[9] 杨宝忠. 大教育视野中的家庭教育[W]. 社会科学文献出版社,2003

第二章

教师家庭教育指导基本任务

家长的价值取向、理想追求和人生态度通过日常的言行举止对孩子的人生观、价值观的形成进行着最早的塑造，产生潜移默化的巨大作用。有效的家庭教育指导，帮助家长更新教子观念，树立正确的育人观，是新的教育形势赋予我们学校教育新的任务。因此，现代教育体系是学校教育、家庭教育和社会教育"三位一体"的系统工程，加强家庭教育指导是构建这个三位一体系统工程的需要。

　　作为教师，若能顺利地承担起家庭教育指导的重任，必须首先明了自身在开展家庭教育指导时的基本任务，这是教师在工作中储备知识、理清思路、锻炼能力之基础。我们认为，教师在家庭教育指导工作中必须明确四大基本任务，分别是：第一，全面了解小学生身心发展规律；第二，科学理解教育综合改革的内涵；第三，专业引领小学生家长的教育需求；第四，深刻把握小学家庭教育指导重点。开展科学有效的家庭教育指导，就必须正确了解儿童身心发展的特点及规律，尊重儿童身心发展规律，顺应儿童的天性；开展科学有效的家庭教育指导，还需要了解这个年龄段儿童家长的家庭教育指导需求在哪里，这能有效地帮助我们确定开展家庭教育指导的重点所在；开展科学有效的家庭教育指导，还要了解承担了家庭教育指导工作的教师的能力素养的需求是什么，教师在指导过程中可能面临的问题是哪些，这样才能使我们小学阶段的家庭教育指导工作更加具有科学性、有效性、针对性。

　　总而言之，任务一、二、三主要是教师要对学生、教育改革和家长需求有全面而深刻的理解，这些基本规律、基本内涵的入脑入心才能更好地帮助教师有侧重点地在自身所处的学段开展家庭教育指导，提高指导的针对性和实效性。

一、全面掌握小学生的发展规律

　　《上海市0-18岁家庭教育指导内容大纲》指出，小学阶段是整个儿童期中十分重要的阶段。它的年龄跨度大约从6、7岁至11、12岁。初入学的小学生在很大程度上保存着幼儿后期的生理、心理特点，而临近小学毕业则已接近青春期。在此期间，小学生的生理、心理都经历了重大的变化，各个生理系统都在迅速地发展。具体表现为：(1)身高、体重随年龄的增长而增长，在小学末期进入了第二个发育高峰期，而且骨骼、肌肉的力量也在迅速增强。(2)10岁以前，是动作机能掌握的关键期。(3)脑重量迅速增加，12岁时已接近成人水平，脑皮层的发育也逐步完善。

这些都为小学生进入学校学习奠定了物质基础。

小学生心理活动的有意性逐渐成熟。观察的目的性和深刻性以及有意注意、有意记忆、有意想象能力随年龄增长逐年增强。小学阶段是思维发展的关键期、情感发展的丰富期和行为习惯的养成期。具体表现为：(1) 小学生的思维从以具体形象思维为主要形式逐步向以抽象逻辑思维为主要形式过渡，其转折点大约为10岁，但他们的抽象逻辑思维在很大程度上仍直接与感性经验相联系，具有很大成分的具体形象性。(2) 随着年龄的增长，小学生的情感也逐渐变得更加稳定、丰富和深刻。低年级的小学生虽已能初步控制自己的情感，但还常有不稳定的现象。到了小学高年级，他们的情感更为稳定，自我尊重、希望获得他人尊重的需要日益强烈，道德情感也初步发展起来。(3) 小学生的坚持性虽然在发展，但水平仍较低，往往表现出一种冲动性和不稳定性。(4) 小学生道德行为习惯的发展水平呈现一种高—低—高的态势。(5) 小学生的自我意识在不断发展，自我评价的能力也不断增长。随着年龄和见识的增长，他们已不再完全依靠成人的评价来估计自己，而是能够把自己与别人的行为加以对照，独立地做出评价。

二、科学理解教育综合改革的内涵

（一）关于学习准备期

学习准备是指学生原有的知识水平或心理发展水平对新的学习和新的学习环境的适应性，即学生在学习新知识时，那些促进或妨碍学习的个人生理、心理发展的水平和特点。当前小学二期课改教育中提出了"准备期"这个概念，则是针对幼儿刚踏入一个全新的学习环境，由于课程内容、学习要求、行为规范等方面与幼儿园生活存在较大差异所带来的种种不适应而开展的，旨在给刚进入小学阶段的孩子一个过渡期，激发新生的学习兴趣，增进师生的情感交流，消除新生对新环境的陌生感；让他们在生理及心理上做好调整，帮助新生顺利实现幼儿园到小学的平稳过渡。面对小学一年级家长，我们的教师需要做什么呢？

1. 多途径使家长全面了解"学习准备期"的要求

作为新进校园就读的一年级新生的家长们，大多对于"学习准备期"知之甚少，对于小学学习生活的基本行为规范要求了解不多，要让家长们了解、知晓、理解"准备期"和学校的相关要求，并积极配合、参与到这个阶段中，对孩子的学习与成长，有事半功倍的效果。

新生家访： 每个新学期，特别是一年级的新生，教师都会采取新生家访这一措施。通过这个形式，会以最亲近、最迅速的方式，初步了解学生在家的学习环境和家庭教育情况。同时在家访中，可以简单叙述开学时候的学校要求以及学习准备期的相关注意点，提前让家长有个认识与了解。

家长会：通过家长会上《如何让孩子适应小学生活》的报告，向家长宣传"准备期"的时间、形式和评价要求以及学校的一些日常规范等，帮助家长分析小学与幼儿园的区别，明白幼小衔接——学习准备期的重要性。

学科辅导：这是针对学科课任老师采用的方式。学科老师可以就学科方面，在学习准备期应该怎样做，答疑解惑，耐心分析，帮助家长们解决对于学科学习上的疑惑。

2."学习准备期"的关注点和教师的指导点

"学习准备期"旨在帮助儿童实现从幼儿园到小学两个不同教育阶段的平稳过渡，并在心理、思想、行为上为小学学习生活作好基础准备。因此它的着重点和教师的指导点并不在于提升知识水平，而是针对一年级新生进入学校将要面对的生活、心理、行为变化，促进学生养成良好的学习习惯，提高学习兴趣，使学生逐步适应校园的学习生活。

关注点和指导点一：让学生尽快适应校园生活，引起对新的学习生活的浓厚兴趣。

告别幼儿园，进入小学，这是孩子生命中一个重要转折点，从此他们将踏上十多年的学习路程。帮助孩子迈好这关键的第一步，将对他们的终身学习产生很大影响。因此，无论是家长还是教师，都应该利用这个准备期，让学生尽快适应校园生活。学校利用新生入学仪式，带领新生参观校园，熟悉学校的设施，能说出自己学校的名称，知道校园中各功能教室及医务室、厕所所在地，喜欢自己的学校，同时知道校园的美丽需要我们用行为来维护，会在校园里快乐自如地生活，对新的学习生活产生兴趣。

关注点和指导点二：让家长了解学生的在校情况，积极配合和参与到这个准备期的教育中来。

学习准备期这个阶段，对于家长来说是一个陌生的阶段，同时对于自己的孩子在学校的情况——特别是刚入学时候，更是忐忑。因此，在家长了解学习准备期的含义和学校的相关要求同时，可采用校园开放和个别交流等方式，利用开学升旗仪式的观摩、参与班级活动和听课教学，让他们迅速、真实地了解到自己孩子在学校的各种情况，如果有特殊状况及时个别交流，通过这一过程家长能强化孩子对学校的喜爱之情，为孩子即将开始的校园生活做好情感准备，也为今后的学生教育教学各方面沟通工作奠定良好的基础。

关注点和指导点三：如何养成好的学习习惯，为今后提升孩子学习兴趣和创设良好的班级氛围做好准备。

让每一位学生"喜欢新环境、结识新伙伴、产生新兴趣、了解新规范、养成好习惯"，是学习准备期将要达到的重要目标。教师与家长都要把养成良好的规范和学习习惯放在这个准备期中，放在重中之重。这些规范和学习习惯不可能一蹴而就，需要在较长时间内逐渐养成。因此教师希望家长与学校一致起来，要让家长明白，一旦良好的习惯成为学生自觉的行为，那将对孩子将来的学习起到很大的促进作用。

3. **实践感悟使家长正确认识"学习准备期"的评价**

对于"学习准备期"或者说低年级的学业评价，如今的评价方式与以前的方法已大大不同，我们要让家长明白当前的评价要求，也就是怎么样评价学生，更利于孩子的成长和发展。

首先，让家长理解与知晓目前低年级的评价要求

要让家长了解到，现在的评价不是单一的唯分数论，各个学科的认知与教学要求也有所调整。例如语文学科，《课程标准》将部分识字内容重心下移，低年级的识字任务是比旧教材来得重。这时同样的教材，我们更关注的是面对不一样的学生，怎样激发所有学生学习的兴趣。会使用字理识字法、部首归纳法等追求学生自主识字能力的培养。数学也不是简单地加加减减，而是引导学生把数学引入生活实际，用多种思维理解数学，激发学生学习兴趣，引导学生把自主探究、合作交流的学习方式与接受性学习有机结合，在归纳方法、提升能力的课堂教学中，让不同层次的学生都有发展。英语学科则通过安排学生开展听听唱唱、说说玩玩、说说做做、听听演演等游戏活动，更多的在于帮助学生形成学习兴趣，从能说会道、思维活跃、合作交流等，多方位、全方面地评价学生。

其次，采用各类形式活动告知家长评价方式

通过学校一日开放活动和组织家长共同参与各类教育教学活动，让家长了解低年级的评价方法，有的放矢地配合和帮助孩子全面发展。例如在开放活动中，我们希望家长能鼓励孩子积极参与班级活动，主动结交好朋友。在这过程中，孩子可能会出现不少问题，也可能会与同学发生摩擦，但这正是他开始学习与人交往的第一步。家长如能正确引导，就会培养孩子宽容待人、学会合作等终身受益的良好品质；在课堂观摩中，让家长观看教师的授课、学生的学习、课堂中是如何对于每个孩子的课堂学习进行评估；邀请家长一起参与实践考察活动，让家长知晓我们孩子的多元化认知也是评价孩子的方式。希望家长能够理解,把孩子送进学校,不仅是为了让他学知识,还希望他在学校、班级这个小社会中学会成长。

再次,让家长知晓准备期评价结果的呈现方式

对于"学习准备期"的要求与评价形式,还要让家长了解评价结果所呈现的方式,通过全方位的评价,从"学习兴趣"、"学习习惯"和"学业成果"三方面进行综合评价,主要以口头表述、参与活动,再结合书面体现等方式,给出综合的考评,以等第式"优、良、合格、需努力"的考评结果呈现。

总之,学习准备不仅影响新学习的成功和效率,而且也影响学生学习的习惯和兴趣。如果学生的学习滞后于学习准备,就可能白白浪费许多学习的机会。相反,若学生学习大大超前于学习准备,就会拔苗助长,不仅难以掌握正在学习的知识和技能,而且还会产生不愉快的情绪,使其害怕和逃避学习。同时,学习准备充分,就会促进学生的心理发展,新的发展又会为进一步的新学习做好准备。

在学校的教育中,如果教育内容及措施能使学生的学习与学习准备相适应,那么就能保证学生的学习在时间和精力的消耗上"经济和合理"。我们期盼在学校和家庭的共同努力下,孩子们能够顺利完成从幼儿园小朋友到小学生的角色转换,在校园里快乐成长。

【案例】

凡凡的"超长"准备期

今年接了个一年级的班级,刚开学那会儿,校门口真是热闹,有的孩子哭着不肯松开爸爸妈妈的手,有的则看着校园满怀好奇,经过几个星期,大部分的孩子都已经较好适应学校的学习生活了,可有个孩子,他对学习就是喜欢不起来。

他的家庭中,是6个大人围绕着一个孩子的"非常6+1"组合,他有着独生子女普遍存在的以自我为中心的特征,以自己的喜好作为唯一标准,不喜欢的事没有人监督着绝对不会做。在学校里,他表现得意志力忍耐力差,做事不能有始有终,缺乏恒心,还经常摆出一副"我就这样了,你看着办吧!"的样子。

一节语文课上,需要学生拿起笔来练练笔画的书写,这个孩子拿起笔来,用力地写着,可是写的弯钩总是不好看,他就开始发起了脾气。"我不写了!这个我写不好的!"说着,就把练习纸揉成一团。看到其他孩子认真地写字,他拿笔做起了游戏。起先我以为这是幼儿园带来的"稚"气,随着年龄的增长慢慢会消失。所以每每看到他这样任性,我总是跟他说:"没事的,只要你认真写了,字会越来越好看的哦!"有时还要连哄带骗,"只要把今天的作业写完,你就能得到一张贴纸哦!""不会写字的孩子是不会有人喜欢的!"可是一段时间下来,这个孩子任性的毛病始终没改掉。

他的这些坏毛病,我觉得家庭有一定的责任。在孩子做出第一个错误行为的时候,由于过分的溺爱,家长没有及时制止,孩子多次得逞后,久而久之养成了坏习惯。因此,家长及时指出孩子的错误言行,并及时加以正确引导是关键;其次,对他还要有更多的正面教育,让他明白哪些行为是正确的。现在的孩子用以往的吓一吓、哄一哄、诈一诈的方式已经不管用了。所以,我觉得要真正改变他的行为,首先要与他的父母谈一谈。

那天,孩子的妈妈一进办公室,就开始诉苦:"老师,你不知道,其实我们是离异家庭。我一个人带孩子不容易,而且工作很忙,没有时间与他相处。"

"那平时都是谁在照料他呢?"

"他小时候就是在外公外婆家长大的。小时候他很聪明,能说会道,而且不怕生,大家都特别喜欢他。他想要什么,外公外婆都尽量满足,因此他就形成了只要自己想做的事就不顾他人的感受,自说自话的性格。"

孩子的妈妈接着说:"我其实对他要求很高,希望他做就要做最好。"

找出了问题原因,就要"对症下药"。为了能让这个孩子改掉坏习惯,尽快适应小学阶段的学习生活,我将学校的行为习惯要求和学习要求跟家长作了详细的解释,并把"学习准备期"的大致要求也讲解了一遍,并按照循序渐进的原则,根据孩子任性、耐心差、学习时注意力不容易集中等几个问题,与家长一起制定了有针对性的措施。我跟孩子的妈妈说:"看来,我们要准备进行一场'持久战',凡凡的学习准备期会比一般小朋友更长一些。"课间,我经常找他谈心,"凡凡,你刚才做了什么呀?有没有什么不对的地方呢?"通过用和朋友聊天一样的方式消除他对我的抵触情绪,对不规范行为进行及时的指出和纠正。通过帮他指正错误的行为和让他自己思考改正的办法,来纠正他在日常生活中的不良习惯。由于该生的自律性较差,经常只能将好的行为习惯保持一至两天,就又松懈下来,因此家长的帮助和督促是必不可少的。我请家长坚持每天回家问问凡凡今天有什么进步,哪些地方能做得更好,告诉他不一定每次都做到最好,但是希望他能一天比一天有进步!当他有了进步,哪怕是微小的,我也及时予以肯定,"哟!今天你又学会了新本领嘛!这个笔画写得好看!"让他了解老师找他不一定是批评他的错误,也有对他努力的肯定和鼓励。

凡凡其实是个很有自己想法的学生,因此我在与他沟通时也不是一味提出我的要求,而是以平等对话者的姿态与他交流,让他说出自己内心的想法,再帮他分析行为的利弊,这样他更加容易接受。

后来,我又与家长建立起了飞信沟通的渠道,每天及时将凡凡的在校情况与家长沟通,一起帮助他度过"准备期"。

终于,经过一段时间的努力,凡凡适应了小学的校园学习生活,和我也成为好朋友。有时候,我们会一起聊天,听他分享周末的趣事。

多点人情味的表扬,多点朋友式的交流,多点分级式的目标,与家长一同努力,我相信:所有的孩子,都会顺顺利利地度过小学阶段的"学习准备期"。

【点评】

凡凡的"超长"准备期,其实也是老师和家长的"超长"准备期。冰冻三尺非一日之寒,孩子的问题不可能在短期之内就能解决,同理,家长不科学的家庭教育理念与方法也不可能在短期内得到转变。老师和家长取得共识,形成教育合力,也需要耐心,更需要等待。所以,双方的信任与互动必须及时而常态。

【案例】

和父母一起寻找孩子的"心灵良药"

"我……害怕,我不要上学。"教室门口嗫嚅着缠着妈妈的,是我们班一个文静秀气的女孩佳琪,她看见我后下意识地低垂着脑袋,揉捏着裙角。我对她妈妈使了一个眼神,示意她先离开,然后拉住了佳琪的小手,轻轻蹲下对她说:"别害怕,佳琪!老师很喜欢你,我们今天会学到很多东西,跟老师进教室好吗……"

等孩子坐进教室后,我返身找佳琪妈妈了解情况。她告诉我小佳琪在家是个乖巧懂事的孩子,可上了小学之后学习有点跟不上,怕被老师批评,所以每天送她来学校都让人头疼,她总是纠缠着不让大人走,不肯进校门。我听后安慰她说:"您先别着急,很多一年级的新生小朋友对学校都会有各种各样的畏惧心理,有的是不适应上课的作息制度,有的是不知如何和老师同学相处,也有的和佳琪一样怕学习会跟不上,我们称这些为'新生适应综合征'。所以我们先在一年级最初的几周时间设置了'学习准备期',让我们一起来努力让她尽快适应小学的学习生活好吗?"佳琪妈听后高兴地点点头。

可是不一会儿,意想不到的事发生了,佳琪因为数学课上的知识点听不懂而非常着急,下课后她抱着书包哭着冲出教室说要回家,怎么劝也不听。我立刻打电话叫来了佳琪妈妈,和她沟通和商量后,我平静地说:"先带佳琪回家吧,我们几位老师会给她补上落下的课。"佳琪将信将疑地望着我,当确定可以回家时,她破涕为笑，开心极了。

第二天，我抽空去了她家。一进门，佳琪看见我就像看见了老虎一样，胆怯地缩在一边。我告诉她老师是来看望她的，而不是请她去学校的。佳琪妈带我走进了孩子的房间，我看到墙上贴满了孩子的画，可爱极了。我立即竖起了大拇指赞扬佳琪："佳琪画得真棒呀！将来说不定是一位画家呢！"我的一番表扬终于让她不再抗拒我了，于是她慢慢地打开了话匣子，她说她数学学不好，怕老师说她，又和同学们不熟悉，也没有好朋友。我拉着她的小手说："老师觉得佳琪很棒，英语课积极举手发言，老师不是表扬你了吗？我相信你学数学也能克服困难，迎头赶上的，老师和爸爸妈妈都会帮你的，不要害怕来学校，同学们和老师都挺惦记你的，明天我让妈妈陪你去学校上课好吗？""真的吗？好的好的。"佳琪高兴地跳了起来。

第三天，佳琪妈妈准时带着孩子到了学校。上课前，我把当天上课的内容先帮她"预热"了一下，然后在课堂上特别邀请她和同学们一起表演英语朗读，妈妈下课后也夸奖她英语说得可棒了！马上要上数学课了，数学老师也尝试先带着佳琪走进"数字天地"，并辅导佳琪妈妈要注重培养孩子认真观察、细心分析的习惯。课堂上，佳琪也格外认真。在数学老师的细心指导下，佳琪有了进步，获得了数学老师的大力表扬。课后，我对她说："佳琪你是小学生了，而我们每个小学生都要学会适应学校的集体生活，老师相信你一定能做到，对吗？我们佳琪现在不是很好吗，明天上学我们不哭鼻子了好吗？先从不要妈妈陪了好吗？"佳琪羞涩地低下了头，我示意妈妈先回去。孩子终究是孩子，佳琪目送妈妈离开后，一蹦三跳地回教室和同学们玩去了。

很多小学一年级新生都会碰到"适应不良"的困难，怎么帮助他们跨过进入新学校的第一道槛很重要。而如何找到解决孩子心理问题的心灵良药，更需要老师和父母的共同努力。于是，在接下来的日子里，我也特别关注佳琪的学习动态，随时和她父母保持着联系。我会把她学习上的进步及时反馈给家长，并加以表扬和认可她的努力。在她学习碰到困难时我也会适时鼓励和引导，让她爸爸妈妈不要急于批评，给予孩子进步更多的空间。渐渐地，小佳琪越来越阳光了，她在课余时会主动和我聊天，告诉我生活中她遇到的趣事，我也会问问她学习上有什么困难……

在这以后，学校组织了家长开放日等许多亲子活动，爸爸妈妈来校和学生们一起观看运动会、科技大本营比赛、迎新游园会等，还有家长会、教师展示课等，使家校间的理解沟通更加顺畅，家校教育更加同步。

小佳琪的成长，让我明白老师和家长们的互相配合、时时沟通，有利于及时发现孩子的不足，并及时对症下药，帮助每一个孩子尽快适应小学的学习生活！

【点评】

　　学习准备期里,孩子的入学不适应会有各种不同的表现。帮助孩子克服个性化的不适也需要个性化的教育应对。"一把钥匙开一把锁",对佳琪的担心,老师和家长给予她足够的预先辅导、成绩肯定和激励强化,挖掘了她的潜能,提升了她的自信。

(二) 关于等第制评价

　　2016年9月开学前夕,上海市教委发布小学中高年级语文、数学、英语三门学科基于课程标准的评价指南,意味着"等第制"评价从小学低年段向中高年段延伸,同时低年段"等第制评价"还从语数外扩展至所有学科。如何把握政策的"度",真正理解"等第制评价"的内涵,并配合学校一起做好等第制评价;能否从老师给出的分项等第信息中识别孩子的学科兴趣、培育其学习潜能,这是小学生家长必须认真对待的"功课",也是促进学生全面、可持续发展的关键。

1. 让家长了解等第制评价

　　等第制,是一种学业评价体制,实行等第制后,学生成绩单上不再出现具体的分数,取而代之的是知识技能、课堂习惯、综合实践等板块,每一版块下还细分若干"小项目",每个板块都以"A、B、C、D"或"优秀、良好、合格、须努力"四个级别评价,并附上老师的学习建议。

　　目前,上海市小学中高年段各学科"等第制"评价从"学习兴趣""学习习惯"和"学业成果"三个维度展开。其中,语文学科的评价内容包括"识字与写字""阅读""表达"三个方面,数学学科的评价内容包括"数与运算""方程与代数""图形与几何""数据整理与概率统计"四个方面,英语学科的评价内容包括"语音""词汇""词法""句法""语篇"五个方面。

　　"等第制评价"具有如下几个特点:

　　一是以上海市中小学各学科课程标准为依据,体现不同年级学生在知识与技能、过程与方法、情感态度与价值观等方面的基本要求;

　　二是从"重分数"转向"重素养",关注学业水平的同时,关注学生的学习兴趣培养和良好习惯养成;

　　三是强调寓评价于教学过程中,注重"学评一体";

　　四是以"分项评价""等第+评语"的方式发挥评价对学生学习的诊断和改进作用。

2. 让家长明白等第制评价的优势

　　小学生处在整个学业的起跑阶段,今后他们还有漫长的学业生涯,决不能让他们在刚开始起跑的时候就对这跑道产生恐惧感和焦虑感。比如有的小朋友，他有很好的理解力和认知水平，但是由于他手眼协调不太好，精细动作发育还不是太到位，他在刚开始的时候，常常会有写字很慢、很差的情况，考出来的分数就会不好。如果采用百分制的方式，"分分计较"，一直在打压这样的孩子，那么可能摧垮的是他对学业的自信心。用"等第制"评价学生可以模糊分数的概念，转而将关注度重新投注在孩子学习过程中的各种能力、兴趣、习惯、态度等重要素养的培养上。在分项式"等第＋评语"的评价模式下，更容易发现学生在每一学科中每个模块的长处或不足，帮助老师和家长更清楚发现孩子在学科学习中的长处和不足等。

3. 引导家长适应等第制评价

(1) 帮助家长明确等第制评价的意义

教师应该向家长详细介绍教委公布的与教学相关的政策、举措，使家长明确等第制评价的意义，指导家长从"分分计较"中走出来，聚焦孩子的全面发展，多种维度看孩子，多把尺子评素质。

(2) 引导家长主动关注孩子学习习惯的养成及学习兴趣的培养

利用家长会、家长学校、微信平台等各种途径向家长提出建议：每天抽时间与孩子进行交流，包括孩子在学校的见闻，在学习上遇到的困难等，用孩子们乐于接受的方式去教育引导他们。在关注孩子学业水平的同时，更关注孩子最为宝贵的学习兴趣和良好习惯的培养。

(3) 指导家长正确认识孩子学习的长处与不足

帮助家长正确看待等第制，尤其是实行等第制后，原先小学中高年级的日常测验和考查由百分制打分改为分项评价。比如，卷子里有基础知识部分、阅读部分和作文，教师就分3项评价。教师要指导家长清楚地从分项评价中看到自己孩子在本学科学习中的长项和短板、优点和不足，对孩子成长的综合情况能够做到心中有数。根据孩子个人的优势和弱点，家长能有的放矢地帮助指导孩子，有针对性地查遗补漏。

【案例】

解家长等第制评价之惑

"滴滴滴，滴滴滴……"手机传来了新消息的提示声，我打开一看，一则教育快讯映入眼帘——"全市中小学生即将迎来新一学年。2016年8月25日上午，上海市教委举行新闻通气会，会上传出消息，新学期本市小学全面推行'等第制'评价，并发布了小学中高年级语文、数学、英语三门学科基于课程标准的评价指南。"这消息乍看之下,我为之一惊,再次细细读过之后,我对自己新学期的工作有了新的思考。

发达的现代通讯技术使得消息总能以迅雷不及掩耳之势广为传播。这不,就在我接收到此信息的当天下午,班上小郑同学的妈妈就给我发来了微信——"秦老师,新闻里说小学中高年级都取消分数了,那以后我们家长还怎么了解孩子在校的学习情况呢?"

小郑家长道出的是绝大多数家长共同的心声。该如何打消家长对等第制评价的忧虑呢?

我想了想,先给小郑妈妈做了简单的分析和介绍:"小郑妈妈,之前我们总习惯用分数来检验孩子的学习成果,其实这种评价方式存在不少局限和弊端。对分数过多的纠结容易导致孩子丧失学习兴趣,导致学习动力不足。而新的'等第制'评价不但很好地规避了'分数决定一切'这个问题,更从兴趣、习惯和效率等多方面对学习进行评价,令孩子对自己的优势和短板一目了然,能让他们有针对性地加强对学习薄弱环节的训练。在学校,我也会经常以评语的形式对孩子进行分项评价,这样家长们就能更为全面地了解孩子在校的学科学习情况了。"

"秦老师,听你这么说,我就放心了。看来'等第制'反而是更全面地评价孩子了。不过这样一来,老师的工作量可是增大了不少啊,辛苦!"看到小郑妈妈稍稍打消了心里的疑虑,我也暗暗下了决心,必须通过自己的工作进一步彰显等第制评价的优势,让更多的家长感受到等第制评价给学生带来的好处才行。

结合班里学生平时学习的情况,我借助微信平台,对学生的课堂学习情况进行"即时评价":每每上完新课,我要求学生录制自己的课文朗读,发送给我,听完过后,我也总会给予学生及时的评价——"你能根据音像媒体的发音,模仿跟读,做到语言语调准确,真棒!""今天的朗读可比上星期流利多了!继续加油!""模仿到位,请将录音内容上传至班级微信群,让更多的伙伴听到你的朗读声吧!"……诸如此类的微信交流还有很多,一方面能让家长第一时间了解孩子当天的学习情况,另一方面,老师的肯定和鼓励,伙伴的赞扬和良性竞争,这极大地调动了孩子的学习兴趣,让孩子学习更有动力了。

一段时间之后,小郑妈妈又给我发来了微信,这一次她不再忧虑,而是欣喜地写道——"老师,您这个方法真是神了!平时我在家苦口婆心地叫孩子多读课文,一点儿用都没有,可他自从听了您对他的评价'每次听你读课文,都是一种享受,给你一个大大的赞,明天请你做小老师领读课文'之后,现在放学回家第一件事就是一遍遍地朗读课文,就盼望着再被选上做小老师领读课文呢!看到孩子学习越来越自觉,我衷心地谢谢您,老师!"看完这条信息,我舒心地笑了。

英语学习的过程是习惯养成的过程。小学生良好的英语学习习惯主要是指良好的听、说、读、写的习惯。每单元学习过后,我会设计一份符合本单元学习情况的学习评价表。五年级第二模块第一单元"Food and drinks"学完之后,我请同学完成一篇小作文,内容要求为对同学的生活和饮食习惯提出一些建议,并发出合理膳食的倡议。而在此单元的学习评价表中,我分为三项内容,有生生互评,请学生选出最能打动人心的膳食倡议;有星级等第评价,其中包括能在老师或同伴的帮助下,基本完成合理膳食的倡议;能在书本的辅助下,完成合理膳食的倡议;能独立完成合理膳食的倡议,并能得到大家的积极响应。此外我针对学生在本单元不同的学习状况设计了老师的话,在肯定成绩的同时,也给学生明确的学习建议和今后努力的方向。家长和孩子每周最期待收到每单元的学习评价表,通过表格的反馈,家长能更全面地了解到孩子在校的英语学习情况和存在的具体问题,教师适时的阶段性评价,也有助于学生及时调整自己的学习状态。

"秦老师,小郑这段时间英语学习劲头特别足,今天放学我去接他,他一路上和小顾同学聊个不停,就在讨论今天英语课……"如何让评价对学生产生更持久的影响,一直也是我在思考的问题。

开展等第制评价的这两个月时间里,我在摸索和尝试中一步步前行。回顾这两个月,我的确付出了比以往更多的精力,却也收获了孩子学习中更大的进步,打消了家长对等第制评价的忧虑。这一切都让我觉得自己的努力太值得了!此刻我抱着书本,走向课堂,等待我的是坐得端端正正、等待学习的孩子们,孩子们背后是那一份份家长殷切的期望。我不禁感叹,对知识的传授,对孩子的成才,我们都还有很长的路要走……

【点评】

把道理讲给家长听,家长可以解惑;用老师自身的言行和奉献进行身教,家长就会更加信服。在此基础上,家校之间的同频共振就会自然地发生。但是老师在更多奉献中,也需要考虑自身的精力耗损,掌握好工作、学习和休息之间的平衡,以保证更持续的工作。

【案例】

用评价激励孩子的成长

2016学年开学前夕,上海市教委教研室研制和公布了小学中高年级语文、数学、英语三门学科基于课程标准的评价指南,宣布新学期上海将全面推行小学"等第制"评价,原先的百分制将逐渐在上海所有小学各年级消失。一时间,"等第制"再次引发关注。然而,就在大家都把焦点指向教师与学生时,我们或许又忽略了在教育评价中的另一个重要角色——家长。学生作为学校与家庭共同的教育对象,只有家校共同关注,才能够培养出优秀的人才。

作为老师我们常常会遇到这样的孩子——他们聪明,好动;他们对新的事物很感兴趣,然而又厌倦题海战术;他们常常在老师与家长没有及时沟通时就钻空子;往往既让老师喜欢,也让老师头疼。我班里就有这么一个孩子,他叫小诚。小诚最大的特点是不爱做作业。

一开始,我会问他:"小诚,你今天的作业怎么没交?"小诚说:"老师,我今天忘记带了。"但是一而再,再而三的忘记带,终于让我忍不住找来了小诚的家长,进行沟通交流,想要了解小诚在家里的情况,为什么会这样常常不做或者不交作业。小诚的家长说:"老师,不好意思,因为我们都是引进人才,平时工作实在太忙了,回到家已经很晚了,根本没时间来关心孩子的学习,加上这个孩子我们自己知道,他还是挺聪明的,所以我们也就没放在心上。真是不好意思,给您添麻烦了。"虽然了解了小诚的家庭情况,也跟家长及时沟通交流了,但是家长即使知道问题出在哪里,也没有采取有效的措施。久而久之,小诚的学习出现了问题,他的数学成绩明显退步了,这样的恶性循环让小诚越发地不爱做作业了。

清代教育家颜元说过:"讲之功有限,习之功无已。"在数学教学过程中,我们不仅要重视课堂上知识的传授,更要重视"习行之功",重视作业的设计。有一次我设计了《我眼中的大宁——车辆大探秘》的长作业,想用这份有趣的作业来试探一下小诚,希望会让他有所改变。在这份作业的设计上我花了一定的心思,选择了车辆作为着眼点,当孩子发现汽车中居然含有这么多的数学问题,一定会很乐于去发掘、去学习的。我还在任务设定中,加入了许多让家长共同参与的部分,如上网查找资料,陪孩子一起画一画,测一测,量一量等动手操作的任务单。最重要的是,我在作业单的每一部分都加入了评价机制,用笑脸、爱心等来代替原来的打分数,用自评和家长评相结合等评价方式,给孩子更多的激励。

这份作业布置给小诚后,我忐忑地等待着呈现的结果。没想到小诚不但饶有兴致地完成了这份长作业,而且还给了我一个大大的惊喜。他的长作业可以说是班级里完成得最棒的!在小诚的长作业中,我看到了小诚完成的整个过程,资料的收集与整理,家长的评语,包括长作业的美化,都让我眼前一亮。于是我也给小诚的这份作业一个很高的评价,并在班级中进行了展示。

最让我感动的是,完成了这次的长作业之后,小诚居然跟我说了这样一句话:"老师,下一次长作业什么时候做啊?我好想知道下次的作业内容是什么呀?"呵呵,我会心一笑,"你别着急,下次的作业,你一定更喜欢!"我心里的一块大石终于落下,这便是他喜欢的作业啊!

随后,我找了小诚的家长,又一次进行了交流。小诚的家长说:"老师,你知道吗?小诚那天拿着这份长作业,兴奋地拉着我,叫我陪他一起做。我一开始还想敷衍他呢,结果他说不行,又是查资料,又是测量小区里的汽车轮胎之间的距离。他测量得可认真了,每次都要测量好几遍,我从来没见他对学习的兴致这么高过。"

我微微一笑:"是吗?那不是挺好的吗?多留一点时间陪伴孩子,毕竟孩子的成长就这样一次,错过了,以后想补都来不及呢。"

"是呀,没想到现在的学习那么有意思,不光光是作业本上计算一下就行了。对了,他还要我在长作业上给他写评语呢,我就写了:'这次你是最棒的,有很大的进步!'他看了可开心了。"

"嗯,孩子还是需要多鼓励的,现在他有了信心,上课学习也比以前认真很多呢!"

终于,在这次长作业的催化剂作用下,小诚慢慢地发生了很大的改变,他开始变得不再像以前一样厌倦写作业,他也开始把我当作他的好朋友,会问许多关于生活中和数学有关的知识。而小诚的家长也非常感谢我,经常和我交流小诚在学校的点点滴滴。看到小诚的成长,我感到非常的欣慰。

评价机制的改革告诉我们老师不再是评判一个学生好坏的唯一人选,学生的自评、同学的互评、家长的评价、老师的评价,都将成为对孩子评价的多元化对象。分数也不再是评价的唯一标准,评语的评价,等第制的评价,表现性评价,过程性评价等,多元化的评价机制也在逐渐取代分数制。学习兴趣或许在一张作业纸上很难看出,但是学习兴趣却是学生学习的动力,也是学生能够热爱这一课程的持久力。没有了兴趣,一切都是空谈。因此,提高学生的学习兴趣也是我们教师在作业评价中所要考虑的一个很重要的因素。

【点评】

确实有一些家长会因为忙于工作而忽视了孩子的学习和成长,这样的孩子就更需要学校和老师的关心与照顾。该案例中,老师利用长作业评价的契机,激活了孩子学习的兴趣,提高了孩子的自信。更重要的是,在孩子转变过程中,亲子学习的时间与次数增加了,客观上也带动家长更关心孩子了,家长也更加悦纳亲子学习的快乐。

三、专业引领小学生家长的教育需求

小学阶段,儿童在不同的年龄段,家长对家庭教育指导的需求也是各不相同的,根据相关的调查,以及对教师、家长对家庭教育指导工作的需求收集,我们大致整理出小学低、中、高年段家长对家庭教育指导内容的不同诉求。

(一) 不同年段家长对家庭教育指导的需求

小学低年级(一年级、二年级)儿童的家长最需要得到的帮助主要集中在:
1. 培养儿童的学习兴趣和学习习惯的方法;
2. 儿童的安全管理和教育;
3. 引导儿童思考和动脑的能力;
4. 提高家长自身素质及修养;
5. 幼小衔接;
6. 希望教师能多关心孩子;
7. 希望教师多一些耐心。

小学中年级(三、四年级)儿童的家长最需要得到的帮助主要集中在:
1. 正确指导儿童的品德教育的方法;
2. 了解儿童的心理状况;
3. 与孩子沟通的方法;
4. 配合教师工作的做法;
5. 了解孩子的在校生活;
6. 指导孩子提高自控能力;
7. 给孩子减负的办法。

小学高年级(五年级)儿童的家长最需要得到的帮助集中在:
1. 在品德和学习方面,教育孩子的方法;
2. 对孩子进行青春期教育的知识;
3. 如何根据孩子的个性,培养孩子的特长,挖掘孩子的潜力;
4. 升学指导。

综合看来,家长的需求随着儿童年级的变化而不断变化,低年级主要围绕适应新的学习生活环境、与教师的关系等,中年级家长开始关注儿童心理的发展,高年级的家长开始关注儿童的心理生理变化、升学发展,每一阶段的需要都有阶段的特色,但是学习习惯及学习兴趣的培养从低年级到高年级都是家长们关注的热点。

(二) 小学阶段家长在家庭教育中的常见问题及基本素养需求

儿童进入小学学习后,家长在家庭教育中应具备怎样的素质?家长在家庭教育中常见问题有哪些?

1. 家长在家庭教育中经常遇到的问题

(1) 家长教育观念上的问题,譬如比较突出的是过于注重孩子的学业成绩,忽视了综合素养的培养,在教育中只看学生学科成绩好坏,不注重良好习惯和品质的养成。

(2) 重视身体健康,忽视心理健康。"现在意义上的健康包括身体和心理两个方面"。世界卫生组织提出:健康不仅是没有疾病或不虚弱,而是身体上、精神上和社会适应方面的完好状态。许多家长认识不到这一点,不仅不重视心理健康,而且无视心理疾病的存在,甚至把心理疾病当成精神病来看待。

(3) 过分依赖学校教育。很多家长认为教育是学校、教师的事情,忽视了家庭是培养孩子的第一土壤应有的作用。

(4) 忽视个性,强行塑造。许多家长无视孩子的心理、生理发展的特点和个性,不管孩子的天赋和兴趣爱好,只是一味地按照自己的既定要求和模式,专制地为孩子设计人生轨迹。

(5) 只会对孩子高标准,不会对自己严要求,家庭教育的重要方式应该是通过父母的言传身教,通过父母的一言一行去影响孩子。

(6) 教育方式简单粗暴,只会要求孩子努力,不会赏识孩子,根本不考虑孩子的自尊心,动不动就对其加以训斥,更甚者采取棍棒教育。打骂会使孩子的心灵及身体受到摧残,抹杀了孩子的个性和创造精神。

(7) "关心过度"现象普遍存在,表现为家长在感情上过度依恋子女,在生活上、教育上对子女"关心过度"。

(8) 隔代抚养问题。在很多家庭中,由于父母忙于工作或在外工作无法全身心的照顾孩子,就把孩子教给祖辈照管,祖辈往往容易养重于教,过分溺爱孩子。

(9) 不善于和教师沟通、互动,在孩子面前随意评价教师。

2. 作为家长开展家庭教育应当具备的基本素养

(1) 掌握孩子的身心发展规律

作为家长,开展家庭教育的基础,首先是建立在对孩子的了解上,关心孩子,了解孩子的特点,才能有效促进孩子的成长与进步。这也需要家长注重自身学习,不断提高认识。

(2) 具备正确的教育价值观

家长只有树立了正确而科学的教育价值观,家庭教育的行为才会更科学有效。

(3) 掌握初步的家庭教育方法

作为家长,也应该了解和掌握基本的家庭教育理论知识和基本方法,这些往往可以提升家长的育儿观和家庭教育实效。

(4) 具备一定的沟通技巧

家长在开展家庭教育的过程中,只有和孩子、孩子的其他长辈、教师进行良好的沟通和互动,才能不断提升家庭教育的实效。

(三) 小学阶段家庭教育指导的主要原则

对于家长的需求,教师应该理性回应。我们在家庭教育指导中要遵从以下几个原则,才能更专业地引领家长的教育需求。

1. *从儿童成长需求出发,体现儿童为本的教育宗旨*

家庭教育指导应尊重儿童身心发展规律,尊重儿童个性与发展需要,创设适合儿童成长的必要条件和生活情景,保护儿童的合法权益,促进儿童自然发展、全面发展、充分发展。我们强调学生的发展,必须是全体而不是部分;应该是学生人格的全面发展,而不是重智力轻其他;应该是具有个性的发展,而不是千篇一律的同一标准;应该是可持续发展,而不是限于当下的。

2. *突出理念与方法两个重点,体现培训的实效性*

以家长的教育理念和指导教育子女的方法为重点。家长的教育理念是父母教育素质的核心,对家庭教育的目标、方向以及父母的教育行为起着制约和指导作用,也是影响家庭教育质量的决定因素。教育理念至少包含儿童观、亲子观、人才观、教子观等四个方面。家长指导、教育子女的方法,是教育理念和教育行为的综合体现,并直接关系到孩子在家庭中所受教育的实效。有效的教育方法有很多:例如教育孩子的前提是了解孩子,了解孩子的前提是尊重孩子;教子成功从培养良好习惯做起;父母身教重于言教;让孩子在体验中和群体中长大等。我们课程的培训目标就是指导家长在家庭生活中掌握并灵活运用这些方法。

3. *强调为家长服务的理念,体现家长主体性*

在指导培训活动中,指导者应确立为家长服务的观念,了解不同类型家庭之家长需求,尊重家长愿望,调动家长参与的积极性,重视发挥父母双方在指导过程中的主体作用和影响;指导家长确立责任意识,不断学习、掌握有关家庭教育的知识,提高自身修养,为子女树立榜样,为其健康成长提供必要条件。因此,指导者应当把家长当作自己重要的合作伙伴、贴心的朋友,充分尊重他们,高度信任他们,才能创设一种民主开放的氛围,调动广大家长参与培训的积极性、主动性和创造性。

4. 注重指导过程中家长的参与体验,体现活动性

以往的家长学校的培训教材一般比较注重将家庭教育理念、方法灌输给家长,采取的主要形式是讲座式,这样家长始终是被动的,是受教育者的角色。我们感到,家长是家庭教育的主体,也应该是家庭教育指导的主体,因此,应该将培训指导活动设计成家长可以参与的各种活动,让家长在参与活动中,与指导者平等的交流,与其他家长平等的交流,那样,在家庭教育中也更加能够与孩子平等交流。因此,我们设计的培训形式以活动为主,让家长在活动中感悟体验,更新观念,掌握方法,这也更能激发家长参与培训指导的积极性和主动性。

四、小学生家庭教育指导重点

《中小学德育工作指南》中明确提出,要坚持协同育人,加强家庭教育指导。要建立健全家庭教育工作机制,统筹家长委员会、家长学校、家长会、家访、家长开放日、家长接待日等各种家校沟通渠道,丰富学校指导服务内容,及时了解、沟通和反馈学生思想状况和行为表现,认真听取家长对学校的意见和建议,促进家长了解学校办学理念、教育教学改进措施,帮助家长提高家教水平。

对于小学生而言,进入新的学校生活中,学习成为他们的主要活动。在学习活动的影响下,他们的思维性质、注意力和记忆力等都在发生变化。同时,学校生活也使他们对自己和他人的看法发生了变化。家长应该帮助孩子适应学校生活,尤其要注重培养孩子良好的学习习惯和学习方法,激发孩子的学习兴趣。小学生家庭教育指导的重点是让他们学会学习,培养起关心、诚信等基础品质,为他们提供丰富的闲暇生活,培养他们的多种兴趣,让他们健康快乐地成长。

(一)学习指导

随着义务教育的普及与提高,儿童间的差异与教育的统一要求之间的矛盾日益突出,特别是小学中高年级的学生,学习任务加重,知识结构复杂,学习程度加深,但是大部分家长关心孩子的学习往往只知道检查作业、帮助整理书包、接送上学放学、关注学习成绩等,却欠缺指导学习的有效方法。学校有必要对家长进行学习指导。学习指导包括诸多方面,以学习习惯、学业评价、课外兴趣班、家庭学习气氛等方面为重点。

1. 培养孩子的学习习惯

弗兰西斯·培根说过:"习惯是一种顽强而巨大的力量,它可以主宰人生。因此,人自幼就应该去建立一种好的习惯。"我国著名教育家叶圣陶先生说过:"什么是教育?简单一句话,教育就是要养成良好的习惯。"日本学者田畸仁先生的研究认为,人们的活动,80%的行为靠习惯支配。学习习惯的养成非一日之功,也非学校单方面力量可以成就的,学校有必要指导家长共同培养孩子的学习习惯。

2. 正确评价孩子的学业成绩

学习是儿童小学生活的重要组成部分,学业成绩是阶段性学习成果的直接反映,绝大部分家长都非常重视学业成绩,但不能客观正确评价儿童的学业成绩,成绩的好坏影响着家庭的整个气氛和亲子关系,甚至是引起冲突的导火索。如何正确评价孩子的学业成绩,家长需要学校的指导。

3. 为孩子选报适合的课余兴趣班

儿童的学习生活不仅仅是课堂书本的学习,丰富的课外生活也是一种学习,对儿童的成长也很重要。家长这方面的烦恼更多地集中在如何为孩子选报课余兴趣班的问题上。面对林林总总的儿童兴趣班时,家长有些迷惘,一方面希望能根据自己孩子的特点发挥优势,另一方面担心自己对孩子特点掌握得不全面而错过孩子的发展关键期。因此家长需要学校的指导。

4. 营造家庭学习气氛

随着终身教育理念的深入人心,家庭教育越来越注重家庭文化环境的创设,家长和孩子一起营造良好的家庭学习气氛,有利于完善亲子关系,因此,营造家庭学习气氛具有重要意义。许多家长希望能和孩子一起学习,但自叹"文化程度不高",需要学校指导家长如何营造家庭学习气氛。

(二) 生活指导

1. 幼小衔接

小学阶段是儿童从轻松生活转向以学习生活为主的过渡阶段,小学低年级阶段的大部分家长对孩子过渡阶段的反应虽有心理准备,但是遇到一些不适应状况,如学习压力突然增大、作息时间不适应等,家长还是需要教师的指导与帮助。

2. 科学用脑

小学阶段是儿童大脑发育的关键时期,科学用脑符合儿童大脑的生长规律,有助于儿童科学有效地进行学习、娱乐等活动,提高儿童的成长质量。因此,学校有必要指导家长了解科学用脑的知识。

3. 预防传染病

传染病的预防是家庭生活指导中的重要部分，流感、肝炎、脑炎等危害儿童健康的疾病，应当引起家长的重视，学校在做好校内公共卫生的同时，也应多对家长进行定期的疾病预防指导。

4. 性教育知识

"我从哪里来？"一直是孩子感兴趣而家长讳莫如深的话题，我们这个含蓄的民族历来不愿将这个古老而永恒的话题放在桌面上谈。随着社会文化生活的开放，大量性信息刺激着我们的孩子，也有大量糟粕在滋生。小学阶段的儿童进入高年级后，生理及心理发展较敏感，如何让孩子掌握必要的知识，家长和儿童的沟通需要学校的指导。

5. 科学用眼知识

小学生的课业负担重，近视低龄化现象很严重，家长和学校应予以关注。近期据上海市卫生局曾经对本市小学生进行普查得出的数据显示，比例超过了30%。近视防治工作需要学校、家庭的共同关注和配合。

(三) 情感品德指导

1. 个性倾向

随着环境的变化和个体的成长，小学阶段儿童的个性倾向如需要、兴趣、志向和价值观等有了新的特点，而儿童的个性倾向在群体生活中表现得更为明显，相比家庭而言，学校对儿童的个性倾向更为了解，因此学校应指导家长了解孩子的个性倾向。

2. 气质类型

气质是指心理活动的不同倾向，是个人心理活动稳定的动力特征。气质也是一个人生来就有的活动倾向，气质类型主要有黏液质、抑郁质、胆汁质、多血质等四种，不同的气质类型对应不同的气质特征，并且气质特征在一生中是相对稳定不变的。了解孩子的气质类型，有利于家长更好地掌握孩子的发展规律。因此，教师应指导家长了解孩子的气质类型。

3. 挫折教育

孩子脆弱心理的成因有两个：家庭的溺爱和传统教育思维的缺陷。舆论报道中学生大学生遇挫轻生的实例屡见不鲜，其中原因值得家长和学校深思，挫折是每一个人都无法避免的生活体验，给予孩子适当的挫折教育，可以使孩子从小拥有一个健全的心理;同时,由于在压力很大的生活状态下,上海的许多家长自身处于心理亚健康状态,他们在教育孩子抗挫折时,更需要学校的指导,学校应科学指导家长进行适合自己孩子特点的挫折教育。

4. 撒谎问题

儿童道德品质的发展和形成,是通过教育和舆论把道德知识、道德规范传递给儿童的过程,也是儿童通过实践由被动到主动去掌握这些知识、规范并形成道德行为的过程。儿童道德上的成熟需要一个过程。低年级至中年级的小学儿童,主要依靠外部的调节和监督,如在老师和父母的要求下或仿效他人的情况下逐渐实现,如何正确认识和纠正儿童的撒谎问题,家长需要学校的指导。

第三章

教师家庭教育指导基本能力

教师开展家庭教育指导工作,一般会涉及家长会、家访等多种指导形式。跳出常见的工作形式,我们将教师家庭教育指导能力归纳为沟通与交流、策划与组织、指导与引领、应对与干预的四大基本能力。教师在开展家庭教育指导中,要扮演好沟通者、组织者、指导者、协调者角色。教师在与家长沟通时的情感态度、专业知识是必不可少的两个重要因素。

一、沟通与交流

近些年来,越来越多的90后父母的孩子进入小学,开始接受各方面的教育,这些父母大部分本身就是独生子女,深感肩上的责任重大。由于家庭背景的差异,导致家庭教育观念千差万别,一个班级四十个家长可能就会有十几种不同的教育观念。在对学生教育的过程中,老师和家长需要在教育理念方面取得基本一致的认同,才能让家校教育同步,这样沟通和交流就非常重要。

教育部在《中小学德育工作指南》中提出"管理育人",即班主任要全面了解学生,加强班集体管理,强化集体教育,建设良好班风,通过多种形式加强与学生家长的沟通联系。

教师与家长有很多沟通与交流的途径,如家访、到校面谈、电话、短信、QQ、学习点点点、邮箱、家校微信群、学校网站等,例如家校微信群可以作为发通知的平台,也可以个别沟通交流;学校网站有对学校的全面介绍,让家长更全面地了解学校的教育理念。一般,每过一段时间学校都要把这阶段的一些校内活动与家长沟通交流,目的是使学校教育和家庭教育秉持基本一致的教育观念,形成教育合力。虽然,教师和家长有时候在经过深入地沟通与交流之后,双方的教育理念仍然有些许的差别,但是基本上能做到"和而不同"。我们期望通过有效的沟通交流,能建立更和谐的家校关系,为孩子的健康成长努力营造良好的教育环境。家校沟通的时机和议题的确定,是首先会遇到的问题。

- 开学初

假期情况沟通。在寒暑假期间,教师可以与家长提前预约家访的时间。家访教师每到一户,除向家长重点宣传学生假期生活应注意事项外,还要结合学生实际情况,耐心地提出具针对性、指导性的建议与要求,如要求家长督促孩子合理安排好假期生活、完成暑假作业；建议孩子多读书，培养兴趣、特长，开拓视野，多参加社会实践活动等。

家校沟通的时机及议题的确定

时　　机	议　　题
开学初	暑期情况沟通
	学生作业情况沟通
	新班主任与家长沟通
	学生测试情况沟通
学期阶段性沟通	学业反馈
	各类活动
	综合素质
	重大转折
突发事件	重大时政的教育任务
	培养自信心
	与同学发生矛盾
	学生身体不适
学期结束前	学生学习的方法
	家长配合学校共同开展教育

作业情况沟通。开学后，各科老师都会布置作业，教师要针对学生完成作业的情况及时和家长进行沟通，培养学生逐渐养成良好的学习习惯。如孩子需要具备独立认真完成作业的能力，对于自觉性差的孩子，父母可能需要花更多时间进行督促指导。但随着年龄的增长，家长要逐步放手，指导时间也要缩短，要多鼓励孩子自己检查作业，面对错题让孩子说说错在哪里，为什么会出错，这样可以让孩子避免下次再出错。遇上难题，家长指导时要注意指导的方法，家长可以先给予提示，让孩子思考如何做，当孩子弄懂后，再出些类似的题目让他巩固。

班主任与家长沟通。班主任要尊重家长，让家长在心理上感到与教师平等，为沟通打下良好的基础。尊重家长，首先要礼貌待人，尊重家长的人格；尊重家长，要讲求谈话的方法和策略，如尽可能先说、多说孩子的优点，不当着别的家长的面指出他的孩子的不足之处，如果真的要向家长反映孩子的问题，可以在一个单独的环境里,向家长说明情况,达成一致意见;尊重家长,要虚心听取家长的意见和建议,让家长觉得班主任比较民主、诚实可信,有利于班主任和家长的相互信任。

学生测试情况沟通。测试是学校为了解学生学习情况而经常进行的一种教学活动,因此,家长要经常面对一个问题——如果孩子考砸了怎么办?面对孩子学习中的错误,教师和父母要帮助孩子总结错在哪里,哪些内容不懂,哪种类型的题目不会,在纠正错误的同时,找些类似的题目来练习。让孩子学会补救,而不是做无意义的处罚,才会促使孩子更有效地学习和思考。

- **学期阶段性沟通**

学业反馈。针对学生在学习上有待提高的方面,与家长进行指导性的沟通交流。例如家长要注重培养学生学会倾听,要让学生认识到倾听的重要性;要指导家长教会学生思考,先独立思考问题,有了初步想法后再进行探究、交流,共同解决问题;要指导家长教会学生大胆表达,比较清楚地表述自己的想法,互相了解对方的观点;要指导家长教会学生质疑,能听出别人发言的观点、重点及与自己的观点不一致的地方,大胆提出疑问,共同采取有效的方法解决问题。教师的指导要根据每个学生不同的学习表现和倾向性特点进行,这样才能让家长有的放矢地帮助孩子提高。

各类活动。学校会举行各种活动,尤其是亲子活动,班主任在活动前要充分调动学生和家长的积极性,使活动得到学生和家长的认可,为活动的顺利进行打下基础。如果是邀请家长来校参加活动的,事先要和家长进行沟通,让家长了解活动的内容,活动的程序,需要家长做些什么,以便家长提前请假。在活动中班主任要用手机记录下精彩的瞬间,在家长微信群里上传照片,让更多的家长可以领略孩子在活动中的风采,也使没有出席的家长了解活动情况和孩子的表现,从而获得家长的更多支持。

综合素质。学生综合素质的评价,对教师而言是为了提高受教育者的素质,调整教育者的教育行为,改进教育过程;对学生而言,不仅是鉴定学习成绩的水平,更重要的是为了充分挖掘学习潜力,为接受终身教育、实现终身学习奠定基础。要让家长明确学校坚持多元化的评价,是从学生的行为规范、关心集体、积极参与、学习习惯、思想品德等方面进行合理公正地评价,对学生寄予鼓励和期望,使学生和家长能通过学校一系列的评价制度获得肯定,提升期待心理,为今后的学习生活做好铺垫。

重大转折。对孩子的教育,提倡鼓励和表扬。对孩子的错误行为,批评要适当。教师在与家长的沟通交流中,要告诉家长应在教育子女中常用鼓励、多用表扬,要认真倾听孩子的心声,用欣赏的眼光去看待孩子,多鼓励孩子做些有一定挑战性但又不远超其能力的事情,让孩子通过行动来证明自己的能力,让孩子亲身体验到成功的快乐。

- **突发事件**

重大时政的教育任务。关注时政是孩子积累知识的重要途径,孩子在看新闻时,如同打开了一扇通往世界的窗户。生动丰富、跌宕起伏的新闻事件,完美的逻辑,陶冶情操的世界各地的自然风光、人文地貌,这些对孩子开拓视野、锻炼逻辑判断能力、提高写作都有莫大的益处。随着孩子对时政的关注,必然会引起孩子的思考,加深对知识的把握与积累,孩子对人生的思考都会进一步加深。关注时政,能促进孩子的思维,引导孩子多看新闻后的点评,让孩子也发表一下自己的观点,对孩子积累素材、提高写作水平有好处。如果每天能够坚持看新闻,时间长了,潜移默化中孩子也会形成习惯。

培养孩子的自信心。尊重孩子,使他切实地体会到自己是一个有独立人格的人。信任孩子,调动孩子做事的积极性,并给予积极关注和表扬、切忌包办代替,更不可打击、讽刺。建立合乎孩子能力的目标,父母的责任在于怀着一颗期待的心,帮助孩子建立每一阶段适合自己的目标。家长要善于发现并时常肯定孩子的优点,这是孩子充满自信、不断进步的力量源泉,千万不要把孩子的缺点挂在嘴上,让孩子产生自卑感。

与同学发生矛盾。小学生的心理还处于一个塑造的过程,做老师的一定要谨慎再谨慎。当孩子与身边的小伙伴发生不愉快的时候,让家长尝试以下的方法:(1) 善待他人。邀请同学里家里玩,其中包括与自己有矛盾的学生,让彼此的不愉快在玩中消失。(2) 主动与他人交流学习的窍门,孩子一起协作学习,可以改善他们之间的关系。(3) 如果需要联系家长来学校进行当面沟通的,首先安排家长坐下来详谈,坐着谈可以平复家长激动的情绪;其次认真倾听家长的意见,不要和家长争论,站在他的角度思考如果这是我的孩子,我的心情是怎样的;然后等家长冷静下来后,再谈实际情况,并努力说服家长同学校保持一致协调处理。

学生身体不适。在与家长沟通交流前,一是要充分了解学生的基本资料、家庭状况等;二是依据班主任个人的特点,选择适合的沟通方式;三是平时要加强自我修养、语言表述、话语技巧等方面的训练。交流沟通时,一是要按照卫生老师反映的情况,真实地向家长进行描述;二是要注意多倾听、多观察、多记录;三是要表现出教师专业的能力,以争取家长的认同;四是简单、扼要提出一至两项可行的建议,以供家长参考。沟通交流后,一是要认真整理访谈纪要;二是要以积极的心态响应并处理好家长的意见;三是要静心反省与家长沟通过程中的优缺点。

● **学期结束前**

学生学习的方法。择机把班级学习情况、性格、行为习惯或品质不同的学生进行分类,有计划、分期分批地按类召集家长会议,既有针对性、让家长有平等感,又便于家长之间敞开心扉交流沟通。与个别家长进行个别交流。这是班主任最机动灵活、便于操作的形式。把家长单独请到学校来,有的放矢地与家长进行专题交流、沟通。建立教师、家长与学生共同成长的理念,选准能使家长积极配合、参与推进对孩子教育的切入点,从家长最关心的话题入手,共同探讨解决问题的有效方法,以取得家长的密切配合,同心协力解决问题。

家长需要配合学校进行教育。家长首先是孩子健康成长的第一教育责任人,家长需要从教师那里了解的,必然是自己最想知道的信息。比如,学习质量问题,每次练习、测试的等第及看到的卷子,都能够反映孩子的学习习惯和态度,家长通过学生学习习惯在练习中的客观呈现,具体了解孩子的不足之处。家长如果在家庭教育中对有些问题不理解,那么就可以及时与老师沟通交流,从与教师的交谈中获得教育的启示,从教师介绍的其他家庭的育子经验中获得启发,不断调整教育的方法。适合自己孩子的方法就是最好的。

(一)日常沟通

1. 传统沟通

教育学生不只是学校、老师的责任,现代教育更重视学校和家长、老师和家长之间的互联沟通。传统的家校沟通,主要通过电话、家访和家长会等方式,和家长面对面交流的过程中要考虑对方的思维方式、文化水平、心理状态等心理因素的影响。

从沟通原则上来说,教师要尊重家长,平等对待家长,努力创设一个平衡和谐的氛围;从沟通态度上来说,教师要主动些,以积极阳光的心态与家长沟通,晓之以理,动之以情,导之以行,持之以恒;从沟通技巧上来说,教师要学会换位思考,尤其年轻教师要多体谅家长;学会倾听,不要急于表达,控制好自己情绪;与"困难生"家长沟通时,有时可以先抑后扬,与家长建立起信任;有时可以通过面谈,察言观色,审时度势;有时甚至可以定期或不定期给家长写信……

【案例】

以平常心对待孩子之间的摩擦

"施老师,施……施老师,不好了,小雯爷爷和小静爸爸吵起来了,钱老师说叫你下去。"我班的"小萝卜头"气喘吁吁地跑进教室说。我一听,连忙放下手中本子,急急忙忙地走下楼梯,边走边想:哎,这些家长怎么回事?到底什么情况?校门口已经围了一群家长,还未走近,就听到大声的吵骂声。我拨开人群,只见我班的两位家长一位牙齿咬得"咯咯"作响,眼里闪着一股无法遏制的怒火,好似一头被激怒的狮子。另一位也不甘示弱地吼叫着,这声音像阵雷一样。钱老师在旁劝阻着,但是争吵声已经把她的声音掩盖住了。

目前最关键的是让他俩先离开校门口,坐下来,了解一下事情的经过。可是,他们现在正在气头上,我去劝架,他们肯定听不进,如果再吵下去,围观的家长会越来越多,事情也会越来越难处理,更会影响到学校的形象。这可怎么办?

这时,两双无辜的眼睛映入我的眼帘,我灵机一动:"两位,你们看,你们这样孩子吓死了,都要哭出来了,我先带他们到教室里去。"于是,我一手牵一个,远离吵架圈,向校门里走去。刚走到楼梯口,听到两位家长在后面喊:"老师,侬做撒?"接着小雯爷爷又爆了一句粗口。我听了十分生气,想回头同他理论,但还是忍住了。门口还有那么多家长,那么多双眼睛在看"热闹"呢!想到这儿,我回过头,对他俩说:"小雯爷爷,小静爸爸,你们把孩子都吓哭了,有什么事我们到教室里说。"说完,和两个孩子快步走进教室。两位家长一看,孩子进教室了,也快步跟了进来。

我先把两个孩子轻轻拉倒身边,拿了纸巾帮她们擦了擦眼泪,一边细声安慰道:"别害怕,别害怕。"又一边对紧跟着进来的两位家长说:"消消气,坐下来。到底是怎么回事?"小雯爷爷一听,连忙怒气冲冲地说了起来,小静爸爸则在一旁闷声不响。

原来是这么回事:早晨到学校交作业,小雯发现她昨晚的作业抄错页码,作业做错了,她发现后在座位上补做。谁知被值日班长小静看到,表示是早读时间,不能补作业,就要求小雯交作业,小雯不肯,说作业是自己的,愿意交就交,不关你事。接着小静就伸手来抢本子,两人拉扯之间把本子扯坏了。小雯很生气,一放学就告诉爷爷,还说,小静叫大家不要理睬她。小雯爷爷觉得自家的孙女吃亏了,就找小静家长理论。谁知就越演越烈,谁也不肯让谁……听到这儿,我也大概明白了事情的始末。于是,我佯装生气地对两孩子说,今天的事情怪你们俩,你们不是好朋友吗?怎么友谊的小船说翻就翻呀!边说边做翻船的动作。两个孩子忍不住都笑出了声。

"老师,是我不对,我不该抢本子,要好好和她说。""不是的,我不该在早读时补作业,应该在恰当的时候做恰当的事情。""我不该叫大家不要理睬你。""我也骂了你,对不起!"听见她俩你一言,我一语,心想:嘿,真给力,平时教育没白费,真是我的"小棉袄"。我又瞄了两位家长一眼,只见两位家长面色已经平静下来,小雯爷爷也不再是一副气呼呼的样子。我对孩子说:"嗯,还是好朋友?"两人手拉手异口同声地说:"我们还是好朋友。"我说:"行,出去玩一会儿,我和爷爷、爸爸说两句话。你们玩的时候注意安全哦!"打发走了两个孩子,我笑着对家长说:"小雯爷爷,小静爸爸,你们看,她们不是又好了吗?"爷爷说:"还是老师有办法。""爷爷,侬看,有什么问题不能解决的,大吵大闹又不能解决问题。""爸爸,侬讲对伐?"小静爸爸说:"本来我还想好好说的,小雯爷爷一上来就骂人,我听了气不过……""爸爸,小雯爷爷年纪大,是长辈,你看,在孩子面前影响不好。好了,吵架没好话,现在说开了,其实都是鸡毛蒜皮的小事。不过,在校门口吵架,一对孩子的影响也挺大的,会吓到她们。二对自己形象不好,校门口孩子们都放学,堵塞交通。""对,对,对!"两位点头表示同意。我很庆幸,两位家长并不是十分蛮不讲理的,总算没有激化矛盾。

　　事情并没有结束,紧接着,我请小雯爷爷带着孩子先回家了,又和小静爸爸单独聊了一会儿,小静爸爸表示:对方爷爷不讲理,开口就破口大骂。我与小静爸爸交流:家长是学生人生中的第一位老师,对于孩子的成长起着十分重要的作用,在孩子面前,我们家长和老师还是要做个好榜样,尊敬长辈是我们中国人的传统美德,我们大人还是要注意这方面的。小静爸爸也表示下次不会这么冲动。

　　第二天,我又与小雯的爸爸进行了面谈,先如实讲述了昨天事情的原委,然后与小雯爸爸交流了自己的看法:孩子之间的争执打闹,只要不存在肉体伤害,家长尽可能不要介入,要让孩子自己去解决纠纷。其实在绝大多数情况下,小孩子打架根本不需要调解,他们自己一会儿就和好如初了,就像什么也没发生一样,早把纠纷忘得一干二净了。而大人一旦介入,就变得复杂了,本来是小孩子之间的小摩擦,结果可能演变成两家大人之间的矛盾,好好的一对小伙伴在双方家长的压力下倒成了仇人。这又何必呢?小雯爸爸表示,爷爷骂人是不对的,回家后一定会和父亲好好交流沟通。

　　在不久后的家长会上,我就"孩子间发生矛盾冲突怎么办"这个问题展开了家长沙龙讨论,大家都各抒己见,有家长表示:在冲突中,实际上是一种学习、操练的过程,日积月累,将学会如何与他人协商解决问题。也有家长表示:别把简单问题复杂化。不要用成人的标准妄断是非,使矛盾复杂化。家长不要情绪化地把成人的争斗、输赢、吃亏等概念灌输给孩子,更不能教孩子"以牙还牙,以眼还眼"地还击。而要根据矛盾的具体内容进行引导。还有家长表示:当双方孩子间发生矛盾时,双方家长都应该力求主动沟通,多站在对方立场上考量。更多的家长认为:以平常心对待孩子之间的摩擦。孩子之间是很容易起摩擦的,这不值得大惊小怪,家长不要对此斤斤计较,在不是很严重的情况下最好不要插手进去,这样更有助于孩子间的友谊,促进彼此的了解,从而成为好朋友。

作为班主任,发生"家长产生矛盾"这样的事情后,要保持冷静,先化解孩子间的矛盾,然后再以公平的身份劝说双方的家长,讲清利害关系,并且逐一"解决",遇到一些年纪大的,可以与父母沟通,再让父母与自家的长辈沟通。这样可以起到事半功倍的效果。

【点评】

化解家长之间的情绪性冲突,可以采用案例中呈现的"逐一解决"策略:首先以保护孩子为理由,转移家长的视线,也缓解家长之间对立的强烈情绪;再以教育孩子为契机,间接引导冷静下来的家长转变认识;最后又召开全体家长会,用家长教育家长,使得家长进一步形成和巩固正确的认识。

【案例】

亲子活动后,如何与家长沟通交流

在信息技术高度发达的今天,班主任的工作绝对不是孤立的,要实现和家长、和社会的横向联合,这样才能让自己的工作充满实效性、艺术性、专业性。我建立了班级微信群,一方面方便家长和班主任沟通,一方面便于我传达学校布置的各类工作,还能了解家长与学生的亲子关系。

去年暑假时期,正逢世界反法西斯战争胜利70周年,学校大队部布置了相关参观活动,我们班级大部分学生都在家长的陪同下参观游览。

案例一

烈日炎炎,闲暇之余,小梅同学在父母的陪同下前往中共一大会址参观,一同追寻红色经典的足迹。在与家长的沟通交流后得知,学生在参观时注视着眼前的一幕幕,激动地和父母交谈着他的所见所想。在平时的学习生活中,小梅同学是一个内向、话语不多的孩子,在参观活动中能主动和家长交流,这是很大的突破。我又和家长进一步了解了事情经过,家长在参观活动中让儿子要继承先辈们身上的光荣品质,这也是祖国花朵们的历史使命。小梅眼神坚定地点了点头,表示他会好好学习,努力成为祖国的栋梁之材。

当家长对培养孩子的责任感、正直、忠诚给予足够的重视,他们就为孩子树立了一个价值体系,这将成为孩子的无价之宝。开学初,学校大队部收集相关征文,我便推荐小梅同学积极参与。家长得知老师的推荐也特别配合,活动之余,三口之家在家里一起写了一份参观的感受,还得到了鼓励奖。这个奖励来之不易,它是这个家庭每个成员的辛勤付出,更是这次亲子活动的累累收获。这次的观摩体验让家长也受益匪浅,作为家长,应该尽可能陪伴孩子左右,参与孩子的成长,和孩子多交流,一起体验这个世界的精彩。

案例二

每年暑假,学校都会下发一本《上海市中小学社会实践基地》的家庭护照。暑假里的一天,尽管天气炎热,小李的妈妈还是带他参加了一次"职业小达人"的亲子活动。

活动开始了,活动的内容是制作LED小灯泡,每个家长和孩子都有一个工作台,上面放着许多组装的零件和工具。孩子首次看到还觉得非常的新鲜,个个都跃跃欲试,整个制作的难点在于把几十个LED小灯泡焊到线路板上。孩子们很有兴趣地刚焊了几个,觉得工作这么繁琐就有点望而却步了,孩子有想过放弃,这时家长的耐心和鼓励是孩子前进的动力,当看到自己亲手做的灯泡亮起来的时候,孩子和家长都感到了胜利的喜悦。

小李的爸爸是一个个体经营者,他擅长各类电器的修理,动手能力很强。结合这次亲子活动,小李很有感触,对父亲的工作也有了进一步的了解。小李很有成就感,我趁热打铁和家长进行了沟通,让他在十分钟队会的时候,和全班同学分享这次收获。同学们对小李的表现又好奇又钦佩,这让小李更有了自信心。孩子回家以后,把学校里的事情和家长说了。家长能主动和老师取得联系,感慨这样的活动让孩子长大了,有了自己的思想见解,教育孩子可能"说"已经不管用了,要从"做"开始,家长应该成为孩子的助手,在很多事情中让孩子充当主角,这样孩子才能体会到成果的来之不易。

案例三

小王同学患有多动症,自身协调能力和自控能力都很差。四月的一个周六,他和爸爸妈妈一起参加了妈妈公司组织的亲子运动会。本次运动会是在位于嘉定的上海汽车博览公园举行的。首先,他们这个家庭参加了三人四足的比赛,这是一个考验全家默契度的活动。小王的爸爸负责叫口令,三个人步调一致,快速而有条不紊地到达了终点,获得第三名的好成绩。接着,他们又来到了接力运送乒乓球的比赛场地,这是一个考验平衡感的活动。在这个环节中,爸爸和妈妈顺利地完成了前两棒,可是在最后一棒中,小王没掌握好平衡,球落地了。小王哭丧着脸,爸爸妈妈却安慰孩子不要气馁,比赛的过程比结果更重要。

回到学校,小王兴致勃勃地告诉我他参加的这次亲子活动,看来学生对这次活动印象深刻。我便和小王的妈妈电话联系,希望家长能辅导孩子把这个幸福的时刻记录下来。家长也觉得老师的这个建议非常好,立刻答应会把活动时的照片给孩子看,让他回忆活动的经过。经过家长的指导,平时看到写作头疼的小王,二话不说第二天就交来了作业。这篇作文内容生动,情节扣人心弦,后来在《作文大王》上刊登出来。

小王的妈妈拿到《作文大王》,看到自己孩子的作文发表以后,马上发到朋友圈,表示感谢老师给自己孩子这样的机会,让他体验成功的喜悦。我也马上发点评,表示祝贺,也感谢家长对我工作的支持。通过这次活动,家长也意识到平时陪伴孩子的时间太少了。是啊,陪伴是最长情的告白。感谢这次运动会,既让小王玩得开心,也让孩子增进了和爸爸妈妈的感情。我想以后的日子,他们这个三口之家一定会相处得更加融洽欢乐。

【点评】

亲子活动,不仅仅只是一次活动而已,也是一次需要完整策划、精心设计的教育契机。活动前,亲子有约定,家长对孩子提出一些要求;活动中,亲子合作,一起探究;活动后,引导学生强化体验和进行反思,也促进了家长的观念转变。将亲子活动作为一个完整的教育时空加以设计和利用,也就是拓展了家庭教育的时空。

【案例】

用信任强大孩子的内心

"人人参与班级管理,个个都为班级增色。"这是学校本学期的德育目标之一。结合学校的德育目标,我在班级中设立了"班级服务十岗位",让每个学生都有机会展示自己的优点,感受到集体荣誉感。

班会课上,同学们积极报名参选,最终20名学生光荣当选小岗位负责人,轮流为班级和同学服务。正当大家都欢呼雀跃时,我瞥到后排一角的小嘉默默低着头。回想刚刚他的表现:竞选节水节电管理员时,小嘉一个劲地举手,还大声叫着"我!我!我!"可有个声音打破了和谐:"就你还参加竞选?上课插嘴、字写得那么吓人,老师不批评你就不错了!"小嘉的手慢慢垂了下来,眼神中的热情瞬间被浇灭,随后的竞选仿佛已和他无关。看来他也有心争当小干部,不知他现在是怎么想的?

下课后,我主动走到他的桌边,低声询问:"老师想找你帮个忙,可以吗?"他抬起头,好奇地问:"什么事?""刚才大家一起推选了十岗位的小干部,可其中有一个岗位的工作有点繁重,老师想请你作为助手帮助他,你愿意吗?"他的眼中立刻闪现出惊喜的亮光,可没过多久又逐渐熄灭了,"老师,我不是个好学生,同学们愿意听我的吗?"我轻轻拍了拍他的头,安慰道:"努力尝试让同学们看见进步的你,还怕大家不同意吗? 到时候你就是真正的小干部啦!"他默默点头,答应了我的提议。

随后,我马上拨通了小嘉妈妈的电话,"小嘉很想要成为节水节电管理员,但以他现在的表现,很难获得大家的信服,甚至还有个别学生带头起哄,小嘉的情绪似乎也受到了些影响。"电话那头沉默了,我想小嘉妈妈内心应该翻滚着各种情绪,却不知如何开口。"小嘉妈妈,你不要担心。我刚才和他做了一个约定,请小嘉从自身改变开始,让同学们发现他的进步,同时我以老师的身份邀请他担任小干部的助手,在他增强责任心的同时,也逐渐让大家看到他的闪光点。"小嘉妈妈声音有些哽咽了:"老师,我知道我们小嘉算不上乖孩子,但他很渴望得到老师和同学们的认可,每次在学校努力争取获得大家肯定,最后却被嘲笑,他总会闷闷不乐很久很久。他性格倔强,不喜欢我过多干涉他。我急在心里,却也不知道怎么帮他。"听着这样揪心的话语,我一时也有些无措。"沈老师,他第一次没选上,说明大家认为他还不足以胜任,我和他爸爸会在家多和他沟通,关注他学习情况外,也会多关注他的生活和工作能力,一定积极配合老师,让他进步、成长得更快、更好。"一次与家长深入的沟通,让我对小嘉接下去的改变充满了信心。

第二天开始,早晨大家在走廊排队时,小嘉默默走在最后,把没有收到课桌里的学习用品帮同学们收好,确认桌面都没有物品、桌椅摆放整齐后,才跟上了班级的队伍。上音乐课、体育课前,他也再三确认桌面整洁、电器都关上了,才离开。我们班级再也没有因为桌面不整洁而被扣分。上语文课时,我留心关注他的表现,我发现他尽量忍住不随意插嘴了,专心致志地听课、记录,举手的次数也比以前多了不少。其他课上,他也表现得越来越守纪律,老师请他回答问题的次数变多了,他被表扬的次数也越来越多,同学们对他的态度也开始发生转变。我欣喜地把小嘉最近的变化告诉了他的妈妈,她也激动极了:"他原来可以说是个饭来张口、衣来伸手的小少爷,有时候还会耍耍小脾气。可最近他不仅会主动帮我们做些家务,连闹脾气都很少发生了。"听着他妈妈欣慰的话语,我也由衷地为小嘉的付出和收获高兴。看来是时候完成最后一步了!

一个月后的班会课上,我在大屏幕上放了两张照片——一张是课桌上有些许书本、铅笔散放着的,另一张是桌面整理得干净无一物、桌椅摆放整齐的,下面分别写有两句话:一个月前同学们离开教室后的场景和现在同学们离开教室后的场景。同学们看后疑惑不解,我大声点名:"小嘉,请你起立!"同学们听后更是摸不着头脑。"这都是小嘉的功劳! 每天你们离开教室去做操或者上课后,都是小嘉留下来帮大家整理的,他默默无闻地关心着每个同学、关心着我们这个班集体!"小嘉有些不好意思地低下了头。"小嘉,你的妈妈也有些话托我带给你和大家。""小嘉,看到最近你的改变,妈妈真的特别为你骄傲、自豪。妈妈知道成为小干部一直是你的梦想,这次老师和你的约定给了你前进的力量,让你有了脱胎换骨的变化。相信目睹这一切的老师和同学们会发现你的优点,和你一起努力建设起更团结友爱、更积极向上的班集体。加油!我们都支持你!"听完妈妈的话,小嘉的眼眶有些湿润了。"一个月前我和小嘉定下了约定,今天我要兑现和他的约定,让他也成为班级小干部的一员,也就是我们班级第十一个服务小岗位!"同学们都起立为他鼓掌,他也绽放出了最美的笑容。

孩子柔弱的心灵需要我们每一位教师去关注、去呵护,而家校及时的沟通和合作更是为孩子的成长铺筑了一条平坦的道路。扬长避短,让孩子身上的闪光点亮一点、再亮一点。

【点评】

尊敬孩子,信任孩子,引领孩子,是老师最常用的教育策略。但怎样将信任由"名词"转化为"动词"?这需要老师和学生达成共识:与孩子建立契约,让孩子承担一些力所能及的责任;再给予孩子足够的信任和关爱,鼓励孩子不断进步;孩子将在能力提升的自我确认中不断强大自己的内心。

【案例】

夏令营中妈妈打了孩子一巴掌后……

"全体立正,出发!"随着班长小徐同学清亮的口令,由班级家长自发组织的中队夏令营活动拉开了序幕。一路上欢歌笑语,每一位成员都沉浸在这欢乐的氛围中。家长们一致要求李老师作为特邀嘉宾一起参加活动,李老师也正想通过近距离观察这些学生,探索家校合作和家庭教育新的方法,于是双方一拍即合。

"同学们,我们到了,先吃午饭,然后开始活动。"导游的话使大家旅途的疲惫一下子烟消云散。用餐的秩序和在校一样,安静、有序。家长们在一旁拍照,难得有机会看见孩子的另一面的。"啪"一声脆响打破了宁静的气氛,小董同学的碗不小心掉在地上打碎了。"啪"又一声脆响,小董妈妈结结实实地扇了小董一巴掌。在场的所有人都被这一幕惊呆了。"你瞧你这孩子,吃个饭都会打碎碗!别人为什么都不打碎!丢脸丢死了!滚一边去!……"现场的空气中弥漫着尴尬,谁也不知道该怎么办。小董低着头站到了墙边。家长的粗暴让李老师也很震惊。暴力、粗鲁。这样的行为怎么去教育孩子?

"大家先吃饭吧,小董,你来一下。"李老师把小董叫到了身边,小董妈妈也被别的家长拉到了一边。

"小董,你妈妈经常这样教育你吗?""嗯。"小董怯生生地看着李老师。"你别怕,老师教你一个方法,可以让你妈妈知道自己错了,好不好?"

"好的"。李老师轻轻地跟小董聊着……

过了一会儿,小董慢慢地走到了妈妈身边。"过来干吗?是不是还想找打?你影响了大家吃饭!丢人!"小董妈妈余怒未消。这时,小董出人意料地抱住了她妈妈,抬着小脸说:"妈妈,我错了。你先吃饭吧!我以后一定会小心的,不再让您丢脸了,您再打我几下吧!"

小董妈妈一下愣住了,没想到小董会说出这样的话。看着孩子纯真的眼睛,"哎哟,你这个傻孩子。"小董妈妈一把抱住了小董,眼泪瞬间滴落了下来。"真以为妈妈愿意打你啊,你这毛手毛脚的坏习惯总是说不好,妈妈生气呀!"突变的剧情让在场的所有人都措手不及。"妈妈,我一定改,你先吃饭好不好,你身体也不好。""对啊,小董妈妈,你先和小董一起把饭吃好,等会我们再谈。"这时,李老师顺势说道。"好的好的!老师,真对不起,给大家添麻烦了。我这脾气是要改一改。"李老师的温情牌奏效了。事后,李老师和小董妈妈谈了很久,谈论的主题就是家长的一些不良行为会对孩子的成长带来怎样的负面影响。

其实,家长的负面情绪也是不文明行为的一种。打碎碗的刹那,家长没有控制住自己的情绪,放大了孩子"冒失"的行为,打碎了孩子的一份安全感,那一巴掌到底打在了孩子的哪里,可能家长也没有意识到。而李老师教孩子打了一张温情牌,平静的背后,家长的心却波澜起伏。当个好妈妈不容易,就是要经历这样的成长!打碎了碗可以再买一个,但打碎了孩子的心却无法再挽回。作为父母多一些宽容与耐心,少一点由负面情绪引发的不良行为,就能帮助孩子建立强大的内心。

【点评】

让孩子用正确的、优秀的表现,去感动自己的家长、去转化自己的家长,其实是一种很有效的家庭教育指导策略。对于一些家长的错误观念、错误行为,老师如果当面直接指出,有可能损伤家长的自尊,最终的教育效果也可能不好。通过孩子去转化家长,家长更会接受,更会反思,更会自觉改进。

2. 新媒体沟通

在"互联网+"时代背景下,"微信""QQ"等新媒体已逐渐成为班级管理与建设的重要平台,其便捷性、开放性、互动性、群聚性和即时性等典型特征,打破了课上课下、校内校外的时空约束,拓展了师生、家校之间沟通的渠道,成为家校沟通与互动的有效桥梁。但因其极强的传播效应,用得好,省时省力,事半功倍;用得不好,适得其反,徒增烦恼。因此,班主任想要管控引领好班级社群,必须用理性的管理、科学的方法、友爱的引导、巧妙地化解去直面新媒体,引领家长树立正确的教育观和育人观。

① 做好被质疑、被吐槽的准备,经得起"拍砖",在质疑中注重加强和改进沟通。
② 传播者要把传播内容送到受众心坎里,首先得敲开受众的心门。
③ 注意教育舆论中的意见领袖。
④ 不盲目转发、留言。
⑤ 及时回应各种网络留言,采纳各方意见。
⑥ 突发事件微博、微信运用两个关键:实时融入、迅速做出反应。
⑦ 读图时代,"有图也无真相",谨慎。
⑧ 教师的社会个体角色和职业角色请勿混淆。

【案例】

重新亮起的 QQ 头像……

"王老师,我们家孩子今天在学校表现怎么样?""王老师,浩浩上课回答问题积极吗?"我刚一上网,就被 QQ 群里的家长团团围住,家长们纷纷打听着孩子在学校的表现。过去,老师与学生家长进行沟通主要靠家访、电话等方式。随着信息时代的到来,在线沟通工具逐渐普及,利用网络聊天工具与家长进行交流成为一种有效的家校沟通方式。

为了给家长和教师搭建快捷、高效的家校沟通平台,让家长及时了解学生动态,也让教师倾听家长心声,促进家校衔接形成教育合力,在新生入学之前,我就建立了班级 QQ 群,并且制定了相关的发言制度——比如公告版块是家长及时了解学校的重要通知;班级的教育教学情况、进度,以及学生纪律、平时表现等都新建了相册,上传图片给家长。开学后,我根据本班实际情况,在每周五邀请家长们进行在线交流,召开"网络家长会"。教师和家长们一起,在群里畅所欲言,交流孩子的教育情况。线上线下的互动十分热络,大部分的家长以主动、积极的姿态参与其中,但也有例外……

"王老师,你别再说了,我实在太忙了,接下去还有会议要开,明天我还是让孩子的奶奶去吧!"这已经是第 N 次,晨晨的爸爸匆匆忙忙地结束与我的通话。一个学期里,学校的四次家长开放活动,晨晨的爸爸几乎都以工作忙为理由推脱了。这可怎么办?每次家长开放活动大家都积极参与,唯独晨晨的爸爸老是请假,这种情况也严重影响到了晨晨的学习状态,孩子对作业有了拖拉的现象,学习成绩也有了下滑。每次开放活动,晨晨总是耷拉着脑袋,无精打采。该怎样调动起像晨晨爸爸这样"没时间"的家长参与学校活动的积极性呢?真的是"没时间"吗?

我思考着:总是一遍又一遍地"老生常谈",是不能打动家长的。我应该反其道行之,突出家长在家校活动中的主体性地位。正巧,学校在我班试点"亲子讲坛",我是否能利用这个机会,鼓励晨晨爸爸来为孩子们讲课呢?于是,我趁下课时间,找来晨晨,对他说:"晨晨,这次班级亲子讲坛有一个金融的主题,爸爸正好是做这一方面工作的,可以让爸爸来学校说一说吗?"孩子默默地看着我,不作声。

"这样,老师把邀请函给你,你回家跟爸爸说,无论分享什么内容,老师和小朋友都会欢迎他。"晨晨还是不说话,但把邀请函紧紧地拿在了手里。

当天晚上,我不放心孩子的传达,心想:如果我直接约家长谈,校门口的家长会觉得没有面子,而电话里谈,言语太快,言辞可能不是最佳。用QQ私聊的话,不仅很方便,而且可以想好措辞,老师和家长双方都比较理智,同时更促进家校双方的理解。于是,我对着晨晨爸爸那个暗淡的QQ头像发了一段留言,大致就是告诉他下周来参加学校的亲子讲坛活动,要准备的内容是什么,时长多少……这是和孩子一起完成的,希望能安排出时间。班级所有的家长都要参与,也希望家长能发挥自己的所长,让孩子了解你的工作内容,孩子现在很迷茫,希望通过这样的展示机会给孩子更多的信心和鼓励。

过了两天,我询问晨晨:"爸爸会到校参加活动吗?"晨晨点点头,露出了难得一见的微笑。这可是一个很大的突破!来就是"胜利"!

周五早晨,晨晨牵着爸爸的手,一同走进了校园。当晨晨爸爸开始上《金钱是什么》一课时,全班同学一起拍手鼓掌!他从自身的工作职能讲起,说到了理财运营讲究程序,用故事、视频、趣味问答来串联。亲子课堂上,爸爸主讲,晨晨担任小助手,在和爸爸一起呈现讲座内容的时候,原本内向害羞的他,表现欲望却非常强烈,而且与同学的沟通也越来越频繁,询问同学的时候还特别注意措辞和礼仪。亲子讲坛15分钟的时间,晨晨和同学们听得十分投入。爸爸讲完之后,他自己也情不自禁地鼓起掌来。讲坛一结束,我没有留下他的父亲单独谈话,而是说了句:"谢谢。"从晨晨爸爸的眼神中看出其些许的歉意。

那天之后的课,晨晨始终带着浅浅的笑容,课堂上坐定的时间多了起来,同学们也慢慢和他热络起来。晚上,我给晨晨爸爸继续留言:这样一次活动能让自己亲身体验到儿子真实的课堂生活,是十分有意义的,看到了孩子比较真实的表现,也了解了孩子的不足,孩子的成长,家长的干预和介入很有讲究,讲坛上的亮相让孩子对你的职业有了了解,这对他对你都有很大的帮助。打完这段文字后,刚想关闭QQ,却看到晨晨爸爸的头像亮了起来:"谢谢老师。"之后,我和晨晨爸爸又在网络上聊了几次,继续鼓励他能更多地参加到学校活动中来,与学校教育一起为孩子营造一个和谐的教育环境。终于,在下半学期,他开始空出时间陪伴孩子参加学校的课程体验、探索活动。看到晨晨爸爸和晨晨日渐融洽的情形,我真心为他们高兴。

其实,家长们都很渴望和老师沟通,但经常到学校或经常打电话,一是时间很难安排,二是怕打扰老师工作。使用聊天工具之后就方便多了,鼠标一点,就能把自己要说的话传送给对方。再加上老师的用心"经营",一定会取得良好效果的。

【点评】

传统的家校互动方式有很多种,但大多是老师占主导,家长处于被动状态。更有一些家长在家校互动中感受无有作为的主体性挫伤,长久以往,他们就会失去对家校互动的兴趣。坚持家校活动中家长的主体性是非常重要而优异的。家长主体性的确立与坚持,会最大化激活价值的能力、贡献和参与的持久热情。

【案例】

架起与家长沟通的桥梁

"你今天学得怎样?""你今天学了些什么?""你能听懂老师上课教的内容吗?"一年级的孩子们刚刚入学两三周,放学后的校门口,我总能听到接孩子的家长在急切地问话。

"我儿子今年九月开始读小学,开学至今两个星期,我发现我比他还要急。这个愣头愣脑的小家伙,真不知道在学校读书怎么样?"小何同学的妈妈一脸焦急地对着我说。虽然小何同学才进小学,但他妈妈已经开始焦急万分了。

"陆老师,人家孩子都会写字了,我孩子什么也不会,他不能把您每天的作业记下来,一玩起来又把您布置的作业完全抛到脑后,每天回家都说不清今天学了什么,我们又不了解他每天在学校的学习情况,长此以往肯定是要跟不上学习进度的,这可怎么办啊?"也有家长拼命地跟我诉苦。

"陆老师,今天你们教了什么?能跟我说说嘛,小林这孩子接受能力差,学习又不自觉,我回家去给我儿子补补课。"还有的家长一见到老师,就拿出事先准备好的纸和笔,请我们将当天学习的东西复述一下,记下来回去给孩子补课。

开学前两周我接到的家长电话和微信,每天至少十多个。家长们不了解孩子在校的情况,因此对孩子能否适应学习生活表现出极大的不安,总觉得自己的孩子会跟不上"大部队"。

小学一年级的小朋友天真烂漫,爱说爱动,对自己的行为约束力差,注意力容易分散,尤其是那些还在学习准备期的学生。但一年级的家长又都对孩子的学习非常关注,希望孩子能不输在起跑线上。因此,新生的家长普遍存在着焦虑情绪,希望自己每天都能第一时间了解孩子在校的学习情况。

对于每天下班后家长们络绎不绝的电话和微信,我也感到焦头烂额,家长们的行为已经影响到了我的生活,而我耐心的劝说却并没有让家长们感到安心。"在学习准备期里,我该如何让家长们更好地了解自己的孩子每天在学校的学习情况呢?我又该如何消除家长对于自己孩子学习的过分的紧张和焦虑呢?"我开始认真地思考起了这个问题。

思考过后,我便开始行动起来。首先我建立了班级微信群,将班中所有家长和任课老师都加入其中。这个群一下子拉近了老师和家长的距离,让老师和家长之间的沟通更加方便;让家长们零距离了解到学生在学校的学习和生活情况,也让家长随时了解到孩子在学校的点点滴滴。一年级的孩子识字不多,语言表达能力也还不够,因此我们任课老师每天都在群里将我们今天学些什么,以及对学生有什么要求,第一时间告知家长,方便家长们进行了解,也便于家长之间的交流沟通。此外,学生字写得好的,老师给这些同学拍照,传到群里,英语朗读好的,老师也会拍摄视频发到群里,家长们就在群里交流如何指导学生进行朗读、口算等;今天谁发言积极,最近谁进步了,今天谁做好事了,谁不开心了,老师对孩子在学校的学习、生活方面的情况及时在微信群里给家长反馈,受到了家长的一致好评,在群里家长们不仅可以交流孩子们每天的学习情况,更是可以讨论学习方法,以及分享各自的经验。

据了解,这以后大部分家长不再焦躁,但仍有个别家长依然对于孩子的学习状况陷于彷徨不安之中。

"陆老师,听一些家长说,班上有些同学识字多达上千个,可我家孩子啥都不会,期末会不会跟不上到时留级啊?"小李同学的妈妈发了条微信给我,外加了个抓狂的表情。她说在与群里的妈妈们交流之后感到更加坐卧不安了。

现在上海的小学都实行零起点教学,对小学一年级新生而言,开学几周,学习生活刚刚开始,没有家长想得这么复杂,与其关心孩子的学习进度,倒不如关注孩子的学习习惯。

于是我把这一情况汇报给了学校领导,校领导经过商量,决定让一年级的家长们走进课堂,近距离了解他们孩子在校的学习情况以及老师对于学生的要求。在这次走进校园的活动中,家长们看到了自己孩子在学校中一天的生活;看到了孩子们习惯上的养成过程;看到了老师们精心设计的课堂教学,更加真实地了解了孩子们在学校的学习动态。

对于一年级学习准备期的家长而言,多渠道地架起沟通的桥梁,能让一年级新生的家长们对于我们老师多一份信任,对于自己孩子在校的学习情况多一份了解,并能帮助孩子们更加迅速地融入和适应小学的学习生活。

【点评】

家长希望对孩子在校学习和成长有更多的知情权,这是可以理解的。老师对此需要正面应对、及早应对和主动应对。借用现代信息技术手段,可以更有效地实现家校沟通。但是老师需要建立家校沟通平台使用的契约,让家长更文明地参与平台互动交流,从而使得家校互动更理性、更持久、更有价值。

(二) 家访

家访,是班主任与学生家长友好交往、共同教育学生的一种常用的方法,是学校教育与家庭教育密切配合和协调的必要措施,也是改进和加强学校和家庭教育的重要途径。通过家访,班主任不仅可以直接与家长交换意见,还可以亲自观察家庭中孩子学习的环境如何,亲自感受家庭里的精神气氛与文化修养如何。在与家长的接触中,在对学生的家庭教育情况基本了解的基础之上,班主任就可以有目的、有意识地影响和指导学生的家庭教育,有针对性地指出学生家长在教育中存在的问题,还能将正确的教育方法、科学的教育理论与思想传授给学生家长,通过改善家长的教育方式,来争取更多的教育力量,巩固、强化、协助学校教育。

1. 家访目的与原则

(1) 家访的目的

第一,家访是教师对学生作全面了解的重要渠道

班主任是学生学习和思想教育工作最直接的负责人。通过家访,班主任可以逐步了解和掌握学生的家庭情况、在家学习环境和表现等,做到心中有数,这样有利于以后更好地根据实际情况有针对性地教育和引导学生。

第二,家访能够增强家长的责任心并帮助他们科学教育孩子

学校是教育学生的主阵地,理应肩负起教育的重要责任,但单靠学校则力不从

心。在一部分家长看来,学校就是教书育人的地方,家庭只是供给他们吃穿住而已。至于如何施行教育手段,实现教育目标,自己是外行,对教育不懂,这就步入了误区。所以教师可以借家访等形式广泛宣传,大力倡导家长参与教育,提高家长对教育的认识程度,明确自己在家庭中就是一位最贴近孩子的老师。并通过双向沟通,形成教育共识,实现教育学生方面的协调统一,促进学生更加健康地成长。

第三,家访能够促进班级建设和管理

家访过程中的交流还可以进一步增进师生间的感情,学生会感受到教师高度的责任心和真诚的爱心,促使他们有意识地克服缺点,服从管理,发挥他们最大的主观能动性,更加积极地参与学校及班级组织的各种活动和学习。这对于一个班级的和谐文明发展极为有利。另外,家访作为班主任工作的一种形式,也是培养班主任热爱学生,提高思想素质的有效途径。

(2) 家访的原则

如果家访的方式和方法不当,不仅不能取得理想的效果和实现上述意义,反而会产生负面效应。所以家访工作不可不讲究一定的方法和原则。

第一,计划性原则

俗话说"不打无准备之战",有计划有步骤的工作才能有条不紊地开展。家访工作也要有计划地展开。如果一个老师新接任一个班级工作,有必要组织自己刚接手的新班学生填写家庭情况表和个人情况登记表,借以了解学生家庭成员及经济状况,家长的文化水平、职业、性格、处世态度以及家庭成员的联系方式等,了解学生曾经历的成败、能力水平、兴趣爱好、理想追求等。对上述信息教师做到心中有数,然后结合学生在校内的表现,班主任才能对学生有一个较全面和正确的认识,才能有的放矢,因材施教,教育和引导学生朝正确的方向去发展。

家访可以有计划地分普访和专访,也就是对学生家庭逐一拜访和个别家庭专项拜访。同时进行家访时目的要明确,老师应该把要谈的问题准备好,要了解的内容设计好,要达到的目的拟订好,有备而至,交谈时顺理成章。还要做到有计划性地安排和选择恰当的时间。比如一个学期可以分开学初和期中考、学期结束三个阶段分批次地进行。当然很多时候的家访是老师在教育学生碰到问题或困难时进行的。但是无论怎样,在去家访之前最好能够与家长预约,让家长有心理准备,这样既能把自己的素质、工作作风和真诚用意展现给家长,又能取得家长的积极配合。切不可心血来潮,突然袭击。同时事先约定可以避免浪费时间,提高工作效率。而家访的时间长短也要合理地控制,要根据具体的内容适当调节,一般以半小时左右为宜。

第二,重复性原则

一般人都会认为家访只要每位学生家中去过一次就行了,了解其家庭情况后无须再家访。其实这种看法较片面,因为万事万物是在不断运动变化的,更何况不断受外界新生事物影响的青少年学生,他们可塑性强,重复家访可以及时发现问题,及时制止不良行为的演变发展,达到良好的教育效果。

第三,批评表扬兼顾原则

每个学生都有一些优点和长处,也客观存在着缺点和不足,绝大多数家长希望老师多关注自己的孩子。所以老师家访时,既要充分肯定学生的长处,也要善意指出弱点,批评表扬兼顾,多表扬、少批评,多鼓励、少挑剔,寓批评于表扬中,以此激发学生发展特长,克服缺点,增强信心,不断进步。切不可只盯着学生的短处,更不要小题大做,把学生说得一无是处,伤害学生和家长的自尊心。

第四,民主原则

班主任或老师去家访,一方面要介绍学生在校表现和各方面情况,一方面也要了解学生在家表现等情况。家长对孩子的特点了解更全面具体,为了教育孩子,家长都愿意把自己的看法谈给老师听。所以家访时,应讲究民主原则,应让家长多讲,无论是谈优点,还是说缺点;无论是对还是错,都要耐心倾听。以此发现学生更多的闪光点,全面了解学生,因势利导,在家长的配合下探讨合适的教育方法。切不可一人独白,把一桩桩、一件件大事小事都"倒"给家长,将学生的全部问题归咎于家长,使家长难堪,以致难以接受,造成对立;更不能以居高临下的态度,训斥家长,迫使家长无法与老师合作。

2. 家访时机与内容

家访过程中,教师面对的是每个学生不同的家庭,不同的家庭又各有自己的特性。教师如果要使家访取得预期的效果,还必须注意家访的时机与内容。只有这样才能事半功倍,同时也能赢得家长对学校工作的支持。

(1) 家访准备

家访前应做好充分的准备工作,才能有的放矢。

第一,认真分析学情

查看学生的个人情况,熟悉学生在校表现、学业成绩、个人兴趣特长、优缺点,关系密切的同学、朋友,发展的潜能及存在问题,进行梳理,才能有话可说。

第二,熟悉学生的家庭情况

如父母工作性质、受教育程度、家庭收入以及关心子女教育情况,以便家访时能信手拈来,提高实效。

第三,掌握指导家庭教育方面的相关知识

家访中要针对不同类型的家长和学生,向家长介绍一些科学的教育子女的方法。

第四,预设家访流程

要做好预设,做到心中有数,处变不惊。

第五,提前与家长联系

与家长事先约定家访时间,不搞突然"袭击"。

(2) 家访的时机

经验证明,适当的时机是家访成功的重要保证,如学生生病在家时,学生取得成绩时,后进生稍有进步时,学生家长遇到困难时,以及学生犯了严重错误时,教师的出现,关爱的眼神,亲切的问候,一定能起到用言语所不能及的效果,教育的目的也会在不知不觉中达到了。

第一,接手新班时

班主任接手一个新的班级后,能否快速、全面、准确地了解掌握全班每位学生的思想、学习、性格、兴趣、爱好、身体、家庭等方面的情况,直接影响着新的班集体建设的进程。通过请教前任班主任或科任老师、询问其他同学、个别谈话等途径后,班主任还要有针对性地进行家访,摸清学生的真实情况,和家长一起商量制定相应的家校合作育人目标、步骤、措施,以更好地做到因材施教,引导学生健康成长。

第二,学生情绪出现异常时

一旦在日常生活中发现学生情绪异常,班主任就要及时和他(她)谈心,并根据了解的情况,及时通过家访告知家长,与家长共同商议帮孩子矫正异常情绪的办法和措施,引导孩子尽早走出不良情绪的"沼泽地"。比如:因夫妻不和闹离婚而使孩子产生焦虑烦闷的情绪,班主任就要给家长讲夫妻离异会给孩子成长带来哪些不利影响,请家长要多为孩子着想,抱着对孩子成长负责的态度,夫妻之间做到互谅互让,重归于好,把温馨的家庭氛围重新还给孩子,让孩子在父母的共同关爱下,幸福快乐地成长。

第三,学生遇到困难时

给困难的学生送去师生们捐助的钱与物,给精神上受到打击的学生送去一份师爱与关怀,给身染疾病的学生送去问候。这种家访会化为一种动力,鼓舞学生克服困难,勇往直前,还会感化家长更好地配合学校工作,共同教育好学生。

第四,学生成绩往下滑时

学习成绩是学生综合能力的外在反映,当学生某一方面的成绩出现滑坡时,班主任要马上和他(她)"对话",帮他(她)分析成绩下滑的原因,并通过家访提醒家长和老师搞好配合,一起帮助孩子端正态度,改正错误,弥补不足,努力提升学习成绩,鼓励引导孩子沿着全面发展、学有所长之路,不断进步。另外,遇到这种情况后,班主任进行家访还有另一个重要目的,那就是避免学生因成绩下滑而遭到家长的责骂、体罚,从而导致学生情绪低落,消极厌学,甚至逃学、出走、轻生等恶性后果的发生。

第五,学生取得成绩时

当孩子有了进步或某一方面取得一定成绩时,教师都要发自内心地赞扬,由衷地表示祝贺,并通过家访的形式告诉家长,使学生感到有成就感。这种"正面"家访往往能促使学生更加努力学习,以取得更好的成绩。同时,家长也会分享孩子的快乐,更加关注孩子,关注教育,关注学校。

在家访时,教师把握好沟通的时机,能够起到较好的沟通效果,使家校及时传递信息,有助于相互了解,形成一股合力,使教育更加有效。

(3) 家访的内容

第一,交流学生情况

谈谈近阶段班级学生情况,学风如何。多说优点,捎带说一至两点的缺点。

第二,交流班级情况

班级的进步,教师的情况,各科任教师的优点,突出学校对班级的重视,赢得家长对老师和学校的信任。

第三,了解学生在家情况

在家上网情况;婴幼年期监管人是谁;监护人与孩子情感沟通的亲和度和深度如何;孩子在家情绪稳定性(是否听话,理解父母,正确处理家庭中出现的矛盾,或经常对家人发火,不理不睬,喜怒无常);生活自理能力如何;目前为止在家庭教育和学校教育中是否遭遇过重大挫折;学习成绩有无过较大波动,如有反常,原因是什么。对学生有全面、客观的了解,做到心中有数,有利于以后更好地根据实际情况有针对性地教育和引导学生。

第四,了解家长对孩子的期望值

了解家长是否符合学生的实际并正确对待现状,对孩子的教育态度是民主、专制还是放任,从而不断调整自己对该生的教育方式。

每次家访后,班主任要及时地写出详尽的家访记录,把家访过程、家访达成的共识,家访中受到的启发及家访中发现的问题一一记录下来。并根据学生在校内的学习、行为表现,结合家访中了解掌握的资料,及时反馈,对学生重新分析评估,制定新的教育方案和措施,不失时机地对学生进行深化教育。

【案例】

由一次家访想到的……

　　一年前我送走了一批教了五年的孩子,五年中我伴随他们共同成长,这批孩子中特殊学生多,有父母离异的单亲家庭孩子,有母亲过早离世的孩子,也有失去双亲的孤儿。家庭成分的不完整造成了家庭教育的缺失,也造成了孩子行为习惯上的偏差。让我记忆犹新的是这样一位小女孩小傅——一个特殊的女孩子,父母离异,现在与爸爸和继母生活在一起,五年里转了四所学校,性格倔强,稍有不如意便要耍耍小性格,转入我们班中以来已经和老师同学之间发生过几次冲突。

　　一节体育课后,同学们陆陆续续进了教室,我习惯地探出头往操场上望了望,咦,又发生了什么事?只有小傅一个人倔强地站在操场,同学去劝她也不动,老师好言的劝解她也没有丝毫的反应,似乎要在操场一直站下去,最后在校长的劝说下她才终于回到了教室。回到教室后我并没有马上找她谈话,因为我知道这个女孩子,她是属于气来得快,去得也快,等她自己稍作冷静后,再去和她交流会比较有效果。放学后,我来到她家,看见她乖乖地缩在家中的阳台上认真地做着作业,看见我的到来,她偷偷地抬起眼角看着我,眼神里流露出一丝胆怯,完全没有了白天在学校的那种义无反顾的态度,我顿时明白了,想起了前几天留在她胳膊上的伤痕,一定是在家中犯倔被暴打了一顿。这是一个性格冲动的女孩,在家里她只要一犯倔,就会被老爸教训一顿,她害怕我的到来,又会为她招来一顿皮肉之苦。

　　我与他父亲进行了交流,首先肯定了她近阶段的进步,表扬了她乐于助人,热心为大家做事,在班中只要谁有困难,比如学习用品没有带呀,谁身体不舒服呀,她都会第一个冲出来去帮助别人,这个孩子还是一个比较讨人喜欢的孩子。然后善意地提醒她父亲,现在孩子的营养都很到位,孩子们的青春期可能会提前到来。现在小傅对于老师和家长的教育有这种抵触情绪很有可能是处于青春期的一种情绪的变化。作为家长和老师不应该和孩子有一种对立的情绪,这样会把事情变得更为糟糕。作为她的老师和长辈在她有逆反情绪的时候,让她先一个人冷静下来,然后再去和她交流,如果家长也采取与她对立的态度,甚至是以暴制暴,这样的教育只会走到教育的反面。作为家长要多多地去关心她生理和心理上出现的变化,耐心地去纠正她行为上的偏差,有些问题可能会反复出现,家长要做好这种准备,如果家长一旦对教育孩子失去了耐心和信心,就会把孩子推到离自己越来越远的地方,那样的后果是可怕的。

在我和她父亲谈话的过程中,我从眼角的余光中看见,她原来紧张的表情有所缓解,她听着我和她父亲的谈话,丝毫没有涉及早上在学校发生的事情,她的头渐渐抬起来了,看着我的眼神也有了自信,她仿佛已经感觉到今天不会挨打了。当她父亲送我出门时告诉了我这样的一个情况,由于小傅现在和继母生活在一起,她对继母的教育有时会有抵触情绪,父亲有时为了维护继母的面子,也会对女儿采取简单粗暴的教育方式,通过今天的家访他也知道了以后对女儿的教育方式要进行改变,这样才能有利于孩子的成长。

孩子身上出现的问题往往隐含着家庭教育方面的问题,有些家长对于孩子在生理和心理上发生的变化没有专业的知识去支撑。他们觉得孩子长大了越来越不听话了,往往会利用家长的威势来压制孩子。上面的案例中,小傅在学校中时常与任课老师发生冲突,稍有不如意就会犯倔,可见她的家庭教育中一定存在着一些不科学的教育方法,如何将这些涉及孩子生理心理方面的科学知识通过简单易懂的方式传达给家长呢?首先在和家长交流时,要让家长知道孩子有这样的情绪反应有时候并不是故意的,而是由于她正处于生理和心理的变化期间,家长应该运用正确的方法去进行疏导。有了对孩子正确的看法,家长的情绪就会平复,然后教师可以通过方法的指导,建议家长可以怎么做,如果那样做会产生怎么样的后果,这样就能让家长清楚地明白该如何应对这个时期孩子出现的情绪波动。

【点评】

新生转入,在学校里的表现出现了明显的问题。教师及时进行了家访,以先扬后抑的方式,对学生的情况给予了肯定;又以巧妙的方式对家庭教育进行了指导。这是学生和家长非常愿意接受的方式,也是教师、家长和学生达成统一认识的前提。

【案例】

解压让孩子不苦,家长不累

在我准备接手三(2)班时,搭班老师就私下对我说:"轻易不要找昊昊妈,她对昊昊的要求太高,经常因为学习打骂昊昊,有两次昊昊没考好,她来到学校,对着孩子就是一顿拳打脚踢,还差点把昊昊的书本扔下楼。"我张大嘴巴半天没有缓过神来。这是一位怎样的妈妈?我倒真是想见见!

在接下来的日子里,我就特别留心观察昊昊。他是一个听话的孩子,但缺乏自信,学习主动性不够,许多事情都要在别人的监督和催促下完成。我暗自纳闷:这么严格的家教,怎么会教育出这样的孩子?

开学后的第四周,我让孩子们做了一个小练习,昊昊做得很糟。当他拿到练习纸的一瞬间,我发现他的眼泪已经在眼眶里打转了。我想他的眼泪更多表达的可能是害怕。我决定对他进行一次不打招呼的家访,与他那"虎妈"谈谈。

来到昊昊家,孩子跟我说,妈妈六点三十后才能到家,说完打开书本就开始写作业。我环顾四周,这是一间不足三十平方米的小房子,拥挤,但干净、有序。陈旧的家具中最显眼的就是昊昊的写字台,在狭窄的空间里"独霸"一片天地。写字台上堆放了不少课外学习资料,随手拿起一本,很多大叉跳入眼帘,有些题孩子订正错了,再批改,再订正。试想一位来沪务工人员能够在一天高强度的体力劳动之后还有如此的耐心来辅导孩子的学习,我不禁对这位妈妈产生了敬佩之情!另外我还看到了昊昊的作业时间安排,晚七点之前必须完成学校的所有作业,吃完晚饭后到十点之间完成"家庭作业"。我实在想不通:家长有这样的要求和付出,孩子的成绩怎么还是较差呢?

没过多久,昊昊的妈妈回来了。她满脸笑容,又有些不安:"邻居给我打电话说老师来家访了,我请假提前回来了,是不是昊昊在学校惹事了?"我告诉她今天来就是了解孩子的情况。她告诉我:她和老公只有初中文化,干的是最苦最累的活儿,赚的钱却很少。她唯一的希望就是孩子好好学习,将来能够出人头地。从一年级开始,她盯得很紧,孩子每天玩的时间不超过半个小时。刚开始昊昊比现在听话,成绩在班里也能排个前十名。但现在,他每天的作业都要家长催促才能完成。为了提高成绩,她又买了很多课外书籍,同时替孩子报了小记者班、英语、数学补习班。听了这番话我找到了问题的症结!我问她:"昊昊平时的作业完成速度怎样?"她无奈地说:"磨蹭!虽然看他坐在那里,却在发呆,耗时间!每天到了十点以后精神头就好了起来。打骂过无数次了就是不改,成绩不升反降。"

作为老师,我能理解昊昊妈的心情!为了给孩子创造好的学习环境,她倾其所有,尽其所能给孩子铺就一条与上海孩子相当的"起跑线"!其中的艰辛,我感同身受!我安慰她:"昊昊是个聪明的孩子,可是光学不玩,再聪明的孩子也会变傻!他磨蹭就是在给自己创造玩的时间,这其实是一种无声的反抗!这样的学习是无效的,会使他的思维变慢,长时间的注意力不集中,就会导致学习成绩越来越差。"昊昊妈妈若有所思,我趁热打铁:"在学校,孩子是很紧张的,休息的时间很少。晚上做完家庭作业已经很累了,他们紧绷的神经需要放松。可是等着他的却又是一堆课外作业,周末还有各式各样的补习课。他们还没有消化吸收老师讲的知识,家长又灌输新的知识,他们怎能不厌烦?"昊昊的妈妈喃喃地说:"是啊,孩子苦,家长累,有时家庭关系都紧张。"

　　我继续说:"昊昊妈,孩子现在就像一只柔弱的蜗牛,他正用力一步一步地往上爬!可你却给他按上了一个乌龟壳,他快要喘不过气来了。当务之急,就是减轻压力!我建议你减少每天的课外练习量,让孩子全力以赴完成学校作业。同时一定要及时复习巩固学过的知识,整理错题,从中找出自己的薄弱环节!"昊昊妈不住地点头……

　　学习是一个漫长的过程,而我们许多家长却过早、过重地给孩子压上全部重担,这样的孩子注定是走不远,甚至不能走完全程!我认为对昊昊这样的孩子,家长应该做到以下几点:第一,培养信心,信心是每个孩子永恒的学习动力,失去了信心的学习肯定是欲速则不达;第二,给孩子减压,家庭作业和周末的补课适当减少,给孩子留有更多的自我空间;第三,现在孩子做作业拖拉现象比较严重,家长要适当陪读和监督提醒,但不要过分指责孩子动作太慢;最后也是我认为最重要的一点,努力引导孩子端正学习态度,这是一个孩子学习好坏的根源。

【点评】

　　教师的细致观察和对问题的聚焦,为这次家访打下了良好的基础。家访中信息收集指向性明确,判断准确,教师给"虎妈"提供了有效改进措施。

【案例】

改变,从换位思考开始

　　教育是一项系统工程,学校、家庭、社会缺一不可,其中家长对于孩子的管教十分重要。很多时候,学生的教育还要有家长的大力协助和支持才行。我班有个小王同学,几乎天天不完成作业,我批评过他,也和他耐心地谈过,每次他都表示一定完成作业,可第二天交作业时,他还是班里唯一没完成的那个。

　　双休日一过,又迎来了一个全新的周一。一早我怀着愉快的心情走进教室,准备收作业。同学们在各学科课代表的指挥下,有序地将作业一一上传。正在这时,语文课代表嘟着嘴向我走来,她手指着小王对我说:"陈老师,小王的作文没有交,课课练没有做,就连家默也没有完成。"我一听气不打一处来,原先的好心情立马被一扫而光。我大声喝道:"小王,站起来!"只见,教室最后一排的座位上,一个头发凌乱、面无精神的男孩慢慢地站了起来。他低着头,一声不吭。我气愤地对他说:"明天叫你家长来学校!"他还是没有抬头,反而把头埋得更低了。"叮铃铃"第一节课的上课铃打响了,为了不影响老师的上课,我只能压住火气,示意他先坐下。走出教室,我回到了办公室。我静了静,心想:这孩子今天回家还不一定会告诉家长呢,还是打个电话比较稳妥。于是,我拨通了对方家长的电话。"嘟嘟嘟……"过了好大一会儿,电话的另一头终于传来了孩子父亲的声音:"是,是陈老师吧。""对,我想跟您聊聊孩子最近的学习情况,请您明天到学校来一次。""老师,真抱歉,我明天出差,来不了了。有什么事,你在电话里简单跟我说一说吧。""今天是周一,你家孩子什么作业都交不出,不知道这个双休日他在家干了什么?""……""家长,你在听吗?""在听,在听……我和他妈妈忙于工作,家里只有孩子和爷爷在。我知道,没人管他,他就不自觉了。老师,我今天回家一定让他完成。""那也只能这样了,等你有空再来学校详聊。"

放下电话,我想起这个家长每次都说工作忙,没时间来,只写一张便条向我道歉,今天又是如此。这让我下定了要去他家家访的决心。

周五放学后,我跟着小王来到了他爷爷家,(因为他父母没时间接他放学,他每天都是自己走两站路到爷爷家,再加上边走边玩,到爷爷家时就已经很晚了。)他爷爷家住一楼,房间小且很暗,小小的屋子里摆放了很多东西,在地当中,摆着一张桌子,桌子上还放着一台电视机,而他的爷爷正在看电视。爷爷见我进屋,一时还不知道我是谁。我上前向他老人家作了自我介绍:"爷爷,您好!我是你家孙子的班主任。""哎哎,老师,这孩子是不是在学校闯祸了?""这倒没有,只是最近他总不能及时完成作业,我想来了解一下情况。""好的。"爷爷一边回答我,一边招呼我坐下。"爷爷,平时孩子的学习由谁来管?""大人没时间管他,基本都靠他自己。""那他父母怎么不管呢?""他父母工作都忙,根本没时间管他学习。我嘛,年纪大了,也没这个精力。""孩子父母是干什么的?""爸爸搞产品推销,经常要出差。妈妈做服装生意,每天很晚回来。""那孩子吃饭怎么解决?""我随便给他烧点,好在孩子吃东西不挑,有啥吃啥。"……此次家访虽然没有遇见孩子的父母,但是和爷爷的一番交谈后,使我终于了解了孩子为什么不能完成作业的原因,也让我理解了作为家长,他的父母的不容易,为了生活,也为了孩子,他们起早贪黑,我不应该把孩子的问题完全都推给家长,其实我可以利用在校时间提前让他写完作业。想到这里,我没有等孩子父母回来,就走了。

第二天,天还没亮,我的电话就响了,来电显示是小王的爸爸,他第一句话就是:"陈老师,真对不起!本来昨天晚上想打您电话的,但已经太晚了,怕影响您休息就没打。是我们做家长的没有教育好孩子呀!"我说:"我理解你,我也有孩子。我明白没有家长不想让自己的孩子好的。以后,小王的作业不用回家写了,我会让他在学校完成,你只要有空帮孩子辅导一下就可以了。"以后的日子,我每天都会提前把作业留给小王，让他利用课间、午间的时间抓紧写完。而他也经常走到我跟前，小声地对我说，"昨天我爸对我说，你们老师真不容易，一个人要管那么多孩子，你可要给老师省点心"；"昨天晚上我妈给我默写生字了"；"昨天晚上，我学会了几个英语单词"……我通过换位思考体会到了家长的不易，同样，家长也通过换位思考体会到了老师的不易，因为有了互相的理解才使家长更加积极地支持和配合学校老师的教育。

每一个家长都希望自己的孩子养成良好的自主学习习惯，每一个家长都希望自己的孩子取得良好的学业成绩，希望自己的孩子升上一个理想的中学，有一个理想的未来。因此，在家长会上，我向家长们表示，作为老师，我愿意为家长和孩子们这些美好愿望的实现出一份力，如果对老师有什么要求尽管提出来，我愿意做。关爱会使人获得一种权利，进而能使我为他们实现美好愿望的做法提一些建议，如把督促和检查孩子学习情况的工作再做细致一些，在具体的帮教行为中尽量再多想一些办法。相信，只要家校合力，我们的孩子一定会茁壮成长！

【点评】

学生身上出现的问题往往和家庭教育密切相关，案例中小王的情况就是一个典型。教师并没有简单地将问题推诿给家长，而是从自身出发，对家庭教育的不足进行了弥补。这样基于换位思考的做法，唤醒了家长，促进了家庭教育的有效实施。

3. 家访方法与技巧

现实中，如何进行家访，看似简单，实质上却是涉及诸多方面因素的一个复杂问题。作为班主任应把握家访的技术，以巧妙、自然、直接的方式走近学生、走近家长。家访的目的不同、对象不同，采用的方法也应有所不同。

（1）家访的方法

第一，根据不同家长对象，因人而异

对于理智型家庭，尽可能将学生的表现向家长反映，主动请他们提出教育的措施，认真倾听他们的意见，充分肯定和采纳他们的合理化建议，并适时提出自己的看法，和学生家长一起同心协力，共同做好学生的教育工作。

对溺爱型家庭，交谈时，应先肯定学生的长处，对学生的良好表现予以真挚的赞赏和表扬，然后适当指出学生的不足。要充分尊重学生家长的感情，肯定家长热爱子女的正确性，使对方在心理上能接纳你的意见。

对放任不管型家庭,班主任在家访时要多报喜、少报忧,使学生家长认识到孩子的发展前途,激发家长对孩子的爱心和期望心理,改变对孩子放任不管的态度,吸引他们主动参与到对孩子的教育活动,同时还要委婉地向家长提出放任不管孩子对孩子的影响,使家长明白,孩子生长在一个缺乏爱心的家庭是很痛苦的,从而增强家长对子女的关心程度,加强家长与子女间的感情,为学生的良好发展创设一个良好的环境。

第二,根据不同的学生对象,因材相访

对于表现好的学生,班主任向家长反映学生在校情况要一分为二,既要肯定优点,又要提出不足,使家长不放松教育,并通过家访对他们提出更高的要求。

对待学习效果较差或某方面表现较差的学生,班主任可以通过家访,充分肯定学生的优点,唤起家长关心学生的热情和希望,然后与家长就事论事地指出学生生活、学习中的不当之处,提出切实的改进意见,绝对不要一味指责缺点,要善于发现闪光点。

对于中间学生,由于平时他们不太惹眼,所以容易被忽视,但这部分人是班级的中流砥柱,是班级坚强的后备力量。班主任要通过与这部分学生家长的沟通,既肯定其好的一面,也要指出他们不够的地方,唤起家长的教育热情,并共同努力促使孩子下阶段好好努力,促进班级整体水平的提高。

第三,要根据不同事件背景,因事随访

当学生取得一定成绩后而沾沾自喜时,家长也容易被学生的情绪感染,觉得自己的子女真的具备这样的水平,而跟着子女得意忘形。这时,需要教师适时给他浇浇冷水,并激励他能再接再厉。

当学生遇到挫折而悲观失望时,虽说失败并不可怕,但一旦一蹶不振往往会破罐子破摔,丧失进取心,从而无心向学,造成更糟的后果。此时学生更需要教师的悉心呵护与鼓励。

当学生受到较强的刺激而出现严重后果时,是学生心理最脆弱的时候,这时班主任予以家访,有助于家长及时了解子女的心理,并配合班主任及时疏导,帮助子女走出困境,这时予以帮助可以让学生感动一辈子。

(2) 家访的技巧

家访时的谈话最讲究技巧。成功的家访能使家长更加佩服老师,使学生更加亲近老师、信任老师。

家访技巧一:家访要营造民主、和谐的家访氛围。

班主任要舍得感情投资,在日常生活中要以平等的身份出现在学生的面前,深入到学生中去,了解他们的喜怒哀乐,和他们交朋友,帮助他们排忧解难。只有这样,学生才能感受到老师的爱是源源不断的,才会把心里话说出来,为家访打下良好的基础。同时,教师要平等对待每一位学生,争取给每位学生送去关爱与温暖,让每位学生乐意接受家访,甚至欢迎家访。

家访技巧二:家访要选择适当的时间和地点。

人人都有心理障碍期,也有情绪化或心情不佳的时候,那么此时不是与他交流的适当时间。班主任不能以"自我"为中心,随意安排家访时间,应考虑到家长的客观实际。家访前就应间接地向学生了解其家中情况,以便决定是否适合家访。家访最好是在家长的休息时间内,并且一定要通过学生事先约好家访的时间,不搞突然袭击。这样家长会认为教师是真诚的,从而主动、认真地虚心听取老师的意见,认真教育好孩子。

另外,家访时,切忌到家长的单位造访,或在公共场合下向其家长讲其子女的缺点。否则,家长会表现出极不合作的态度,令老师无台阶可下,彼此弄僵关系,问题就难解决了。试想,谁希望自己在众目睽睽之下被人教训呢? 所以,家访时要讲究时间和地点的艺术。

家访技巧三:家访要注意讲究语言艺术。

现代教育观告诉我们,一切教育应以人为本,即以学生发展为根本。家访作为一种教育手段,应当有利于学生的身心发展。因此,教师在家访时要出言谨慎,原则上实事求是,以表扬为主,关爱为本。交流中要多讲学生的闪光点,多讲增强学生信心、激发学生上进的话。切不要告状式地贬低学生,甚至责骂学生,使他们的自尊心、进取心受到伤害。对学生的弱点、缺点要尽量委婉、客观地指出来,让学生有改正错误,发挥优点的余地。

家访技巧四:家访时班主任要学会倾听。

多数班主任在约见家长时,说很多,听得少,只顾自己痛快,啪啪啪一通数落。情绪发泄完了,自己累了,家长的耳朵也塞满了。这样的谈话,其效果可想而知。班主任家访要讲究一个"诚"字。教师一旦来到学生的家里,应该立即转换角色,不要把自己在学校里学生面前的威严带到学生家里来。换个方式,班主任作个听众,结果又如何呢?倾听不仅可以营造平等的谈话气氛,也便于我们从中捕捉信息。可见家访有时多说不如少说,甚至做个听众也不错。

家访技巧五:家访要引起家长对教育子女的重视。

现代社会竞争激烈,有的家长往往一心扑在工作上而忽略对子女的教育。他们总是这样认为:孩子在学校读书,有教师看管呢。更何况,我们不去挣钱,又哪来孩子的学费和生活费呢？他们往往用这些借口推卸教育子女的责任。对这些家长，教师就要在谈话中强调父母的教育在孩子一生中的重要作用，使家长明白自身的责任。特别是让家长感觉到潜在的危机，明白"有能力"才是永久的"饭碗"的道理。

【案例】

家校合力荡起双桨

开学不久的一天，小民拿着一支铅笔来跟我说，自己新买的铅笔不见了，结果在前排的小璐的课桌里找到了。于是，我把小璐找到办公室来，问她这是怎么回事？小璐很紧张，轻声说："我看见铅笔掉在地上，就捡起来，放在课桌里了。"看着这个平时一贯文静的小女孩，我说："不是自己的东西不能要，这是做人的道理，你知道吗？"小璐点点头。我又接着说："做人不能贪心，否则会被别人瞧不起的。我希望你能做个知错就改的好孩子，今天的事你要向小民道歉。你觉得怎样？"她点点头"嗯"了一声。我又找来了小民，让小璐跟小民道歉，请求他的原谅。我也对小民说，希望小民给她一次改正的机会。小民同意了。我还对小璐说："今天的事到此为止，希望你以后捡到别人的东西要么物归原主，要么交给老师处理，你能做到吗？"她红着眼睛回答我："我能的。"

之后，我细心观察小璐，她的表现一直很好。可是学期末的一件事让我大跌眼镜。

每到学期末，我们老师都要统计学生在本学期获得的"静学之花"奖章数量，排在前几名的学生能获得这门学科的免考资格。小璐的语文成绩一项不错，她的语文书上敲了不少"静学之花"。可是当我对她的"静学之花"奖章数再次确认时，我产生了怀疑。我每次在学生的语文书上敲的奖章，都是正着敲的，而且我的章是新的，敲出的奖章很清晰。小璐有好几处章颜色淡不说，有的章敲得是斜的，有的章甚至是倒的。我抬头打量着小璐，她的表情没有什么不对，我想，难道是我想太多了？我又猛然回想到，前不久数学老师说他丢失过一枚"静学之花"图章，由于他要教几个班的数学课，他都不知道掉在哪个教室了。

小璐又被我请到了办公室，我拿着她的语文书对她说："你的奖章数量不对，有些章是你自己敲上去的吧。"小璐很肯定地回答我："没有，我没敲过。"我一一指出她的章有哪些不妥，她的神色有些不对，一直低着头不吭声。我又拿来别的同学语文书进行比对，让她看别人书上面敲的章从头到尾都是正的，她这才结结巴巴地承认了。我问她："你的章是哪儿来的？"她哭着说："值日时，看见数学老师的图章放在讲台上,就拿了。"我追问:"现在章在哪里?"她低着头说:"藏在自己睡床下的抽屉里。"

听到这,我有些后悔,上次发现她拿别人铅笔时,就应该和她的家长联系,商量更好的教育补救措施,不应该总想着再给她一次机会,让她没有真正意识到错误的严重性。

于是,我当天来到小璐家进行家访。接待我的是小璐妈妈,我把事情的来龙去脉对她说了之后,她马上去找,果然在家里床底下找到了那枚图章。她有些吃惊,对我说:"她从小在乡下长大,爷爷奶奶年纪大了,没精力管她。到上海来读书,我们忙着做生意,对她关心少了。如果不是老师你来和我们说,我们都不知道她会做这事。"我忙说:"我应该在第一次发现孩子拿别人东西时,就和你们家长联系的。不过现在,只要我们家校配合好,应该也能让她改正过来的。"她妈妈不住地说:"我们肯定会配合的。"她还奇怪地问我:"只要她提出来的要求,我们都会满足。她要买什么,就给买什么,她怎么还会拿别人的东西?"我和她说:"孩子拿别人的东西是由两种心理因素引起的:一是孩子有一种强烈的占有欲望,他对自己没有玩过的东西,既好奇又想获得。他便悄悄将别人的东西据为己有。另一种是孩子有一种异乎成人的冒险心理,他们心想,我拿了别人的东西,只有自己知道,别人却不知道,这是多刺激和神秘呀。在对孩子进行此方面的教育时,我们要家校配合,要注意方式方法,不能光是没完没了的责备,要做到不伤害孩子的自尊心,又能不断引导。"接着,我们商量决定,先让孩子认识到拿别人东西是可耻的事情,一定要克服这个坏毛病。还要让孩子受到一定的惩罚,知道因为自己的错误,辛苦一学期得来的奖章都作废了,下学期要从头再努力,靠欺骗是没有好结果的。平时,我们还要多沟通,家长发现她有来路不明的东西,就要寻根问底。

之后,我和小璐妈妈经常打电话或者短信联系孩子的情况,小璐再也没有拿过别人东西了。

发生学生拿别人东西事件,老师一定要查明原因后和家长及时交流,不要责怪家长没有管好自己的孩子,老师要体谅家长的难处,与家长一起分析孩子犯错误的原因,并传授家教方法,相信家长一定能好好教育孩子的。

孩子的成长过程,就像小船在大海中航行,不可能一路顺风顺水。当小船遇到风浪时,最需要的是家长和老师这两支船桨协同援助。因此,当孩子的成长中出现挫折与错误时,老师应与家长真诚沟通,形成合力,好似小船上的双桨配合助推,帮助孩子把好前行的方向,战胜漩涡急流,让孩子顺利抵达人生下一个目的地。

【点评】

现代社会竞争激烈,许多家长把大多数的精力花在了工作上,忽略了对子女的教育。案例中,老师通过家访发现小璐一系列不规范行为正是由于家长疏于管理造成的。规范孩子的行为只靠老师教育往往治标不治本,还需要家长的积极配合。老师与家长共同商定解决方案,平时及时沟通,家校形成合力帮助小璐规范了行为。

【案例】

"脱缰野马"变形记

"老师,小朱又在教室里乱跑了。"刚回到办公室就有学生来报告,来不及喝一口水,我立刻再回教室。只见小朱边大声喊着"冲啊!向前冲!"边奔跑着。"小朱,站住!"我大声叫着。可是他毫不理会,继续沉浸在他的"战斗"中。我跑上前想拉住他,谁知他竟然和我玩起了"躲猫猫",好不容易拉住了他,我怒气冲冲,他却茫然地看着我,不知发生了什么。

已数不清这是第几次了,每次他在教室里乱跑,我都得去"救火",每次语重心长地教育,可是效果甚微。这样可不行,在教室里乱跑存在着安全隐患,必须帮助他改正。他为什么不和其他学生一起做游戏,却喜欢在教室里奔跑?为什么不听老师的劝告?为什么在撞疼后仍乐此不疲?……一个个问号出现在我的脑海里。也许寻求家长的配合,能真正帮助到他。

下班后,我来到小朱家家访。

"小朱奶奶,平时小朱做完作业做些什么呢?"小朱的父母工作忙碌,平时由爷爷奶奶照顾她。"平时在家完成作业后就让他在家里看电视。""不让他出去玩吗?""不能出去,出去弄伤了怎么办?他在家,在我们眼皮底下我们放心。""双休日呢?爸爸妈妈带他出去吗?""没有,他们工作忙。"我猛然想到或许这就是问题所在!小朱正处在活泼好动的年纪,可是整天与老年人在一起,缺少释放的机会。到了学校,与同龄人接触时,他不知如何与他们交往、游戏,又有了脱离家长监视的轻松,于是每天上演"脱缰野马"的情景。

经过几番电话联系,终于与小朱父亲约定时间,我又一次上门家访。我把小朱在学校的情况描述了一遍,然后说出了我的担忧:"小朱这样乱跑容易给自己和他人带来伤害。我希望他能纠正这个行为,同时学会与同学交往。""老师,您说的这个问题我们隐约有发现,但是不知道怎样帮他。""我们共同制定一份帮助他的方案吧!"经过与小朱父亲反复讨论,制定了一份详尽的帮助方案。

第一招：每天带着孩子外出至少半小时。我请小朱爸爸与妈妈、爷爷、奶奶共同商量，做一个排班表，每天由一人带小朱外出一次。可以是晚饭后的散步，可以是一起去超市，可以是小区里的玩耍……

第二招：每个双休日，半天外出活动。每个双休日，父母必须要带小朱外出至少半天，工作忙可以一人带孩子外出。活动内容可以是去公园，也可以是参加一些能让孩子活动起来的课程，如：足球、击剑、跆拳道……让孩子的天性得以释放。

我还给小朱设计了一张反馈表，要求完成任务的家长签名，孩子对家长评价，每周一次交给我检查。如果有哪个家长执行得不好，或孩子不满意，由我找这位家长谈。

	周一	周二	周三	周四	周五	周六	周日
内 容							
负责人							
评 价							

小朱得知后可开心了，一来他可以外出玩了，二来他可以监督家长了，压抑的心情得到了疏解。

每个星期，当小朱把表格带来给我时，我会让他说一说最喜欢哪天的活动，以此了解他的兴趣爱好，提供更多的活动内容给家长。偶尔，小朱向我抱怨："这个双休日爸爸妈妈没带我出去。"这时，我会坚决站在小朱一边，当着他的面打电话给家长。这时，小朱会露出得意的笑，在他心里，我是他一个"阵营"的，我的话他也越来越要听了。

学校里，每节下课我尽量安排小朱做点事情。"小朱，帮老师拿作业本，好吗？""小朱，垃圾满了，你愿意帮班级倒一下吗？""小朱，老师在批改默写本，你愿意做老师的小助手，帮老师把批改完的默写再检查一遍吗？"……有了事情可做的小朱不再是一匹"脱缰的野马"了。我还特安排了一个文静的，小朱认可的女孩做他的同桌，帮助他。

每周一次与小朱家长的互动也是必须的，反馈小朱在家活动情况，在校表现，调整在家活动内容，在家长懈怠时给他们加油鼓劲……

在家校共同努力下，小朱渐渐安静下来了，课间休息时，他会与周围的同学交流双休日外出游玩的见闻，会和同桌一起画画、玩桌面游戏。

教室里少了一匹"脱缰野马"，也许不久的将来，会多一匹"千里马"。

【点评】

相信每个班主任都会遇到令人头疼的"调皮"学生,当批评教育不起任何作用时,就要寻找深层次的原因。案例中,班主任通过了解学生的家庭情况找到了主因,并根据学生情况与家长制定详细的解决方案,帮助家长改善家庭教育方式,与此同时在学校给予学生正面引导。在家校共同努力下,最终使得教室里少了一匹"脱缰野马"。

【案例】

小余摔倒以后……

下午第二节语文课,我刚踏进教室,就听见了哭声。循声走去,原来是小余趴在课桌上已哭红了眼睛,左手手腕明显肿胀。"怎么了?"我俯下身子关切地问道。"他在体育课上摔倒了。""当时他在踢球。""他在和小杨抢球时不小心摔倒的。"同学们七嘴八舌地向我汇报。

我赶紧拿了本书垫在小余的左手下,一边安抚着他的情绪,一边搀扶着他来到校长室。校长一看伤情果断让我和卫生老师送儿童医院。

经过医生诊断,小余骨折了。在为小余打石膏时,小余的父母也赶到了医院。我简要地向他们叙述了事情的经过。听着儿子撕心裂肺的叫喊,母亲心疼不已,而父亲则一脸严肃。

当我们一行人走出医院,天已完全黑了。在回家的路上,小余经过一番折腾,睡着了。小余的父母却一言不发,沉默笼罩了整个车厢……

第二天一早,我来到了小余家。小余还在睡觉,父亲外出做生意了,只有母亲一人在家。

"老师来啦,坐。"母亲招呼我坐下。

"孩子昨晚睡得好吗?手还疼吗?"我一坐下便开始询问小余的病情。

"昨天晚上睡得还行,半夜醒了两次,可能是绷带绑着,睡得不踏实。"母亲言语中透露着对孩子的怜爱。

"这一周要好好休息,保护好左手,让骨头长长好!"我再三嘱咐道。

正当我与小余母亲谈话时,小余的父亲回到了家。

"杨老师,听儿子说,上体育课时操场上有个水塘,这是怎么一回事?"

小余的父亲一落座就直奔主题,语气不是太友好。

"可能是因为下雨的缘故。这件事我一定会去调查清楚。现在的关键是先把小余的伤养好,落下的功课我们三位老师会帮他补课。请你们一定放心。"小余的父亲陷入了沉思，表情依然很严肃……

小余的母亲打破了僵局，"谢谢杨老师的关心，一大早就来看望我儿子。"

"这是我作为一名班主任，一个老师应该做的。那我先回学校了。"

直至我走出小余的家门，小余的父亲仍然沉默着……

凭直觉，小余的父亲显然对学校不满。

回到学校，经过询问学生和体育老师，确实是因为小余在争抢足球的过程中踩到水塘而滑倒的。这是体育老师的疏忽，学校是有一定责任的。

下班后，我带上体育老师和慰问品再次来到小余的家。

小余见到我们亲切地和我们打招呼，似乎疼痛已成了过去式。

小余的父亲见到我们先是一愣，接着问："这位是？"

"这是体育小潘老师。"

"原来是个年轻的老师。"

"对，小潘老师还在见习期。"

小潘老师接着我的话说道："昨天上午下了雨，操场上有积水，体育课上，在有水塘的操场上组织学生踢足球是我的疏忽。小余的摔倒受伤，是我的责任，实在是抱歉。"小潘言语诚恳地道歉。

"就是嘛。在有水塘的场地上组织这样的体育活动太危险了。"小余父亲的语气明显缓和了许多。

"是的，你说的对。"我接过话题，"小潘老师没有教学经验，当他得知小余骨折了，还一直在责怪自己。"

"以后可要吸取教训。"小余的母亲出来打圆场。

"那是一定。"我继续说道："下周四早上七点我来接小余复诊。"

"那太麻烦你了。"

"我的学生，应该的。"

以后的每次复诊我都准时地出现在小余家门口。挂号、拍片、检查一切亲力亲为。在小余病假期间，多次上门辅导功课。

小余恢复良好，功课也没落下。

在小余重回课堂的那天，小余的父亲给我发来一条消息："您是学校里最伟大的老师。"

这句话是对我最大的褒奖，对学校又何尝不是呢？小余的父亲从开始的埋怨到最后的感激，又何尝不是因为作为老师、校方的换位思考，理解、沟通、担责。只要我们足够真诚，一定能让摔倒以后的事情得到圆满解决。

【点评】

　　校园中发生学生意外伤害事故不可避免,每个孩子都是家长的宝,当自己的孩子遇到意外伤害事故时,如果老师处理不当,家长会对学校产生不满情绪,甚至使得家校关系紧张。案例中的老师善于换位思考,多次与家长沟通,主动负起责任,亲自带学生复诊并上门为学生辅导功课,以真诚换得了家长的理解和感动。这位老师的行为值得我们学习。

【案例】

播下一个行动　　收获一种习惯

　　"叮铃铃——"上课铃响了,我走进了一年级(3)班的教室。开学已经两周了,今天在课堂上,我准备做一份小练习来测试一下孩子们学习的情况,同时提高他们的学习兴趣,激发他们的竞争意识。

　　随着练习纸一张张传下去,孩子们小手握住铅笔,专注而耐心地做了起来。教室里静悄悄的,只有窗外知了的叫声在耳边回响,似乎在为孩子们加油鼓劲。

　　这时,耳旁突然响起了"呜呜——"的抽泣声。我抬头一看,坐在门口角落里的一个女生竟然在哭。我心里咯噔一下,难道她身体不舒服?就连忙走到她身边,弯下腰问:"怎么了?哪里难受啊?"没想到,她一个劲地摇头,而且哭声开始调响。这下我纳闷了,再低头一看,有好些练习空着不会做。哦,原来是这个原因啊,我连忙安慰她说:"没关系,不哭了,再动动脑筋。"没想到,老师不说是小哭,这一说啊似乎点燃了她的委屈反而嚎响大哭起来,怎么劝都不听。这下可好,哭得眼泪鼻涕一大把,本子也弄脏了,还咬牙顿足。面对这突如其来的状况,我也傻眼了。在我二十几年的工作生涯中,还是第一次碰到这样的孩子。此时,我只能冷处理,让她发泄够了,慢慢平息下来。但是,课堂因为她这么一哭闹而被彻底影响了。

　　这个女孩叫小夕,是外地来沪务工子女。她的年龄比班中孩子大一岁。个子小小的,眼睛大大的,剪着一头齐耳短发。刚来时并不起眼,老师没有很注意她。可是这一次课堂哭闹后,彻底"出名"了。从这以后,类似这样的情况一而再,再而三的发生。只要一碰到不会的题,小夕就会不分场合地在课堂上用大哭来解决问题,甚至躺在地板上尖叫,叫声响彻整幢教学大楼。

　　我认识到事情的严重性后决定去家访,了解小夕背后的故事。

　　一个双休日的下午,我走进了小夕的家。这是一个普通的外来务工者的家,简陋而杂乱。小夕的妈妈非常年轻,她接待了我。

　　"小夕妈妈你好,今天我来家访的目的就是想和你沟通一下,孩子在学校大哭的事情……"我如实地反映了情况。

没想到她妈妈愁眉苦脸地对我说:"老师不瞒你说,这丫头就是这样的,幼儿园时就常哭,打也打了,骂也骂了,就是改不了。"原来这个问题由来已久。

"她哭的原因是因为题目不会做,着急了。"我耐心地分析,"这样看来,她还是个要求上进的孩子。"

"老师你说得对,这孩子就是自尊心强,脾气犟。"小夕妈妈为孩子解释,"她太想做出来了。"

我皱着眉头说:"可是这种习惯是非常不好的,她是发泄情绪,并没有解决问题。"

"是的是的,可我也不知道怎么办?"小夕妈妈表示很无奈。

"那她在家里会这样吗?"我继续问道。

小夕妈妈想了想说:"家里倒不会,做不出了,我就告诉她答案了。问题解决了,就不会哭了。"

小夕妈妈还告诉我,孩子在家里学习不自觉,总是要盯着,陪着。做点作业一会儿东摸摸,一会儿西碰碰,不抓紧。遇到难题就问家长,不肯动脑筋。

这么一聊,我就找到了问题的根结了。归根结底,这孩子还是没有养成良好的学习习惯,依赖性太强了。不会就让妈妈教,自己不肯动脑筋。学校里,没有人告诉她答案了,就用哭来发泄,以达到目的。

古语说得好:"少成若天性,习惯成自然。"一个人一旦养成了某种习惯之后,他就再也不需要他人的督促,就能自然而然并轻松自如地去进行该项活动。学生良好学习习惯的养成,不仅需要老师们的齐心协力、学生的积极配合,更需要家长的支持。

于是,我告诉小夕妈妈,要改变小夕就必须从培养良好的学习习惯抓起。只有养成她独立思考、钻研的好习惯,才能培养孩子的自信,这样彻底改掉她哭闹的毛病。

小夕妈妈诚恳地说:"老师,我们文化程度低,也不知道怎样培养孩子的习惯,您能教教我吗?"

"好啊!现在,你要按我的要求去做,我们家校配合,一起来帮助小夕养成良好的学习习惯,改掉她的毛病,好吗?"

"好的!好的!"小夕妈妈感激地连连点头。

接下来,我就制定了一些策略。

首先,要养成定时专心学习的习惯。每天放学后给孩子创造一个安静的学习环境。在这段时间里不做令孩子分心的事,免得分散她的注意力。也不要一会儿问孩子学校的事,一会儿批评孩子书包弄得太脏、文具放得不整齐,一会给孩子倒杯水等,最好是坐下来做些没有声响的工作。如果这时父母也能坐在孩子旁边读书、看报,那就更好了,这样,除了给孩子一个良好的学习环境,还能给孩子树立一个爱学习的榜样。

第二,养成按时独立完成学习任务的习惯。做一个好学生必须有学习责任感,而按时独立完成学习任务是学习责任感的具体表现。一个好学生到了该学习的时候就应该放下一切主动地去学习,应该自己完成的作业决不让别人代替。但是,由于孩子刚入学,自制力差,还没养成习惯,一时难以做到,这就要求父母督促和指导。不管孩子提出什么理由和借口,当天的作业必须当天完成,决不允许拖到第二天。如果孩子做作业中遇到困难,父母只能给予讲解和启发诱导,鼓励她自己去克服困难,找到答案,决不能包办代替。

第三,不断提出新要求。要勤检查,勤督促,及时鼓励,提出要求。比如给孩子在墙上挂块木板,看到孩子有学习习惯不好的现象就在木板上画一个叉,每天如没有出现不良的学习习惯就擦掉一个叉的奖励措施。我们要让孩子看到自己的行为结果,让孩子有努力的方向和动力。

通过这次谈话,小夕妈妈按照我的要求做了。经过一学期的实践和教育,小夕在慢慢地变化。

播下一个行动,你将收获一种习惯;播下一种习惯,你将收获一种性格;播下一种性格,你将收获一种命运。事实表明,习惯左右了成败,习惯改变人的一生。

【点评】

良好行为习惯的养成需要时间和积极的引导,现代家庭中独生子女比重较大,许多孩子由于家长的溺爱或者不当的引导从小养成了不良的行为习惯。小学生年龄小,知识少,行为习惯正处在形成时期,可塑性大,可变性强,发现不良行为要及时纠正。案例中老师在发现了学生的不良习惯后,及时寻找原因,帮助家长制定解决方案,指导家长改变教育方式,使学生的行为慢慢向好的方向转变。

二、策划与组织

(一) 家长会

家长会是学校开展家长工作,密切家校联系的一种重要形式和途径。在家长会上,可以宣传学校的教育理念、课程设置、品牌项目,消除因信息不对称所带来的消极影响。同时也帮助学校了解更多的家长资源,多渠道的提高学生综合素质。通过家长会的沟通交流,可以使家长和老师更全面了解学生,达成教育共识,形成家校合力,帮助学生健康成长。

1. 家长会目的与功能

(1) 召开家长会的时机及议题的确定

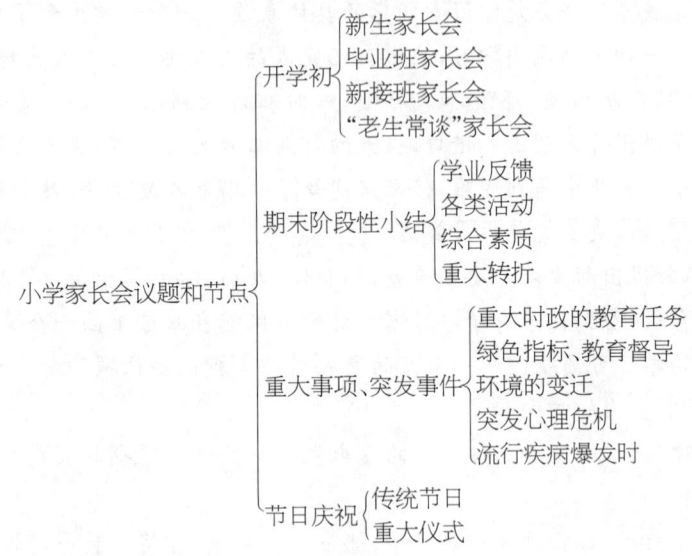

(2) 召开家长会的功能

第一,开学初

新生家长会。一年级学生入学家长会,其议题可以确定为"如何做好幼小衔接"。学校要做到"四个一":一是给家长一些了解学校的渠道,家长会前将学校网站告知家长,或通过微信圈发布学校电子版简介,让家长对学校有大致了解;二是搭一个提问的平台,可采用问卷、校园网等多种形式了解家长迫切需要获得的信息和需要得到的帮助;三是做一次内容的梳理,整理出若干家长的聚焦点,并与学校计划向家长传递的信息进行整合,作为新生家长会的主要内容;四是换一种沟通的方式,可根据内容确定不同板块的主讲人,如专家、专长教师、经历过幼升小的家长等,也可围绕话题开展座谈和讨论。

毕业班家长会。为了营造一个积极备考的氛围,减轻学生心理负担,以良好的心态备战小升初考试,很有必要召开毕业班家长会。会上,各科老师可以根据学生的成绩状况、心理表现和行为表现情况等给家长作详细的分析,要求家长们在孩子们最后的冲刺阶段多给他们一点关爱,给他们提供更多的学习时间,多与他们沟通,加强对他们的心理辅导,使他们消除对考试的畏惧心理,能以积极的、良好的心态作好复习,努力提高自己的成绩。

新接班家长会。新接班老师通过家长会进行自我介绍,留下联系方式,了解孩子的特点,了解孩子的特长,告知家长自己的带班习惯和经验,与家长交流自己的教学方法与设想,讨论孩子的教育发展方向,争取达到家校共识。

"老生常谈"家长会。常任班主任开学可总结上学期班级各方面的情况,肯定做得出色的地方,如学生集体荣誉感、卫生工作、班干部能力的提高等,再对班中出现的不良现象进行分析,并提出改正意见和建议。

第二,学期阶段性小结

学业反馈。每学期期中时段是召开家长会的好时机。因为通过2个月左右的学习,教师可以将学生近阶段的在校各方面情况和家长进行沟通,并与家长交流育儿经验,互相学习家庭教育好方法,帮助家长正确引导孩子做好复习工作和评价孩子,起到承上启下的作用。

每学期期末时段也是召开家长会的好时机。通过一个学期的学习,学生各方面都有了不同的发展,在家长会上各个学科教师能准确、及时地向家长通报学生在校学习情况、复习建议,起到了阶段小结的作用。

各类活动。班主任可以总结本学期来学校、班级举行过的各项活动,如学科类的每月一节活动;主题教育的班会活动和少先队自主活动课;社会实践活动的情况;春秋游活动;年级的集会活动、家校开放日活动等,谈谈班级学生在活动中的收获和获奖情况,也可动员家长积极参与学校活动。

综合素质。班主任可根据学生的综合素质来分析和进行表扬鼓励,如孩子的动手能力、绘画能力、阅读能力、课外知识掌握、观察能力、生活经验和体验能力、思维能力、综合运用知识的能力、生存能力等。因此,光有知识是远远不够的,学生的综合素质、情感、态度、价值观更为重要。鼓励班级学生学习特长,如乐器类、舞蹈类、棋类、武术类、语言类,积极参加校内展示和校外比赛。

重大转折。三年级是个承上启下的阶段,也是孩子转折的阶段。孩子的思想从单纯逐步走向复杂,想的事情多了,开始有自己意向,自己有自己的打算,但是他们的辨别力弱,是非往往分辨不清楚,需要家长经常给孩子一些指示和告诫,经常提醒他什么该做,什么不该做,以给他明确的方向。

假期教育。放假之前,可以召开家长会将学校返校安排、大队部布置的活动和假期作业告知家长。同时班主任也能提出假期的学习好建议,教育引导家长,让学生过一个安全、愉快、有意义的假期。

第三,重大事项及突发事件

重大时政的教育任务。当学校开展一些重要的特殊的教育活动时(例如:建国、纪念伟人或特殊贡献的人、反法西斯战争胜利等),如何能够帮助孩子更好的了解、明白活动意义,可以召开一些主题家长会。可以让家长和孩子一起参与,通过互动帮助孩子接受爱国教育甚至是关乎孩子成长的生命教育。

绿色指标、教育督导等活动。召开家长会,帮助家长了解什么是绿色指标,什么是重要的教育活动,了解怎样引导孩子正确面对活动,解除孩子以及家长的顾虑。

环境的变化。学校因为一些原因(如拆迁、学校加固等)需要搬迁或者暂时调整教室:召开家长会,告知调整的原因,让家长明白,并能够配合,在相对应的时间段,一起做好孩子的安全督导工作。

教师因为个人或者学校的原因调整:召开家长会,告知调整的原因,同时让新接班的老师和家长认识,通过老师的介绍,让家长了解老师,知道了解老师日常的教育方法,得到家长的认可,更好地做到家校合作。

突发心理危机。当遇到一些突发事件(例如因为突发事件,班级孩子遇到了无法挽回的事故),班级的其他学生产生恐惧、害怕、担忧等心理问题时,召开家长会,和家长一起分析原因,交流解决的方法,达成家校共识,帮助孩子具体分析,解除内心的惊恐,做好心理的抚慰。

流行疾病爆发时。突发传染性疾病时召开家长会,帮助家长了解疾病预防的方法,明确防范的重要性,避免不必要的恐慌,正确面对,一起做好预防与孩子的治疗工作,特别是不能正确面对孩子得病却因为担心孩子落下功课,把孩子送来学校的家长,要更具体地分析,以达到共识。

第四,节日庆祝

传统节日。为了弘扬中华传统文化,帮助学生更好地了解中华传统美德,家长会可以让家长了解学校教育、活动目的,明白帮助孩子了解传统佳节,弘扬传统的重要性,能够在学校教育的过程中配合学校,帮助孩子明理。

重大仪式。每个孩子在学校生活中都有值得纪念的日子,例如一年级"我是小学生了""我是苗苗儿童团员了",二年级"我是光荣的少先队员",三年级"我十岁了",五年级"我毕业了",在这些值得纪念的日子里,让家长一同参与,借助亲子型家长会,让家长一起体验孩子的成长,和孩子一同留下成长的足迹,感受孩子成长中的快乐,增进父母与孩子间的亲情,同时,也能更好地达成家校间的信任度。

总之,有效开展小学家长会将增进家长对学校教育的了解,不仅能为家长之间、家校之间互相交流创建良好的平台,也能为提升整个小学阶段教育水平、拓展教育模式做出贡献,进而为构筑和谐的小学教育环境开辟新途径。

2. 成功家长会的特征及形式

召开好一次家长会是班主任搞好班级管理的一项重要内容。老师可根据班级学生的具体情况,有计划、有目的地设计组织不同内容,开好不同形式的家长会。这不仅可以及时沟通家长、学生与老师的思想感情,排除教育过程中的不利因素,也能更加有效地促进社会、家庭和学校"三结合"教育网络,让学生快乐健康成长。

家长会召开的形式 { 沟通交流式 / 对话讨论式 / 成果展示式 / 专家报告式 / 亲子互动式

(1) 沟通交流式

这种类型的家长会是组织家长进行家庭教育经验交流,让家长相互理解、取长补短,端正教育思想,改进教育方法,提高家庭教育质量。

通过这样的交流式家长会,能让家长们相互理解,相互学习,取人之长,补己之短,改进教育方法,从而使家庭、学校教育构成一个和谐统一的整体。

组织这种交流家长会,班主任事先要做好准备工作。首先班主任根据本班的情况或者班级中突出的问题确定本次家长交流会的主题。其次,推选面对这些问题有较强语言组织能力的家长进行发言,发言内容要针对问题来谈谈各自己的教育经验,避免高谈阔论。然后,发言的家长要事先定好发言提纲,使之条理清楚,观点明确,事例生动,有说服力。最后,家长发言后,班主任要进行综合小结,针对家长提出措施,进行归纳小结,帮助家长梳理,使会议达到预期效果。

(2) 对话讨论式

这种类型的家长会,是一种根据学生不同情况,把家长召集在一起分析学生问题,商讨教育方法。

通过这种形式的家长会,使得原来各自为政的家庭教育,经过学生中的典型事例情况进行整合性的分析研讨,从而帮助家长提高应对类似问题孩子的方法,从而取得更有效的效果。

组织对话讨论式家长会,班主任先要挖掘孩子们近阶段的典型案例,鼓励家长提供自家小孩的情况以及自己的教育方法,让大家共同研究,寻求最佳教育方案。讨论时,班主任应将平时记载学生成长情况的表格、资料,交给各位家长,和家长一起对孩子存在的问题既作纵向分析,又作横向比较。让家长更能细致、全面地看到自己教育上的不足之处,同时也让他们看到加强家庭与学校协作教育的必要性。最后,会议集中小结时,班主任要对此次家长会的情况予以肯定,让他们更好地做好家庭教育。

(3) 成果展示式

这种类型的家长会,就是将学生的情况以作业、作品、现场表演、主题班会、年级集会等形式向家长汇报,汇报他们的收获和进步,让家长在班级、学校的背景中全面了解自己的孩子在各方面的成长和进步,从而能更好地配合学校的工作。

通过这种形式的家长会,能让家长看到自己的孩子在学校这个大平台上,充分发挥各自的特长,展示他们的才能。从而让家长对学校的教育充满信心,更愿意支持学校的教育、教学工作。

组织成果展示式的家长会,能多方面让家长了解学校的办学理念,教师教育教学的方式,加强家长对教师、学校的理解。使家长更注意教育的方法,更好地配合学校的教育教学工作。

(4) 专家报告式

这种类型的家长会,能将现阶段一些具体的又带有共性的困惑、问题,请相关的教育教学专家或心理学专家做报告或现场答疑,建立家长学校、家长沙龙,举行定期的家长培训,帮助家长了解青少年心理发展的一般规律,指导家长形成科学的家庭教育理念,掌握合理有效的家教方法和技巧,加强学校教育与家庭教育的联系,共同进步。

这种形式的家长会,使家长能得到专业人士的指导,教育孩子更具有科学性、有效性。

组织专家报告式的家长会,班主任应该配合学校一起聘请专家,了解青少年心理发展的一般规律,指导家长形成科学的家庭教育理念,掌握合理有效的家教方法和技巧,帮助孩子形成积极、健康的心理,前来答疑解难,帮助家长能更有效地开展家庭教育。

(5) 亲子互动式

这种类型的家长会,能在亲子的互动过程中增进彼此的交流,使得家长、孩子、教师三者之间的关系更融洽。

通过这种形式的家长会,促使家长能更多地融入到孩子的活动中,增进教师与学生家长之间的相互信任,形成良好的校内校外育人环境,促进学生品德行为的发展,使之更具一致性和有效性。

组织亲子互动式的家长会,班主任应该重视亲情教育功能的发挥,把亲子关系放在第一位,并以此促进小学生的身心健康、智能开发等。所以班主任要事先征求家委会意见,根据大家选定的地点再来统筹安排亲子活动。例如,大宁灵石公园的郁金香展、顾村公园的浪漫樱花,还有东方绿洲等都是不错的选择。另外车辆、安全的保障也是相当重要的。如果是委托旅行社安排,务必做到有资质,不能在外过夜。

【案例】

与家长第一次握手

暑假前,接到学校任命书:我将新接一个一年级班级,担任班主任工作和语文教学工作。于是,我展开了充分的准备工作:翻阅每个学生的档案信息,在电脑表格中输入孩子的详细信息(学生姓名、出生年月、身份证号、户籍地址和实际居住地址、家长姓名与联系电话)。

7月5日前,我与每位家长联系通知孩子已被我校录取的好消息,并再次确认孩子的居住地址,以便于之后的家访。排好路线,我便逐个与家长约好时间进行家访。事先,我准备了家访的三个内容:一张给家长的通知(开学前的准备)、一张家长问卷(了解孩子的家庭情况和学前基础)、校服征订单(勾好孩子的衣着尺寸)。

家访在双方配合下愉快地进行着:小李家长对孩子幼小衔接有些紧张,不知该怎么办才好;小张家长介绍了孩子的学前教育:文化教育和特长学习,十分自信,希望老师多给予孩子表现机会;小时妈妈不好意思地跟我打招呼孩子十分好动,注意力不够集中,要麻烦老师多费心;小周爸爸十分抱歉地说家长识字较少,孩子拜托老师了;小史妈妈为了儿子的内向十分苦恼,她希望得到老师的帮助……面对家长的疑惑和提问,我一一耐心解答并给予建议和适当的安慰,让家长放心并取得他们的信任。

家访顺利完成,现班级人数36名,男生16名,女生20名,我静下心认真地整理家长填的问卷,对学生的情况进行总结:

(一)学生情况分析

1. 学前教育比较扎实。所有学生年龄在6至7岁之间,均受过3年的学前教育,上过幼儿园。大部分孩子身体健康,活泼可爱,兴趣爱好广泛,对上小学后的生活非常憧憬和向往。

2. 生活习惯初步形成。通过幼儿园三年培养,大部分孩子已经养成良好的生活习惯和学习兴趣。有一定的生活自理能力,如自己会刷牙、洗脸、穿衣服,尊重老师和长辈,有礼貌,能与同学友好相处。问题比较大的是我班有一半的学生吃饭比较慢,还不会整理书包,需要重点指导和训练。

3. 知识技能参差不齐。据家长普遍反映,孩子们的接受能力很强,对自己感兴趣的东西学得很快,记忆力好。大部分孩子已建立基本的数概念,语言表达能力良好;85%学生都学过拼音,40%的学生识字较少;80%孩子接触过英语,对英语感兴趣,但也有20%孩子胆小、不愿意表达;书写能力总体一般,仅有约40%孩子喜欢阅读。我班学生兴趣广泛,已获得英语、书画、围棋、钢琴、古筝、画画速写、民族舞等获奖和考级证书。

4. 学习和行为习惯有待加强。与家长交谈后了解到孩子们学习习惯较差,60%孩子比较好动,存在上课注意力不集中,自制力不强,不能较好地遵守课堂纪律,完成家庭作业拖拉,需要家长督促,存在开小差、磨蹭等现象,需在开学后教学过程中重点关注。

(二)家长情况分析

1. 整体素质较高。本班约70%家长接受过高等教育,对我校的教育理念非常认可。大部分家庭和睦,能为孩子营造宽松、有序的成长环境,父母能亲自辅导孩子学习。但也有约30%家长工作较忙,孩子大部分时间由老人看管;部分家长盲目为孩子安排各种兴趣班的学习,缺乏科学有效的教育方法;个别学生家长较宠爱孩子,对孩子的学习没什么要求。

2. 期望需求全面。由于孩子性格、能力发展不一样,家长关注的重点也不一样,总体来看,本班家长更关注孩子能否顺利适应小学生活,能否养成良好的学习习惯和良好的道德及综合能力,希望在小学期间打下坚实的基础,具体有以下几个方面:

① 赞成老师的严格要求,强烈希望老师培养学生上课认真听讲、积极思考、按时完成作业的好习惯。并表示会极力配合,课后督促孩子认真完成老师布置的各项任务,培养他们的责任心。

② 希望自己的孩子有强烈的上进心、品德良好、学习优秀,能力得到全方面发展。

③ 期盼孩子在四中心通过各种活动,增强表现力,形成乐观、自信、大方的性格。

3. 关注的主要问题。在家访过程中,家长也提出一些疑问,表达了他们的顾虑,经过老师的耐心解释后,家长表示理解并欣然接受学校的安排,主要疑问是:

① 学校分班的原则是什么?班上共有多少个孩子?孩子分在哪个特色班?有

没有提高班?

② 教孩子的分别是哪些教师?师资是否稳定,教师的综合素质怎么样,教龄多少?责任心强不强?

4. 积极配合学校。经过细致的交流,我班90%的学生家长愿意为班级服务,为学校提供方便。

(三) 特殊情况记录

1. 学生A是日本国籍,由母亲在上海照顾他,父亲在日本就业,母亲希望老师叫他的中文名小史,不要显得那么特殊。

2. 我班有位家庭特殊学生小周,父母不怎么识字,对孩子学前教育不够重视,识字很少,以后在教学中需特别关心。

3. 班级中好动的小朋友较多,而小时和小张较为明显,两人共同点以自我为中心,没有规矩,家里人太宠,没有正确的教育方式,以后需跟家长经常沟通,规范孩子言行。

开学初,针对家访情况和学生开学要求,我召开了家长会,第一次与家长握手,达成了合作教育孩子的共识。会议内容丰富:班主任及任课老师的自我介绍;暑期家访情况的反馈;新生培训的注意事项,包括作息时间的安排、接送孩子安全事项、学习用品的准备、生活用品的准备;学校活动特色介绍;开学学习和生活习惯养成的建议;学习能力的培养;各学科教师的要求……家长会开得十分成功,家长1说:"我心中的疑惑都解除了,一定配合老师教育好孩子。"家长2说:"本来对于孩子进入小学挺紧张的,现在老师讲得这么详细,我放心了!"家长3说:"老师考虑得真周到,我们不太注意孩子的生活习惯,现在知道怎么培养了。"……

很多时候,受到社会上一些不适宜需求的影响,有些家长会单一地认为幼小衔接就是知识的衔接。常有家长这样问教师:"老师,孩子都该学些什么啊?学拼音吗?学识字吗?"他们急于让幼儿学拼音、学算术,想让孩子为入学面试做好充分的知识准备。实际上,相比于知识的学习,培养幼儿对于上小学的兴趣,培养他们的任务意识、规则意识和责任感是更为重要的内容。即使是知识的学习也要符合儿童在游戏中学习的特点,在潜移默化中让幼儿主动建构。

要想做好幼小衔接,教师首先需要思考:一年级的小学生在学校遇到的最大的问题是什么、最需要掌握的技能是什么以及最需要培养的习惯是什么?换句话说,就是"一年级新生需要的是什么?"考虑清楚了这个问题,教师也就有了实施教育的方向和原则并指导家长:让幼儿有入小学的愿望和兴趣,向往小学的生活;培养幼儿的生活能力和学习习惯,为入学做准备。要让幼儿初步养成良好的学习习惯(倾听习惯、阅读习惯等)、具备一定生活自理能力(自我服务能力、自我保护能力等),帮助他们建立初步的规则意识、任务意识。而家长会是最好的沟通途径,教师的适时引导和提醒注意点,能使家长帮助孩子早日愉快地适应小学生活和学习。

【点评】

第一次家访对于新接班班主任来说非常关键,这是家校双方建立互信的重要契机。可以看出案例中的班主任是一位非常认真、负责、细心、善思考的人,在家访之前做足了准备工作,还制定了家长问卷。老师通过家访和问卷反馈对学生情况、家长情况有了全面的了解。正是因为老师前期充分的准备,才使家校达成共识变得更容易,与家长的第一次握手变得更顺利。案例中这种通过家长问卷了解班级情况的方式值得我们借鉴。

【案例】

"小升初"家长会进行时

四月的一个傍晚,夜幕悄悄地降临在美丽整洁的校园。原本静谧的校园渐渐热闹了起来,因为这里迎来了全体毕业班学生的家长,即将要召开"小升初"家长会。我们三个毕业班的班主任早已恭候在学校新大楼的门口,对每一个到来的家长笑脸相迎。

"顾老师,孩子要考中学了,学校有推荐吗?我现在都急死了,简历投了很多,也不知结果会怎样?……"小黄同学的妈妈一到我的面前就满脸焦虑,无助地对我说。像她这样面对孩子的升学问题手足无措的家长很多,作为班主任,我非常理解他们的心情。"我们学校是没有推荐的,别着急,等一会儿在家长会上,学校会把今年的招生政策告知你们每位家长的,各类学校的招生时间和方法你们一定要记下来!"我一边安慰她,一边把她和其他家长带入二楼的会议礼堂。"好,好,我知道了。"小黄同学妈妈脸上的神情放松了许多。

"各位家长,晚上好!"教导处黄老师洪亮的声音拉开了家长会的序幕。每位家长手中都拿到了一份资料,包括几个中学的资料介绍以及今年各级各类学校招生的政策和方法。家长们认真听取了几所中学负责老师的介绍和黄老师对招生政策的解读,脸上的表情不尽相同,有期待、有忧虑、有迷茫……

果不其然,刚回到自己班级教室的家长们就开始议论起来。"各位家长,刚才我们是集中听取今年的招生政策,接下来,如果你们还有什么不明白的地方,我们可以互相沟通交流。"我的话音刚落,小吕同学的奶奶"腾"地一下站了起来:"顾老师,我们不想让小孩到对口的中学去,那不是把小孩给毁了吗?我想让她考×××民办中学,这个学校好,离我们家又近,你看她有希望吗?"小吕同学的父母离异,从小由爷爷奶奶照顾,她的迫切心情我十分理解,其实像她这种心理的家长不在少数,虽然这是人之常情,但我觉得有必要作一下引导。我伸手示意她坐下,微笑着说:"站在老师的立场,我不能断言哪个学校好,也不能预测谁能考取哪个学校。但我想结合以往的工作经验,给在座的家长两点忠告。"我顿了顿,大家的目光齐刷刷地投向了我。

"我想说的第一点是:正确看待、力求发展。小升初择校是双向选择,我们尽量让孩子进入好中学,同时也要考虑到孩子本身的学业成绩、学习能力等因素。我们的孩子最终会被不同层次、特色的学校录取,会开始一段崭新的学习旅程。万事并没有绝对的,关键在于我们自己。这是我对学生说过的话,也是想对各位家长传达的一个理念。只有这样,我们的孩子不管跨入哪一所中学的大门,都会以积极阳光的心态投入新的学习生活中,善于发现自己的长处,得到不断的发展。"家长们若有所思地点着头。我接着说:"我要说的第二点就是:全力以赴、免入误区。我们传递给孩子这样的理念,是让他们有一个正确的良好的心态来面对小升初,从而让他们全力以赴,为报考理想的中学奋力拼搏而不会有太大的心理负担。"这时,台下的很多家长向我投来肯定的目光。"下面,我想和大家交流一些我在以往毕业工作中接触到的典型事例,希望大家引以为戒,免入这些误区。"

我放慢语速,一字一顿地说:"误区一:这山望着那山高。小 A 同学原本被某个外国语中学录取,但家长放弃了机会,原因是觉得学校离家较远,该学校特色也不适合孩子,想让孩子报考就近的民办中学,结果两头落空。误区二:希望落空、心态失衡。小 B 同学自尊心极强,学习能力一般,家长一心想让她考民办中学,结果未能实现,家长却难以接受现实,把责任一股脑儿推到孩子身上,责骂她学习不努力不上进,使孩子的心灵受到很大的打击。误区三:眼高手低、事与愿违。小 C 同学头脑聪慧但学习缺乏主动性,家长望子成龙,早早让他进入某名牌中学小五班,结果繁重的学习压力使他心生叛逆,经常不完成作业,让家长操碎了心。"此时台下的家长都忍不住交头接耳起来⋯⋯"刚才这些事例都是家长对孩子没有一个正确清醒的认识和评价,对孩子期望过高,导致错失良机,使孩子心灵受挫,学习主动性严重缺失。我们一方面要给孩子争取创造更多更好的机会,同时也一定要客观、全面、平和地对待小升初,以免影响了孩子。"

不知不觉,夜色越来越浓,教室里的家长陆陆续续地离开了。"顾老师,谢谢你。听了你的话,我也不纠结了。她能考上×××民办中学最好,如果考不上,我也会鼓励她好好学习,都是靠自己的。"小吕同学的奶奶感激地对我说。"不用谢,这是我应该做的。"我刚一回头,小黄同学的妈妈正好来到我的面前。"怎么样?现在你有头绪了吧?"我笑着问。"有了有了,听了今天家长会介绍,我知道光着急是没用的。反正不管是民办还是特长学校,我都让他去试试,这样就不会后悔了。"她一边说一边不好意思地笑起来。"好,我们一起帮助他,为他加油吧!"……

和最后一个家长告别后,窗外早已伸手不见五指,教室里恢复了安静。一连两个多小时的家长会让我精疲力竭、口干舌燥,但看到家长们一个个满意离开,我心里也十分欣慰。作为毕业班的班主任,在家长们面临孩子升学的重大问题时,能耐心倾听家长心声,诚恳地提出建议,解除他们心中的疑虑,对家长们来说,不正是"雪中送炭"吗?我们不仅要理解、尊重家长,还要和家长进行角色互换,采用换位思考的方式,急家长所急,想家长所想,把话说到家长的心坎里,真心诚意地为家长、为学生着想,真正为家长排忧解难,这样,家长们也一定会感受到我们的真心,家校沟通也一定能顺利开展!

【点评】

"小升初"是每个家长都非常关心的问题,好多家长对如何准备、如何择校等问题都存在很多困惑,甚至出现紧张、焦虑的情绪。这时"小升初"家长会的召开就显得很必要,班主任一方面是专业人士,一方面掌握着较为全面的信息,能够为家长答疑解惑。案例中的班主任聚焦"小升初"问题,结合一些典型案例,更为直观的为家长提供切实可行的办法,减轻了家长的心理负担,家长会的效果得以很好地实现。

【案例】

不一样的家长会

无论是小学还是中学,每个学期都会有家长会,家长会是沟通家长和学校之间的重要渠道之一。本来开家长会的目的是为了更好地促进教师和家长之间的沟通,能够让家长从不同的角度来了解孩子,也可以更好帮助孩子扬长避短,促进学生更好的发展。

过去的家长会似乎已经形成了一个固定不变的模式:先是学校领导广播讲话,然后语数外主课老师轮番上阵谈各自学科的教学要求,最后是班主任总结班级工作。许多家长参加家长会,本想针对自家孩子的问题请教老师,但是家长们在短时间里七嘴八舌地提问,并不能解决任何问题,结果是让大部分家长带着不满意而归。有些家长会甚至被开成了"批斗会",那些成绩差、表现不尽如人意的学生和他们的家长谈会色变,望会却步。

这样的家长会效果不明显,家长不积极,老师有苦衷。显然,是时候应该改一改了。

那么,家长会怎么开才更有吸引力? 今年的家长会我决定来点不一样的,搞一个既有创意、又有魅力的家长会,给家长们找点"乐子",请家长和孩子共同参与家长会。

我们知道大部分的中国父母都不懂得赞美孩子,认为"慈母多败儿",因此缺少夸奖的孩子会变得缺乏自信。但是当教育专家终于让中国父母了解了夸奖的重要性之后,有些家长又落入了过度赞美的误区,使这些孩子自我感觉良好得没法面对失败和挫折。因此第一个环节我给家长事先布置的内容是《夸夸我的宝贝》,要求不要泛泛而谈,要抓住生活中的细节,并且一定要对自己的孩子保密。

活动开始,家长们一个接一个地说起了自己孩子的优点:

"我家小杰有个好习惯,每次用完东西都会放回原来的地方,不会到处乱扔。"

"我家娜娜特别爱干净,每天换袜子和短裤,手指甲剪得干干净净,头发也都是自己梳。"

"我家明明很孝顺,有好吃的东西一定要给爸爸妈妈先尝一口。"

……

你看,其实都是生活中小的不能再小的细节,但是父母做了有心人,把孩子的优点都看在眼里,这时我看见被夸奖到的孩子都会抿嘴一笑,眼里闪烁着自豪的光芒。

所以,每次要夸奖孩子的时候,一定要尽量说出他值得你赞美的细节,并描述自己感受到的快乐和骄傲。对于孩子来说,除了前面我说的两种好处——感受到真诚和增强自信之外,他也会因此知道父母的价值观,以及父母希望他能做到什么。

人们常说:"父母是孩子的第一任老师,家庭是人生成长的摇篮。"儿童时期是人的许多良好个性品质、行为习惯的养成时期,每个人都是在家庭中接受了人生的第一个教育历程,因此家庭教育在人一生的成长中至关重要。可是我们有许多家长对孩子百般要求,但自己平时却不拘小节,因此我安排的第二个环节是要求孩子们《我给爸妈提建议》,也是规定事先保密,千万不要告诉爸爸妈妈。

"爸爸,我给你提个意见,你每次回家都板着个脸,我知道你工作很累,但是你知道笑一笑十年少吗? 其实你笑起来蛮帅的。"

"妈妈,你每次发朋友圈都把照片P了一遍又一遍,我都快不认识照片上的你了,我还是喜欢你真实的样子。"

"爸爸,你答应带我去自然博物馆已经快一年了,老是说没空没空,你不是教育我说要做一个守信的人吗,希望你能以身作则。"

……

这时的孩子们个个严肃认真、彬彬有礼,有的直言不讳地指出家长教育孩子的不良方法,有的幽默风趣就像领导一样给家长提建议。坐在台下的家长们时而开怀大笑,时而陷入沉思。这样的活动让家长们收获颇多,有的家长通过孩子的发言,了解到孩子眼中的自己是什么样;有的家长在开完家长会后,决定改变一下教育孩子的方式。

古人云:近朱者赤,近墨者黑,家庭有上进的氛围,对孩子的教育是潜移默化的,可达到育人润物细无声之境界。"望子成龙,盼女成凤"是普天下为人父母者最大的心愿。每个做父母的都有自己一套教育子女的方法,有些也许简单实用,有些也许发人深省,请一些家长谈谈教育孩子的好经验更能引起在座家长的共鸣。因此我准备的第三个环节是《谈谈我的小经验》。

朱××的妈妈《我和孩子成为笔友》,介绍为了提高孩子的写作水平,她和孩子用写信的方式解决家庭中的各种问题。

刘××的妈妈《大宝二宝都是宝》,介绍了身为两个孩子的母亲,如何兼顾工作和家庭,并且当两个孩子发生矛盾的时候如何解决的好方法。

周××的爸爸《允许孩子犯错》中提到一个所有家长都关心的问题,孩子犯错了究竟应该怎么对待?

这些家长的经验之谈具体生动贴近生活,使在座的家长频频点头受益匪浅。不过每个孩子的教育方式也应该因人而异、因势利导,不能一概而论。希望父母都能够在孩子身上多花点精力、多动点脑筋。最起码应该把我们的下一代教育成一个自食其力的、对社会有用的人。

家长会结束了,许多家长都说这样的家长会真带劲,学到了不少,意犹未尽,希望这样的活动多搞搞。因此我想家长会可以改变一下形式,让家长主动参与进来,拉近学校与家长的距离,这样的家长会才会成为家长都乐意参加的有意义的聚会。

【点评】

传统的家长会模式常常以老师为主导,家长只是作为听众参与其中,家长会成功与否取决于学生、家长和老师三方都有所收获,教师一言堂式的家长会往往忽略了家长的参与。案例中的班主任积极探索，创新家长会模式，家长和孩子分别就一个主题参与到讨论中来，在民主的氛围中，家长和孩子加深了感情，老师也对每位学生的情况有了更全面的了解，家长主动参与的意识也增强了。

【案例】

家长会上的成长树

"同学们，下周四晚 6:30 有家长会，请同学们通知家长准时出席，这是通知书，请大家回家交给自己的父母。"我如往常一般向班级的同学介绍着家长会的一些相关信息，"千万不要迟到，另外建议大家最好是父母前来，外公外婆爷爷奶奶最好不要来。这样老师可以直接向你们家长传达你在学校的情况。"

又要开家长会了，真是几家欢喜几家愁，当我一宣布完这个消息，马上一群学生冲上讲台来问我问题，有的说："老师，这次家长会会报考试分数吧？""会的会的，你考得好，等不及想让你家长知道是吗？"有的说："这次我妈妈爸爸都去外地出差了，只能爷爷奶奶来，行吗？""实在不能出席，也只有请老人前来了。"……

同学们都是唧唧喳喳说个没完，我下意识地朝他的位置上看了一眼，果然与往常一样，听到要开家长会这一消息后，小然同学的表情马上就来了个 360 度的大转变，本来活泼开朗的一个人立刻变得呆滞木讷，眉头紧锁，神情紧张，蜷缩在自己的位置上一动不动，从他的表情中我就可以感受到他的内心非常忐忑不安。前两次的家长会也都是如此，我非常奇怪，为什么遇到家长会他会如此慌张，其实一二年级的时候还不至于如此，但是三年级那次家长会后他就变得非常古怪，他会把通知藏起来不让家长知道有家长会这么一件事情，也会找各种理由让父母不来参加家长会，前几次我都没有把这件事情放在心上，但是这次依然如此，我就一定要了解一下原因，为什么小然同学会那么害怕开家长会呢？按理说他的成绩并不是特别差，我也没有在家长会上点名批评过他，他在怕什么呢？

下课以后，我悄悄把他叫进了办公室，问他原因，起先他并不愿意透露，在我的再三询问下，他终于说出了原因："我的爸爸对我的要求非常高，他希望能看见我有好的成绩，但是家长会上老师经常表扬的同学里面并没有我，所以爸爸一天到晚都会拿我与那些好同学比，说我不争气，说急了还会打我一顿，所以我真的不喜欢家长会，每次一开完家长会，爸爸就是各种比较。"说着说着，小然失声痛哭起来，我知道他心理委屈。听完他的话我陷入了沉思：确实每次家长会我都是只关注到了学生的成绩，学习习惯这些方面，会对那些好同学大加赞赏，但是我完全没有考虑过像小然这样成绩平平孩子的感受，几乎每次家长会都是把这些孩子给忽略掉的，虽然我不会去点名批评他们有什么不好,但是在表扬孩子的名单里也确实没有他们。但是这些孩子就没有闪光点了吗?当然不是,他们在成绩上虽然并不出彩,但是他们在各种活动上,在平时的生活上也都是为班级争过光出过力的。在这个讲究素质教育的时代,这些其实比成绩更加重要吧,但是我却忽略了,孩子在学校生活的任何一个闪光点我都应该在家长会上让家长看到。

但是怎么样让家长知道这一切呢,起初我想把一些照片收集起来放在PPT上,在家长会上进行播放,但是我觉得播放的时间始终有限,家长可能看得不够清楚。我自己配图讲吧,也太单调。最好是能够让家长看得真切一些,每个内容都能细细欣赏,思来想去还是做照片墙比较合适,但是光有一张贴满照片的墙也不好看,于是我又参考了网上一些照片墙的布置,其中一棵成长树的图片吸引了我。对啊,学生入学以后参加的每一次活动不都是成长过程中收获的一颗果实吗?虽然这果实有酸有甜,但是对他们来说却都是独一无二,最美好的回忆。

说干就干,我立刻在塑料泡沫板上布置起了这棵树,树的枝干是外面买来的贴纸,我把学校的每次活动:小到班级的十分钟队会,大到学校的运动会的照片都打印出来,剪成了果子形状,每个果实都附上了一句话,简单介绍了活动的情况。全班35个同学,几乎人人都有一个属于他们自己的果实,有些同学还有两个甚至三个。那里面就有两颗大果实是属于小然同学的,其中一颗我写的是:本学期小然成了我们班的护绿员,他对植物关心、耐心,还有他的工作笔记:完美!另一颗我写的是:11月,为学校的短跑小冠军小然喝彩!

家长会如期举行,这棵成长树也第一时间出现在了家长的眼前,如我预料中的那样,家长们对这棵树充满了兴趣,都排着队在这棵树前想看看自家孩子的表现。这里也包括小然的爸爸,他的表情没有以前家长会那么严肃,特别听到其他家长夸奖说:"哎哟,小然爸爸,你看你儿子字写得那么好,体育也好,真是文武双全啊。"他还忍不住笑了,并拿起手机拍下了这棵成长之树。这次家长会我没有表扬任何同学,只是讲了一下今后需要家长配合的地方。因为我觉得成长树上已经展现了学校所有的活动,每个孩子的闪光时刻也都在上面呈现出来。这次家长会上每个家长都看到了自家孩子的成功之处,心情自然不同,所以这次家长会的氛围也比之前都要好。我相信这次家长会小然不会再被爸爸拿来不停比较了,因为他儿子的傲人之处也无可比拟。事实也正如我所意料这般。

家长会是老师与家长沟通的一种渠道,也是让家长了解孩子在学校表现的一种途径,孩子在学校真的不光只有学习成绩,我们要尽可能将每个孩子在学校生活中任何一个闪光的瞬间都记录下来,到家长会的时候呈现出来,让每个父母都为自己的孩子感到骄傲。

【点评】

无论是家长还是孩子,大部分人对学习成绩都有两个误解:(1)学习成绩好就代表优秀;(2)只有文化考试成绩才叫成绩。一个孩子是否优秀不能只看学习成绩,还要看到孩子品德、习惯等方面的长处。案例中,班主任以家长会为契机,通过"成长树"的形式展现学生方方面面的闪光点,也让家长意识到不能只关注孩子的成绩,进而改变教育观念和方法。

3. 教师在家长会的角色

(1) 准备策略

首先,教师个人的准备

教师在家长会前应进行适当的修饰,做到仪表端庄,服饰得体。同时,打扫并布置好教室,在黑板上写好欢迎的话语,让家长感觉温馨自在,营造一个整洁干净和宽松友好的环境。

其次,会议内容准备

家长会前,根据家长会的主题和形式准备好相应的材料,保证家长会取得既定的效果。

新生家长会。应准备学校介绍、常规工作、各学科的具体要求等,以便于学生的家长了解学校生活的常规,这样,学生在家长的指导帮助下能很快适应学校生活。

阶段性的家长会。对近阶段的工作梳理总结,将教育方面、教学方面的情况整理好展示出来:展示学生风采的班队会、学生主持的升旗仪式、班级自主课的片段等,这些是家长很感兴趣的。除此以外,学科方面的作业展示、作文集锦、上课片段等也是会前应该充分准备的。

毕业班家长会。要对相关政策宣传到位,将要求、时间节点等重要信息明白无误地告知家长。

(2) 全覆盖的策略

家长会应该面对全体家长,务必请所有家长到场,并尽量避免祖辈参加。对个别因故未到会的家长,则要利用其他时间分别与其取得联系——或邀请家长抽空到校谈,这样就能将会议内容比较详细地告知家长并当面倾听他的反馈;或电话联系,这样虽然联系及时,但不能深谈;对以上方式都不方便的,应登门拜访,将有关情况及时沟通。

(3) 聚焦性策略

教师根据不同的家长会主题,安排自己的发言内容。每次的内容要有针对性,忌面面俱到,不要奢望通过一次会议就把所有问题解决。有的主题是有关学校办学情况的介绍,让家长了解学校的办学理念,有助于家校合作,帮助孩子健康成长;有的针对班级各方面的情况进行介绍,让家长对班级学生情况有全面的了解,以求得家长配合教育;有的是针对家长在教育子女中的某些问题,向家长介绍家教知识等。话题集中,谈到点子上,谈得开阔、谈得深刻,有利于解决问题,实现家长会的召开目标。

(4) 民主互动策略

一次成功的家长会的标准就是让学生、家长和教师三方都有所收获。兼顾到不同文化层次、不同类别的家长。家长会切忌教师的一言堂,要发挥家长的作用。教师可以安排互动的环节,在轻松的氛围中让家长们谈谈在家庭教育中的经验与困惑,从而解决一些现实问题。还可以就某个热点话题组织家长进行辩论赛,从正反两方的发言中提炼出各自观点的对错,从而对这个话题有更深入的了解,帮助家长在教育子女时有更好的方法。另外还可以对学生集中的偏差行为进行"会诊",让大家来支招,帮助有此类烦恼的父母解决难题。家长摆脱了受教育的身份,增强了主动参与的意识,对学生的教育就会主动有效。

(5) 延续性策略

通过有针对性的家长会,使每位家长在思考的同时要有落实到行动的举动。家长会不能开完就了事,而应该及时收集家长开完会之后反馈的信息,以便更好地与家长沟通、配合,共同做好教育学生的工作。家长会后,家长一定会将当天的议题带给学生,学生也一定会在某些方面有所触动,有所改变。教师要注重收集这方面的信息,及时肯定学生的进步以及家长的配合,使一次会议的主题内容得到落实,起到真正的教育效果。

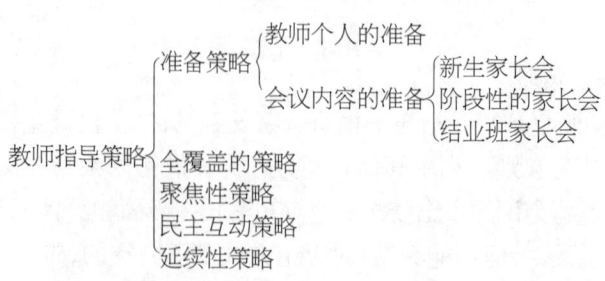

【案例】

走出标语化、教条化,让爱点滴灌输

作为一名新班主任,平时和家长的家校沟通成为日常工作中必不可少的一部分。对于学生而言,班主任是一位亲近的师者,对于学校而言,班主任是一位管理者的角色,对于家长而言,我们则是承载这三者的一座桥梁。因此班主任的沟通工作也变得尤为重要。

每学期的家长会也成为家校互动沟通的良好平台,我每次在家长会上会对每学期班级的情况进行总结分析并与家长们分享。在一次家长会上,我就像往常一样向家长们提出了新学期的期望,家长们纷纷点头表示在学习的要求上一定积极配合。当我提出校园开展各类活动希望家长们踊跃参与时,有一位家长突然打断了我的说话,举起了手。小A爸爸说:"刘老师,平时我们夫妻两人工作非常繁忙,学校的一些活动我们没法参与,孩子可能兴致也不高,我们就偶尔给他请假,希望你谅解。"话音刚落,整个教室一片寂静,那一刻显得分外尴尬。我也被这突如其来的发言给打断了思绪,一时间有些不知所措。

此时我的耳畔突然响起了席慕容说的一句话:"最成功的教育应该是一种不落痕迹的教育,而不是一种标语化、教条化的教育。"于是我笑了笑说:"请在座的家长回想下这一年孩子们最大的变化,并和我们一起分享下。"经过一分钟的思考,我观察了很多家长脸上的表情,有的若有所思,有的试图在努力地回忆。此时,我们班的家委会代表举起手,打破了寂静。"这一年里我的儿子变得开朗,善于表达起来,更乐于和同学、家长分享自己的收获,渐渐懂事了很多,让我很欣慰。"接着在这位妈妈的带动下更多的家长举起了手。"我的孩子因为参加学校的活动,变得更有责任心,哪怕再小的事,她都要自己独立按时完成。""我们家的小淘气变得很有团队意识,每次都告诉我今天为小组争得了星星他觉得无比自豪……"在家长们你一言我一语的诉说中,我听得也越发认真,眼前浮现出了孩子们一张张可爱的笑脸。是呀,在不知不觉中他们已经慢慢长大了,变得懂事,好像老师和家长一直想灌输他们那些大道理,已经在潜移默化中融入他们的习惯里了。

于是一次尴尬的发言变成了一次教师和家长对孩子们的重新审视。家长会结束后,我也单独找了小A的父亲进行了沟通交谈。小A爸爸也表示了刚才的举动有稍许冲动,我告诉他要珍惜陪伴孩子成长的每一个时刻,并时常给孩子带来积极正面的东西,传递正能量你也一定会发现孩子的变化。后面的时间我开始关注起小A的变化,希望在老师和家长的配合下孩子会有更快的成长。

一次班级的值日中,小A显得有些不情愿,我把他叫到跟前:"劳动是每个人对

班级应尽的职责和义务，每个人都应该从小培养自己的责任心，从小事做起。同样这也是和同学们一起团队协作的机会，老师知道你很乐意帮助同学，那你同样要把这样的意愿带到班级的责任中。"听完我的话孩子点了点头，红着脸说："刘老师，对不起。我没想到自己对班级的责任和义务，下次我一定更积极地参与每一次班队活动！"说完小Ａ打起了十二分精神开始卖力地劳动起来了，看到这里我心里感到十分欣慰。

也许是之前家庭中不够积极的引导已经对小Ａ产生了不小的影响，小Ａ爸爸也在对孩子的教育做出调整。他也很谢谢我们能一起努力，老师和家长所做的一切都是为了孩子的健康成长，家庭教育和学校教育相结合才会取得良好的教育效果。老师与家长不是矛盾对立的两面，而应该成为教育的合力。所以，老师、家长要互相理解、体谅。有些家长还是较为片面，更多关注孩子的成绩，但是当今社会更注重孩子的全面发展，尤其是孩子性格的塑造及完善。因为一个孩子在一生的发展过程中，起决定因素的往往不是成绩的优劣，而是能否形成适应社会并能与时俱进的性格。我们是教育者不是喊口号，要把爱与感悟融入平常的一点一滴中，让孩子深切感悟。我也希望我的孩子们能在一个积极向上的集体中生活，他们会不知不觉地受着环境的影响。养成较强的集体荣誉感，它会教育一个孩子以怎样的心态来对待集体，它会影响一个孩子在走向社会后懂得与团队共同作战的道理。愿我的孩子们在和谐大家庭的爱中健康快乐地成长。

【点评】

　　成功的教育应该是一种不落痕迹的教育，是把爱和正能量融入到孩子生活中的点点滴滴，并让孩子感受到，切忌标语化、教条化。案例中的老师通过让家长分享孩子成长变化的方式把这样"润物细无声"的教育理念传递给家长，同时在会后继续与家长共同配合对学生进行正面引导，将家长会的积极效果延续下去。

【案例】

让家长乐于参加家长会

　　前不久我去参加女儿的家长会，由于时间早，便和同桌的妈妈聊了起来。她告诉我，他们夫妻都很不愿意来参加家长会，每次都让孩子的爷爷或奶奶来，这次老师要求一定要爸爸或妈妈来，她才不得已来开家长会的。我很疑惑："为什么你们不来呢？难道你们不想第一时间了解孩子的情况吗？""唉！"这位妈妈叹了口气说，"我家儿子太顽皮了，家长会上他是老师嘴里的典型批评对象，结束后还要被留下来再教育,难为情啊!"果不其然,会上,当老师又一次点名批评到这位学生时,他的妈妈低下了头,脸上满是难堪的神色,直到会议结束都没有抬起过头来。

回到家后,我与家人说起这件事,先生脱口而出:"这就是老师的不对!在那么多家长面前批评孩子,不就是等于在批评家长嘛,如果是我,以后我再也不去开家长会了!"

这句话突然刺痛了我的某根神经,要知道我也是班主任,我也会在家长会上批评某些同学,也难怪班中最令老师头疼的小宇爸爸每次参加家长会总是踩着点走进教室,结束后又以第一时间离开,根本不留给老师个别交流的机会,原来他害怕参加家长会,从内心抵触家长会。如果家长是带着这样的状态参加会议,我的教育怎么会成功呢?

静下心来我反思着:教师在家长会上批评学生其实都出于好心,目的是想让家长对孩子在学校的表现有一个明确而深刻的了解,从而更认真地配合学校加强对孩子的教育,可是我们忽略了家长的感受,而这一忽略,很有可能导致家长因此对教师的做法产生抵触情绪,要面子的成人是有"逆反心理"的,家长会成了"批评会""教育会",家长真的很受伤。

如何开好家长会?怎样才能使家长会真正成为家校沟通的桥梁呢?我决定从改变家长会的模式开始。

精彩瞬间:等到每位家长都坐定之后,我在教室屏幕上滚动播放一组照片,这些照片都是孩子们学习、娱乐、劳动、获奖等方面的场景。同时我也做了个有心人,更多地捕捉了小宇的镜头,在播放的同时我也配上了简单的旁白:"看,小宇的默写进步了,多开心啊!如果家默更认真些,提高正确率,他会笑得更灿烂!"话音刚落,我发现一直埋着头的小宇爸爸慢慢抬起了头,于是我趁热打铁:"每次轮到值日生,小宇都会自觉留下来打扫教室,直到排整齐课桌之后才离开,这份责任心值得每位学生甚至在座每位家长每位老师学习的。我们相信在这份责任心的驱动下,在家长的配合下,小宇会进步更大。"……此时小宇的爸爸也微微点了点头,虽然是那么细小的动作,但我看到了家长与我的距离缩短了。哪位家长不希望自己的孩子被老师表扬呢?在众多家长面前表扬孩子,家长更会有满心的骄傲,这时再适时地提出要求,家长很愿意接受,只要我们的目标一致了,离成功不就更进一步了吗?

交流会诊:小宇的爸爸敏感,自尊心极强,其实从他的内心来说,他非常愿意配合我的教育教学工作,可如果听到过多批评的话,他又会觉得接受不了,尽可能地避而远之。既然当面的沟通有难度,那么我便充分利用起了网络——微信平台。我几乎每天都会通过微信反馈小宇在校学习、生活的表现,也会指导小宇爸爸如何进行有效的家庭教育。可能是我的坚持感动了家长,也可能是我提供的教育方法与家长产生了共鸣,小宇爸爸从原先只是"嗯!""好的。""谢谢。"等简单几个字来敷衍我,到现在也愿意用语音来与我交流了,在交流中,小宇的爸爸还提出了一些家庭教育方面的困惑,希望我能给予更大的帮助,而这些问题也正是许多家长想要解决的问题,于是我一一记录下来,以便在家长会上进行交流会诊。

"指导家长进行有效的家庭教育,促进孩子健康成长。"是召开家长会的目的之一。如果由教师一味地老生常谈,家长们会觉得啰嗦,不一定会静下心来认真听,如果是家长与家长之间的交流,那么他们更愿意接受。

家长会上,我把小宇爸爸的困惑抛给了家长们(当然不能提到小宇的名字),留给家长足够的时间进行讨论,沉默几秒后,家委会代表小李妈妈首先发言,她联系自己儿子的教育方式,结合实际谈了自己的想法。话匣子一打开,家长们便纷纷交流起了"育儿经",同时一个个问题也就迎刃而解了。我欣喜地发现小宇爸爸听得很认真,还不时地做着笔记;我还发现他与家长们互加了微信,以便今后及时沟通。会议结束后,小宇爸爸并没有像往常那样及时离开,而是慢慢收拾完桌上的东西后,朝我点点头,笑了笑,才走出教室。

召开家长会是班主任日常工作中的一项内容,改变家长会的模式,改变教师的一言堂,教师与家长将心比心,以心换心,站在家长的角度上多想想:如果我是家长,这样的话语我能接受吗?只有这样,我们的家长才不会"受伤",才会更愿意配合教师的工作。

【点评】

案例中的班主任以参加女儿家长会的亲身经历,深刻体会到家长有时也会像学生一样,也会爱面子。如果老师在家长会上通过批评的方式来引起家长对孩子问题的重视,不仅不会起到好效果,甚至会让家长产生抵触情绪。挖掘学生各方面的长处,给学生和家长多一点表扬、鼓励,他们就会更愿意积极配合老师的工作,从而有利于问题的解决。

(二) 家校活动

亲子活动是指父母与子女间或祖父母与孙子女间的游戏行为,它是以孩子为主体,父母为主导,家庭为单位而进行的。亲子活动是儿童活动的一种重要形式,在儿童成长发展过程中占有重要的地位。父母陪着孩子参加一些有益于儿童成长的活动，同时促进孩子与父母的关系，让孩子结识更多的好朋友，也使家校之间的联系更加紧密。通过这些活动也能锻炼孩子探索的性格，能让孩子在少年时期，身心健康发展。

比如一年级学生刚进学校，对什么都很陌生，有的学生还不太适应小学生活，还有的会出现焦虑、情绪郁闷的现象。怎样才能使他们尽快进入小学生活呢？亲子活动正好在幼升小之间搭建了一座桥梁。孩子们在父母亲人的带领下，参与老师们组织的活动中，逐渐对学校的环境、老师们有了了解，使孩子在活动中走出了原有的生活圈子，在活动中开阔了眼界并锻炼了能力。

所以亲子活动是小朋友成长过程中的一个重要环节，而亲子教育又是小学教育中的一个重要组成部分，合适的亲子活动对孩子与家长之间的发展有着十分重要的意义。亲子活动课程走进低段小学课堂，让家长参与到班级管理中来，激发家长积极与学校、教师合作的态度，帮助家长建立主人翁意识，是了解学校教育理念的一种好途径。班主任老师在其中的引导作用是十分关键的。

- 对家长的作用

增进家长的理解，为学生搭建沟通桥梁，更有助于学生个性的完善和发展。每次活动中，每位家长和学生积极参与活动，都会让孩子在潜移默化中感受到家长的榜样作用。比如每次积极参与活动，配合老师一起和孩子游戏，并且能自觉地维护活动纪律和秩序，孩子都会看在眼里，从而会以家长为榜样，渐渐形成自己的基本素养。毕竟家长的一举一动，都是孩子的镜子。

因此作为家长，其实更应该积极参与孩子的各项亲子活动，不仅会发现孩子的很多优点及特长，也通过一些简单的亲子活动，如：一同读书、一同游戏、一同做家务、一同做手工等一系列的活动增进彼此的了解，使父子、母女关系变得更加温馨融洽。

- 对学生的作用

亲子活动的最大好处就是给予孩子们更科学、更有趣、更有意义的学习、生活环境，达成共识，形成家校合力，帮助学生健康成长。身在其中的学生受到鼓励，也在活动中提升了学生的"快乐指数"。

其次，亲子活动有利于孩子身心的健康成长。现代健康理念已将健康的概念拓宽到生理、心理及社会适应能力三方面，而亲子活动寓教于乐，寓知识于游戏中，同时开发孩子的智力，提高其动手能力、反应力、创造力，促进了学生情感、认知、语言、运动、创造、社交等多种能力的全方位发展。

- **对教师的作用**

在亲子活动中,亲自参与的家长也能在情境中体会学校和老师的一片苦心,也会增进家校之间的关系,彼此更加坦诚相待。让家长了解老师,信任老师,构建家长与教师之间的友谊桥梁。只有得到家长的认同,取得家长对学校工作的支持和配合,才能让学校教育更好地开展。

- **对学校的作用**

对于学校这个大环境,亲子活动能增进学校和亲子之间的情感交流。任何一种感情的升华都有赖于交流,而经过一系列的亲子活动,使得家长更信任学校。据研究表明,亲子活动的次数越多,越利于孩子学习的积极性和学习态度,弘扬学校的教育理念,帮助学校树立学校品牌,多渠道提高学生综合素质。

总之,有效开展亲子活动将增进家长对学校的了解,增进家长对孩子的了解,充分感受亲子活动的魅力,让家长与学校、家长孩子之间的关系更加密切。

1. 家校活动种类

对于小学阶段的亲子活动而言,不仅要让学生和家长在一种轻松快乐和谐的氛围中促进感情,同时能获得教育是十分重要的。这可以加深家长、学生与老师之间的感情,更加有效地提高社会、家庭和学校三者间的"快乐指数",让学生幸福健康地成长。

亲子活动的形式主要有以下几种:户外亲子活动、亲子体验活动、亲子主题活动等。

(1) 户外亲子活动

此类形式的亲子活动以大量的户外活动为主,通过家长和孩子之间的密切协作,在不同的环境下体验生活,在挑战中成长。

这样的亲子活动,首先对家长也是种挑战。在自然环境中模拟情景,可能暴露出很多亲子之间的问题,通过父母感知、反思、解决问题的过程,会更加理解自己孩子在成长中的困惑,构建良好的家庭环境。孩子也学会了一定程度的有效的沟通能力和传递爱的方式,在过程中孩子也自然而然积累了生活经验和面对突发困难的解决方法。

在组织户外亲子活动时,教师要先保证活动的安全性,毕竟户外活动不确定性因素有很多。在此情况下,教师首先要勘察活动场地的安全系数。其次,教师是户外亲子活动的联络人和组织者,提前做好计划方案也是必需的。在确定户外亲子活动方案时,可以事先与家委会沟通意见,根据大家的普遍意见来安排合适的亲子活动。在活动进行前安排家长主要联络人,及时汇报活动情况。毕竟就算班主任对班级的情况了如指掌,在活动期间发生突发事件时,教师也不一定能完全镇定自若地从容面对。

所以,在组织和进行户外亲子活动时,更应该做好十足的准备和提前告知家长,孩子注重事项,做好安全教育。

(2) 亲子体验活动

亲子体验活动的范围很广泛,主要有益智类、竞技类、合作类、游戏类。主要由亲子之间进行的游戏加强亲子之间的情感联系,有助于学生个性的完善和发展,并且在孩子成长发展过程中占有重要的地位。

教师根据自己班级学生的兴趣爱好安排适量的小范围的亲子体验活动,让家长合理安排时间,配合学校一起开展亲子活动,并以此开展交流,使得家校、亲子之间关系更加融洽。通过这种形式的亲子活动,能让家长看到自己的孩子在学校这个大舞台上充分展示他们的才能,从而让家长对学校的教育充满信心,更愿意支持学校和老师的教育、教学工作。

组织亲子体验活动,能多方面地让家长走近学校,了解学校的教育教学方式和理念,使家长更注意亲子关系对于自身、家校之间的意义,更好地配合学校的教育教学工作。

(3) 亲子主题活动

亲子主题活动顾名思义就是围绕一个主题,有计划、有目的、有指导性地开展亲子活动。通过不同形式的主题,让学校和家长之间的关系更加融洽,让家长和教师之间的友谊更加深刻,最关键的是能提高孩子的综合能力,增进孩子与家长之间的透明度、信任度,更好地发展孩子的社交能力。在亲子关系中,主题活动更能有针对性地营造家长与孩子之间的情趣,增进感情的氛围。

组织亲子主题活动之前,教师要先确定主题。在特定的日子结合节日开展亲子活动,也可以结合班级孩子的兴趣来制定主题内容。比如在一些传统节日——春节、端午节、中秋节等节日,教师可以根据节日制定主题亲子活动,带领学生和家长一起了解节日,弘扬传统的重要性。特别是在和家长有关的父亲节、母亲节、感恩节等特殊节日时,通过这些有意义的主题亲子活动,拉近彼此之间的距离,真正做到将教育理念植入孩子的内心,真正寓教于乐,寓知识于游戏之中。

对于小学阶段的孩子而言,一些特殊的日子都颇有意义,第一次戴绿领巾,第一次戴红领巾,第一次参加运动会等活动。让家长一同参与,借助亲子型主题活动,让家长在孩子成长的路途中一同前进,也能更好地促进亲子关系。

【案例】

难忘那场亲子运动会

当学校领导宣布:"获得本次'哈哈爱运动,群星耀景凤'亲子运动会最佳风采奖的是一(1)班"时,我和我的学生们,家长们激动得鼓掌庆贺,笑作一团。

"谢谢哦,家长,谢谢,谢谢你们的支持。"运动会结束后,我和几位热心的家长一一打招呼。

"小磊爸爸,谢谢噢,辛苦哦!"我握着这次筹备运动会最积极的小磊爸爸的手,衷心地向他表示感谢。

"别客气,钱老师,是你辛苦了,以后学校有什么事需要帮忙的,您尽管说。"

真是众人拾柴火焰高,要不是家长们的群策群力,我们班怎么可能在这次大型的亲子运动会上斩获分量这么重的大奖。我的思绪一下子飘到了两个星期前。

当教导处的陆老师在班主任会议上宣布了亲子运动会的启动方案,我就别提有多愁了。本次运动会搞得挺大,不但把一、二年级的家长全请来观摩、参赛,最重要的是不像以往的亲子活动那样仅仅搞些小的运动比赛,而是既要有亲子比赛,更要有以整个班级团队形式出现的进场比赛,要凸显班级的整体实力及精神面貌,要有班级口号,要服装统一,要有队列造型等。听完我就头痛了。我才刚休完产假接手一(1)班,小朋友这么小,一点能力都没有,要求又那么多,时间那么急,这可怎么办?找家长们帮忙吧,刚接手这个班,和家长们又不熟,况且从平时的接触和以往两次的亲子活动来看,这个班的家长对学校活动不是很积极,外地的家长忙于生计,连孩子的学习都不太上心,哪还有空参加什么活动。上海的家长嘛都是把孩子扔给老人带的,连开家长会有时都是老人来开的,指望他们来帮忙搞活动,真是想也不敢想。

"像相信孩子会成长一样,相信家长会支持你!""相信他今天不支持你,明天会支持;这个方面不支持,其他方面会支持。"作为一位资深班主任老师,每当家庭教育工作出现困难时,我总会用这两句话来鼓励自己。是啊,都没试,怎么知道行不行呢?

于是,我立刻在微信群里将本次活动的要求告知了家长,并言辞恳切地请求家长的出谋划策。"各位家长,活动总是孩子们最喜欢的,活动中大家都想拿第一,但能拿第一的只有一个。要想精彩就得有新意,想新招。拜托大家多多贡献金点子。"也不知是我的话鼓舞了大家,还是我们班的家长原本就深藏不露,总之没过多久,后面就响应不断。

"钱老师,进场的口号可以是:'一(1)一(1),勇争第一'。"小乐爸爸第一个想出了进场的口号。

"这个口号好像没什么新意,大家都想拿第一的话,容易撞车。"一个家长提出不同意见。确实,凡是一班的,都喜欢用什么什么第一,好像显得很押韵,但用的班级多了就会显得没新意了。但是家长的积极性也不能打击,于是我从侧面给出了建议:"乐乐爸爸想的口号虽然比较大众化,但是也反映了我们勇争第一的一种信念,还是不错。我们也可以结合我们班的班级名称'快乐精灵'做做文章。"

"钱老师,你看'快乐精灵,灵动景凤'怎么样?"灵动景凤,和学校的大主题"群星耀景凤"也很搭,太棒了!是哪位家长的妙思?我一看,是小羽爸爸,我们班比较难缠的一位家长,高级知识分子,平时对学校,对老师要求颇多,没想到关键时刻还挺给力。

"小羽爸爸的这条口号太好了,突出了我们一年级小朋友灵动、可爱的特点,太棒了,感谢哦!我想如果就这一条好像显得太单调了,不熟悉我们班的老师、学生和家长不一定知道'快乐精灵'就是一(1)班,要是把小乐爸爸的那条加进去,好像就完美了,大家看怎么样?"我立刻对小羽爸爸的口号给予肯定,并当即征求家长们的意见,结果大家一致通过我们的口号就是"快乐精灵,灵动景凤,一(1)一(1),勇争第一"。

活动口号解决了以后,一向热心的家委会代表小军妈妈马上发来了队列造型的想法:"钱老师,今年有奥运会,不如我们让小朋友用呼啦圈拼一个五环的造型吧。""这个主意好,但是我们一年级小朋友人小,学校的大呼啦圈好像不是很合适。""钱老师,我家有小朋友用的那种小的呼啦圈,明天我叫我们婷婷带来给你看看合不合适。"婷婷妈妈提议说。"我家也有,明天也叫我家儿子带来。"又一位家长附和道。不久,在小军妈妈这位全职太太每天来校帮忙排练造型的支持下,我们的筹备工作很快完工了。

一切就绪,就等比赛了,谁知天气又给我出了个难题。本来服装统一这一点,我想让大家都穿春季校服,谁知五月中旬的天气说热就热,外套已经没法穿了,穿夏季校服又显得太冷,这可怎么办?我再次发微信求助家长,请大家出出主意。你别说,有时老师适当的"示弱"反而会有意想不到的收获。没多久,我的手机响了,是小磊爸爸,一位年轻的85后,平时不怎么管孩子,从没和我联系过,这次打来电话竟是和我说:"钱老师,服装的问题你不用担心,我们部门平时搞活动都到外面定制文化衫,要什么颜色,要什么图案都可以的,我来帮大家搞定。"经他这么一说我到想起前几年参加婚礼看到迎亲团的小伙子们都穿着统一的文化衫去接新娘,上面还印有图案和标语。唉,我怎么没想到,到底是年轻家长,见得多,脑子动的也快。"可以在衣服正面印上我们班级快乐精灵的图案吗？""没问题呀，你发给我，我去定制。""这样的定制好是好，不知费用会不会很高，我怕要是太贵的话，有些家长不能接受。""没事，我和老板认识，百来块钱的事，我一个人出了。""不行，那多不好意思。"……

运动会那天，我们班穿着与众不同的服装、喊着整齐押韵的口号，摆着新颖独特的造型，一下子吸引了所有人的眼球，最终是我们斩获了大奖。

这次亲子运动会令我十分难忘。得奖固然可喜，更重要的是通过这次亲子活动，拉近了老师和家长们的距离，激发了家长们的潜能，唤起了家长们的热情。大家彼此信任，相互合作，群策群力，为今后活动、工作的开展都奠定了更好的基础。这大奖是大家努力的结果，更是家校联合的智慧结晶。下次班级再搞亲子活动，我想我应该能"一呼百应"了吧！

【点评】

亲子活动是增进家长了解学校的重要途径，案例中的老师通过学校亲子运动会，引导家长参与到班级管理中来。家长们围绕班级口号各抒己见，并根据自己的优势为活动顺利开展贡献力量。家长参与亲子活动不仅使家长建立主人翁意识，还为今后顺畅的家校沟通奠定了很好的基础。

【案例】

桥　　梁

"同学们，再过一个星期，就是'六一'国际儿童节，这次'六一'节是你们在小学生涯中过的最后一个'六一'节，为了能让你们过得既难忘又有意义，学校领导与级组老师商议策划，决定利用'六一'儿童节在五年级举办一次大型活动，活动主题是'我食我 show 六一美食节'。你们说好吗？"

"好……"

"那下面王老师就简单说一下这次活动的几个板块，第一个板块是'世界各地美食嘉年华'，到时有各班的学生代表分别用自制的PPT向大家介绍世界各国的美食。六月份又临近传统佳节端午节，因此第二个活动板块——'巧手包粽大比拼'，我们会精心为同学们准备好包粽子必需的各类材料，还将邀请班中能干的家长以及街道社区的阿姨奶奶一同来参与本次活动，使得这次主题'我食我 show 六一美食节'活动更加有意义。"

"我妈妈会包粽子，我叫我妈妈来！""我妈妈也会，我也叫我妈妈来。"同学们兴奋极了,教室里顿时沸腾起来了。王老师看到同学们这么兴奋,自己也激动起来,提高了嗓门:"同学们,我们还有最有意思的第三板块呢,因为我们这一届学生都来自各个外省市,小学毕业后有的要回自己家乡去读书,有的则进了自己喜欢的学校,再见面就不易了,所以第三个活动板块——'家乡美食DIY',每一个同学与父母亲手合作制作一个自己家乡特色美食,到时我们分小组进行'家乡美食DIY',最终评出最佳拼盘。"刚说完,同学们的情绪一下亢奋了起来,纷纷表示这一活动有趣。

第二天,王老师询问了一下同学们,回去都跟爸爸妈妈说了吗?同学们异口同声说:"说了。"看到同学们这么积极回答,王老师暗暗高兴,没想到这次活动会这么顺利。可就在这时,小A同学举手说:"老师,我妈说每天家里忙着做卖早点的琐事,还要带小弟弟,没有空烧,就带家里现成卖的大饼。"小B说:"我爸爸妈妈说,他们单位工作很忙,晚上都很晚回来,没时间烧。"小C说:"我妈妈说,就这么半天时间,搞了这么复杂干什么,天又热。"王老师一听顿时晴空霹雳,原本想让孩子们过一个充实而又有意义的节日,好让他们在小学最后一个"六一"节中留下一个美好的记忆,却没想到没有得到家长们的支持。

回到办公室,向其他两个班级老师一打听,这两个班级的家长都十分支持这次活动,都强烈表示这个活动太有意义了。这下王老师感到头痛了,内心十分纠结困惑,这次"家乡美食DIY"活动,目的就是不仅让孩子与家长增进亲情,增进学生间的交流,让学生们了解自己家乡以及中国各地的饮食文化,同时又能够锻炼同学们的实践动手能力,提高生活技能,感受分享的快乐。如今却得不到家长的支持,级组精心策划的活动难道就要在自己的手中搞砸吗?

下午放学时,有同学对王老师说:"老师,如果有同学有困难,那就不要带了,我们多带一些,不就没事了。"听了孩子们这么一说,再看到小A等同学一脸的无奈、难过的神情,王老师深深地感受到这些孩子确实很想和其他同学一样,分享自己家乡的特色美食。这样可不行,王老师决定必须想个办法让每个孩子过一个难忘的儿童节,不应该给孩子们留下遗憾。

对于老师来说,组织一次活动,全员参与,这是最大的希望,而且能得到家长的热情支持,这是最期望的。现在现实已是这样了,该如何是好?王老师三思后决定此时应该充分发挥家委会的作用。于是王老师和家委会的成员之一莉莉同学的妈妈通了一个电话,想听听她的意见。莉莉妈妈表示这次学校五年级结合"六一"节搞的"我食我show六一美食节"的活动非常有意义,很有特点,很愿意和孩子一起来完成这个特色美食。王老师紧接着就把班级遇到的情况与莉莉妈妈说了,莉莉妈妈非常坦诚地说:"老师,你不要着急,我知道你们学校安排五年级开展这样一次与众不同的活动,无非就是考虑到我们这一届学生来源的特殊性,本市学生三个班加起来也只不过十几个人,其余都来自各地,安排这一板块好让学生有充分交流的内容,交流的地域又广,东西又丰富,充分发挥了主人翁的态度,树立学生的自信心。确实是一次很有意义的活动,但是站在我们家长角度来看,我们这些外省市的家长离开自己的家乡,来到上海谋生,对我们来说也是多么的不易,如果是到厂里或公司里工作,工作压力很大,都会卖力工作,时常加班。如果遇到是自己做一些小本生意,就整天忙碌着自家生意,工作一劳累,家长就不想回来再忙着做这些家乡的特色美食,活动也就决定随便应付一下。"了解了家长的想法,王老师对莉莉妈妈说:"莉莉妈妈,你看我这个想法对不对,其实我们可以让家长从孩子成长的角度去思考,小学毕业是孩子第一个人生转折点,如果给孩子成长留下遗憾,孩子一辈子都会记住的,我想说不定家长就会重视这次活动呢?"

莉莉妈妈说:"王老师,你说得对,家长这一头还是由我们家长来说,比较好处理,这样吧,我先把我们班级家委会的几个家长建一个群,跟他们先说一下这次学校要在五年级搞这次活动的目的和意义,然后我们家委会几位家长再分别与班中有想法或有困难家长进行沟通交流,你看行吗?"王老师与莉莉妈妈达成共识后,莉莉妈妈先后在家委会群里说了这次活动的意义,家委会的一些家长都积极要求与其他家长沟通。小欣爸爸说他家离小A家最近,由他去劝说,当天小欣爸爸放弃晚上休息时间,就跟小A妈妈讲了孩子们是多么期盼喜欢这一活动,在活动中孩子们会了解许多书本上学不到的知识,寓教于乐呀。由于在莉莉妈妈这一桥梁作用的带动下,班级家委们纷纷利用各自的方法,与有困惑的家长沟通,现身说法,在家委会成员们的共同努力下,最终这次活动得到了全班家长的支持。

那天活动中,同学们迫不及待地拿出与家长亲手制作的各种家乡美食:蛋糕、烤鸭、寿司、炸鱼、椰汁西米露……琳琅满目、美味诱人。接下来,各小组纷纷摆放,搭配盘中的食物。每一个小组都认真、细心,尽自己最大的努力拼摆出各自最出彩的拼盘。王老师用手机拍下一张张洋溢着快乐幸福的笑脸,还把作品展示了出来,发在微信群里,家长们都特别兴奋地点赞、留言。随即,早就垂涎三尺的同学们将桌上的食物"风卷残云",桌上的美食很快便被一扫而光,但是在大家享受美食的过程中,也不忘分享给自己的挚友与良师一些……

起着桥梁作用的家委会成员,他们可以帮助班主任一起诠释先进的教育观念和正确的教育行为,进行现身说法,更好地发挥家长代表的组织和协调作用,是带动班级家长共同进步不可缺少的可贵资源。

【点评】

家委会是沟通学校和家庭的桥梁,它有责任、有义务积极参与学校的管理工作。案例中,王老师在组织班级活动时遇到了难题,她充分利用了家委会的力量,以点带面,通过家委会成员的组织协调,使得班级活动顺利开展,家校双方也加深了沟通,增进了理解。

【案例】

让家长成为最好的"教育合伙人"

"各位家长,欢迎来到向日葵小队的QQ群!从此我们就是相亲相爱的一家人啦!这是一个分享交流学校活动、孩子教育经验,充满正能量的群,希望我们可以在其中共同学习成长,成为孩子们的好老师!"

在简短的欢迎词后,我班的QQ群建立起来了,我与家长们的沟通网络也建立起来了。QQ群就像一个小社会,其中总会有几位积极的家长每天发班级的回家作业;每天分享教育类的文章;每天在老师不在线的时候帮忙回答其他家长的问题。看着这几位家长每天的关注和对孩子教育工作的支持,我很是感激。在一次家长会上,我特意点名表扬和感谢了这几位家长对我工作的支持以及对孩子教育工作的关注,并且邀请他们成为家委会的成员。

孩子需要表扬才会有兴趣和动力,家长们也是。家长会后,家委会中的家长对我说:"平时我们家长带一个娃都觉得辛苦,更何况老师要带40个娃。能帮到您是我们的荣幸!"其他的家长在会后则是向这几位家长学习,纷纷开始互相分享孩子的教育经验或者帮助我发一些学校通知、公告。看着班级的群中如此热闹,家长们热心和真诚的付出,我也要有所回馈。我想他们最喜欢看到的是孩子们的学校生活和他们的笑容。因此,我在群中建立了记录孩子们成长小成果、外出活动以及"一班两教室"活动区域的相册,时刻更新照片让家长们进一步了解孩子在校的情况以及学校的活动和教育理念。虽然拍照技术有限,但收到了众多家长的点赞。许多家长都说:"感觉学校的活动丰富,小朋友们在学校好开心。"我能感到家长也很喜欢我们的学校,他们也想参与到学校的活动中,亲自来学校看看孩子们的校园生活,和我们一起当孩子们的好老师。

在迎新之际,我抓住开"迎新派对"的机会,满足家长们来校参与活动的愿望,邀请他们来学校参加我们班的圣诞派对。家长们听到这个好消息后兴奋极了,纷纷准备圣诞装饰来和我一起把教室布置得充满节日气氛。有位细心的家长偷偷私信我说为全班孩子们每人准备了一个平安果作为圣诞礼物。此时,我灵机一动,不如"借花献佛",让孩子将这个红红的苹果送给自己的爸爸妈妈并附上一张亲手做的小卡片表达对父母的祝福和感恩。孩子们在制作卡片时也兴奋和快乐极了,他们的小脑海中一定浮现着一幕幕父母收到惊喜后感动的样子。

圣诞节的当天,令我倍感温暖的是看到父母和孩子们一起牵着手穿着圣诞亲子装来到教室。"老师,今天我们也给您带来了惊喜!我们偷偷排练了一场圣诞亲子服装秀给你看哦!"此刻,对于父母、孩子和我都是一个特别而难忘的新年,在这个新年里,大家都带着一颗感恩的心互相送上了意外的惊喜。"大家庭"中成员们的礼物一个都不能少!

"家长是孩子的第一任老师。"在孩子的教育和活动中这两任老师都不可少。老师要发挥好家委会的资源,要与家长多沟通,去发现那些积极热心的家长,让他们起到榜样和带头的作用;要懂得感激,去分享他们孩子的故事,让家长们对学校活动感兴趣;更要让家委会和更多的家长参与活动,去给予家长体验亲子活动的机会,让家长们成为孩子的好老师。同时,通过这些亲子户外、主题活动,老师与家长也可以面对面交流,互相学习育儿经,感情和信任也在这一次次的活动中慢慢建立。就让我们把对孩子教育的满腔热情和满满诚意感染参与活动的家长们,告诉自己和家长们:我们都是孩子的好老师!

【点评】

学生的成长,需要学校老师的教导,同样也离不开家长的参与,家长应该是学校的同盟军、后援团。但是家长个体能够参与学校管理的难度较大。案例中,老师通过建立班级 QQ 群,邀请家长参与学校活动,为家长参与学校管理提供机会,拓宽了家校共育途径。

【案例】

让父母和孩子共染书香

邵老师在四年级刚接班的时候想在班级里设立一个小小图书馆,丰富大家的课余生活,就请所有学生每人带 2 本书来,结果令她无语,学生带的书只有两类:漫画和作文。仅个别孩子带来了自然科学类和文学类书籍。

针对这种情况,邵老师在班级里展开了小调查,发现近一半的孩子近两年没买过书;三分之二的孩子两年内没有去过书店或图书馆;近三分之一的孩子家里除了课本,没有别的书籍,这样的结果令邵老师十分震惊,于是她将调查面扩大,让孩子回去观察一下爸爸妈妈的阅读情况。

第二天，孩子们的反馈让邵老师的心情十分沉重。小 Z 说："我妈妈说上班累死了，哪有精神看书。"小 Y 跟着说："我爸爸也说没时间看书。""我妈妈不识字，没法看书。"小 D 难为情地说。"我爸爸说他看书的。"小 H 自豪地说，"他最喜欢看武打书。"引来一阵哄堂大笑。邵老师统计了一下，有较为良好的阅读习惯的家长寥寥无几。作为班主任的她觉得应该要做点事了——开展一次亲子阅读活动，让大人和孩子都重拾书本，共染书香。

但问题接踵而来，首先是时间，四年级除了家长会，没有统一的活动时间；其次，组织一次活动，当然希望全员参与，但是家长们的想法如何呢？从目前的情况来看，大部分家长对于课外阅读并不重视。该怎么办？邵老师先和小 C 同学家长联系，他妈妈是家委会成员，很重视孩子阅读习惯的培养，想听听她的意见。小 C 妈妈非常赞同举行这样一次亲子活动，觉得亲子阅读对于孩子的成长和性格的养成都起着很大作用，但同时，她也提出一些可能产生的问题，都与邵老师原来想的不谋而合，怎么办呢？小 C 妈妈出谋划策："邵老师，亲子阅读并不一定要来学校，也不一定非在一个统一的时间进行啊！"对呀，搞这个活动并不是为了做给谁看，而是为了提升班级的阅读氛围，她们商量决定，第一次活动就在班级微信群里展开，为时一个月，主题定为：同看一本书。家长和孩子看同一本书，拍下亲子照片，写下阅读感言发到微信群里。邵老师又联系了几个平时比较积极参与学校活动的家长，将活动安排事先告知，请他们到时候带个头，做大家的榜样，这些家长都表示活动很有意义，一定积极参加。

这些准备工作完成后，邵老师先在微信群里将活动安排告知了所有家长，然后又转了两篇帖子，一篇向家长介绍什么样的书是好书以及适合四、五年级孩子阅读的书目，另一篇向所有家长宣传了亲子阅读的好处：能增进父母与孩子的感情；能增强孩子的语言能力、学习协调沟通能力；扩大知识面、提升写作能力、培养独立思考能力……帖子发出后，马上就有家长反思了自己的不足，认识到了对于孩子阅读方面的忽视，表示将借此次活动重拾父（母）子（女）之情。

依照约定，那几个先头部队的家长都做出了非常好的表率，照片清晰真实，感想情深意切，对于每一个家庭，邵老师均进行诚恳地点评。在他们的带领下，一个又一个家庭上传了亲子阅读的情况，有近 10 个家庭进行了 2 次甚至多次的活动，邵老师将所有内容都一一记录保存。时间截止后，经统计还有 6 个家庭没有参加。随后，邵老师让孩子们将这次阅读的书带来充实到班级图书馆中，发现品种丰富了，内容健康了。她还在班级里进行了小结，对于参加本次活动的学生及家长按质量和次数颁发金、银、铜星，还请孩子们说说他们的想法并拍下视频。

在之后的家长会上，邵老师将精选出的照片和感想进行展示，还请小 C 妈妈介绍她的育儿心得,她 PPT 上有一段话得到了其他家长的认同,纷纷拿手机拍了下来:在《慢养,给孩子一个好性格》一书中提到:"孩子是慢慢养大的,要给孩子们学习的机会,让他们在学习中成长,找到最好的自己。"我想父母和孩子都需要慢慢长大,没有完美的父母和孩子,我们都是在学习中成长;每一天、每一刻,只要我们耐心地陪孩子读书,我们就能欣喜地看到他们的成长!给孩子们多些时间,也给自己多些时间,慢慢养大的孩子、慢慢成长的自己,才会更加真实!

更大的惊喜还在后面,孩子们的心里话让家长红了眼眶,尤其是小 Z 同学的一句"妈妈,这是我懂事以来,你第一次陪我看一本书……"使得许多家长低下了头。邵老师语重心长地说道:"有人说:要么旅行,要么读书,身体和灵魂总有一个要在路上。没有宽裕的时间带孩子去旅行,那么选择亲子阅读也是很好的。通过共读,父母与孩子共同学习,共同成长;通过共读,为父母创造与孩子沟通的机会,分享读书的感动和乐趣;通过共读,可以带给孩子欢喜、智慧、希望、勇气、热情和信心。父母也通过阅读,陪伴和见证了孩子的成长。"同时,老师宣布在寒假里开展第二次亲子阅读活动,主题是:爸爸(妈妈)曾经读过的一本书,请家长给孩子推荐一本好书,说说推荐理由,孩子读完后点评一下家长的推荐是否成功。最后,邵老师说:"第一次的亲子阅读活动很成功,班级里的读书氛围很浓厚,希望新一次的活动能得到所有家长的支持,让所有的孩子都感受到父母的爱!"

当天会后,没有参加活动的 6 位家长中的 4 位就给邵老师发来信息,反思了自己的问题,不约而同地认识到自身教育观的落后,表示今后一定积极参与亲子阅读活动,做一个合格的家长。

在接下去的日子里,不断有家长发信息将自己要推荐的书告诉邵老师,询问老师的意见,班级里也书香渐浓,越来越多的家庭感受到了亲子阅读的魅力,越来越多的家长体会到了孩子的成长。不出所料,寒假里的那次活动,更多的家庭参与进来,更多家长与孩子共染书香。

【点评】

邵老师基于对本班学生阅读情况调研与访谈结果的分析,立足本班实际,做出了开展"让父母和孩子共染书香"亲子活动的决定:以"阅读"为主题,搭建平台,动员家委会成员力量,通过协商活动实施方式、明确活动主题、鼓励分享心得、推荐阅读书目、宣传亲子阅读的意义等,一步步吸引更多家长积极参与其中。相信这无论对于师生还是家长来说,都是一次次有温度的体验、一次次难忘的经历,这一活动也为小学生良好阅读习惯的养成创造了机会,提供了指导。

"要么旅行,要么读书,身体和灵魂总有一个要在路上。"邵老师班级的孩子们"灵魂"已经在路上。

2. 家校活动组织

活动前准备。教师在举行亲子活动之前,需要进行大量的准备工作。比如事先要准备场地、准备道具、制定方案。在准备主题亲子活动时,需要了解班级学生的兴趣状况,还不能耽误家长工作时间。这样才能让家长安心、孩子舒心地一起开展亲子活动,从而才能收获良好的效果。

有效沟通,相互配合。亲子活动是一项家校、亲子之间的三方互动活动。亲子活动不仅让家长和孩子之间有所收获,还让家校之间的关系更加密切。教师根据不同亲子活动,准备有针对性的内容,让家长了解学校开展的活动是有益处、有意义、教育性强的。

教师要在每一次的亲子活动前通过调查、询问等沟通方式与家长进行沟通,从而确定每一次的亲子活动主题的方向,有的放矢地进行规划,而不能随性、随意地制定主题方案。只有在轻松的氛围下,才能让家长对孩子在学校的情况有全面的了解,从而加深家长对孩子更深入的了解,及时与老师沟通,解决存在的问题。在这样互动、和谐的活动氛围下,教师通过改变传统的教育方式,造就因教育而美好的亲子关系,是提高教育质量的有效方式。比如在亲子体验活动中,有一个亲子互换角色的游戏,在互换角色的情况下,在老师的引导下,孩子说出了很多不敢说的话。在照顾"孩子"的环节,还学着自己爸爸妈妈的样子有板有眼,让自己的爸爸妈妈刮目相看,同时家长也反思自己平时生活中一些不经意的举动影响着自己的孩子。活动结束后,一些家长也及时和老师沟通了一些困惑和心声。

及时反馈,总结经验。在举办亲子互动之后,不能草草了事。在有意义的亲子活动后,学生和家长之间的感情更加深厚的同时,也会把一些问题暴露出来,同时也会解决一些问题。教师作为组织者,也需要在每一次的活动后总结这一次活动中的不足和没有达到的成效,在组织下一次亲子活动时避免类似的情况出现,才能多方面让家长真正了解学校的办学理念,教师教育教学的方式,加强家长对老师、学校的信任和理解。

【案例】

一次成功的家长开放日

自从班级成立家委会以来,家长们由原来的"看客"转而变成参与孩子学习生活的"当事人"。这下,可让家委会的成员们卯足了劲,积极协助我的班主任工作。然而,在这一腔热血背后,家委会成员如果没有合理的职责分工,也会使班级工作事倍功半。

"各位家委会成员,下周三是我班德育生活课程衣食住行中'衣'主题的家长开放日活动,请大家为我们这次活动多多出谋划策。"

短消息一发出,等我下课回办公室一看手机,家长们已经乱成了一锅粥。

"老师,我想这次主题班会可以搞T台秀呀,让孩子们穿上自己喜欢的衣服来场时装秀。"

"小芸妈妈,我认为这样太单调啦,我想先可以布置下教室,孩子们看着也喜欢,然后可以开展多点的活动,这样的开放日才精彩,有趣。"

"那我来布置教室好了,这我擅长,最近很流行的tiffany绿,时尚呀。"

"老师,我也来布置教室,我喜欢大气点的,要不挂各种各样衣服?"

"老师你说吧,你让我干什么我就干什么……"

……

看着这些热心的短信,我发了愁,怎么办呀!家长们你说一句我说一句,可是大家都没讨论出可行的方案来,反而有些家长间因为商量怎样布置教室有了小隔阂。我想这次的开放日活动主要目的是让家长们能通过与孩子间的交流活动,体验学生在校生活,亲身感受孩子的成长。面对这样一个有意义的活动,如何正确发挥家委会作用来连接教师与家长的纽带显得十分重要。

下午放学后,我静静地坐在座位上思考,如果我是家委会成员,在我接到这样的一条短信后,我会如何解读呢?首先一定是想我擅长什么,然后才是我能干什么?有了这样的出发点后,我拨通了小芸妈妈的电话:"老师,因为我从事的工作与模特有关,所以一听到这次开展的是'衣'主题的活动,我就马上想到这个方案了,我可以来学校帮孩子们排练。但是,后来看到其他家长的短信,我就觉得有点迷茫,不知道能干什么,需要我做什么……"原来,小芸妈妈是对自己作为家委会成员需要做哪些工作,这些任务是否在我能力范围内,能不能完成有一定的顾虑。之后,我依次拨打了班级家委会成员的电话,发现也存在同样的情况。

家长开放日对孩子、老师和家长来说是很难得的,当然希望办得越丰富越精彩为好。这样下去可不行,我静下心来想,如果我能利用家长们的特长,把这些优点运用到这次的开放日活动中,岂不是一举两得。于是,我联系了各位家长,了解了他们各自的职业和特长,把它们罗列在一张纸上,然后根据每个人的特点安排了相应的位置。如小芸妈妈是时尚界的达人,微信圈里发的都是比较超前时尚的,那么就定为多彩时尚组的组长;小鑫的奶奶在人际交往上特别突出,为人很热情,就作为沟通交流组的组长;小南的妈妈是做财务的,算账方面很是在行,就作为民生财务组组长;另外,小译的妈妈是家庭主妇,每天要采购很多东西,对价格的变化很是敏感,因此就让她担任精明采购组组长。最后,我请小彤的爸爸担任本次活动的大总管,合理分配和掌握时间进度,纵览全局。

有了这样的一个精细而又精确的分工后,我再一次拨打了各位家长的电话,与他们沟通交流自己的想法,没想到得到他们一致的肯定和支持。小鑫奶奶说:"哎呀,太好了,我喜欢和人交流,我们居委会做工作都来叫我,放心吧老师,我会和其他家长们沟通的。"

当然,这次活动举办的相当精彩成功,很多家长之后都发了微信朋友圈,并写道:"感谢老师和家委会的用心,十分精彩,让我看到了孩子不一样的一面……"

这以后,每逢班级开展活动,我都会邀请家委会成员参加,并定期召开家长经验介绍会,使得孩子、老师和家长间形成稳固的铁三角。看来,合理细致的家委会分工对于促进工作的开展真是受益良多。

【点评】

班级家委会资源优势的有效发挥是对教师智慧的考验。家长开放日活动中,班主任由之初的不知所措,到想出根据家长自身优势分工协作的良策,以充分激发家长活力,配合有计划、有步骤地实施举措,可谓一次相当成功的尝试。相信这次组织活动的经历,会在这位班主任的职业发展生涯中留下一抹印记!

【案例】

让爸爸妈妈走进学校的元宵节活动

"同学们,下周五是元宵节,我们邀请爸爸妈妈们到班级里来参加元宵节活动,你们说好吗?"

"好——"

"那就请同学们回去问问爸爸妈妈的意见,哪些爸爸妈妈能来参加我们的活动。"

"我要叫我爸爸来!""我妈妈一定会来的。"孩子们兴奋地小声讨论起来。王老师也很高兴,元宵节是咱们中国的传统节日,也是刚开学的第一次班级活动,正好趁这个机会组织一次亲子活动,也许可以让爸爸妈妈们和孩子一起猜灯谜,或者请家长志愿者给孩子讲讲元宵节的习俗,或者大手牵小手包一次元宵,一定能给同学们一次不一样的元宵节。

第二天,孩子们七嘴八舌的反馈让王老师彻底无语了。小A说:"老师,我爸爸妈妈说没空。"小B说:"我妈妈说上次刚请假参加过家长接待日,不能再请假了。"小C说:"老师,奶奶来可以吗?"王老师统计了一下,能来参加活动的爸爸妈妈寥寥无几。原本想组织一次亲子活动,在活动中让孩子们了解元宵节,感受元宵节的气氛,在活动中与家长增进了解,相互沟通,如今却不得不取消。

回到办公室,王老师依然很困惑,亲子活动能通过活动交流,增进亲情,丰富学生的生活领域,增进教师、家长及学生间的感情,增强家校间的透明度、信任度,更好地发展学生的综合素质。但是随着孩子年龄的增长,家长们越来越不愿参加亲子活动,或者一到亲子活动,就是爷爷奶奶齐上阵。这一次,真的要将元宵节活动取消吗?

下午放学时,孩子们又一次将王老师团团围住。"老师老师,什么时候进行元宵节活动呀?""这一次能让我妈妈来做辅导员给小朋友们上课吗?"孩子们期待的眼神看着王老师。其实,孩子们是很喜欢请爸爸妈妈走进校园的,他们喜欢家长到学校来和他们一起活动、一起玩耍,他们更会为谁谁谁的家长当上辅导员给大家讲课而兴奋不已。那么家长是怎么想的呢?王老师拨通了小A同学爸爸的电话,果然如小A所说,爸爸和妈妈没有空,请假么觉得要扣工资,而且工作上的事情比较多。一连几个家长都这样说,也有家长比较婉转地表示,关系到了解孩子们成绩的活动一定会参与,至于班级活动,能不来就尽量不来吧,或者请家中老人来参加。

对于老师来说,组织一次活动,当然希望全员参与,而且最好是爸爸妈妈参与,在活动中还能与家长多沟通促进了解。现在这样响应者寥寥,该怎么办呢?王老师和家委会的成员之一楠楠同学的妈妈通了个电话,想听听她的意见。楠楠妈妈表示昨天就听楠楠说了班级要搞元宵节亲子活动,很乐意参加。王老师说了现在遇到的麻烦,很多家长都没有空来。楠楠妈妈说:"老师,其实您也别不高兴,其实我们做家长的也知道您是为了孩子好,但是有时候也会觉得活动是个'甜蜜的负担'。您看一般学校每学期会有家长会、家长接待,也会有大型亲子活动或者家长开放活动,这样算下来就已经要四五次了,再加上班级的活动,上班族们经常要请假确实挺为难的……"楠楠妈妈出谋划策道,"家长们都特别重视家长会和学期末的家长接待,如果他们能意识到亲子活动的作用和成绩同样重要,说不定能转变对亲子活动'可来可不来'的看法。"

了解了家长的想法,王老师先在班级的微信群里转发了一个帖子,关于亲子活动对家长的重要性，接着又一次拨通了小A同学爸爸的电话，告诉他亲子互动是非常重要的，陪伴是最长情的告白。王老师说："五年中能参加这种聚在一起的亲子活动是屈指可数的，应该珍惜每一次和孩子在一起，看着孩子成长的机会。"同时告诉他亲子活动的好处：寓教于乐，让孩子在游戏中学到知识。与此同时开发了儿童的智力，提高动手能力，反应能力、创造力，使孩子在德、智、体、美、劳各方面得到全面发展。最后王老师说这学期就这么一次，最多两次亲子活动，如果别的家长都来参加活动，小A同学没有家长陪伴该是多么遗憾多么自卑。

晓之以理动之以情的劝说渐渐争取了大多数家长对元宵节亲子活动的支持。王老师和家委会成员策划了元宵节挂灯笼、猜灯谜、做元宵的活动。活动中，当孩子们和家长一起做、一起玩、一起学的时候，王老师用相机拍下一张张洋溢着幸福的脸，随后将照片发给家长，很多家长都发了微信的朋友圈，并写道："感谢老师的用心，让我没有错过孩子的每一次成长……"

这以后，王老师每学期将班级亲子活动的次数控制在一次到两次，设计不同的形式，除了到校的活动以外，也组织一次不用爸爸妈妈亲临学校的，比如亲子读书，请家长上传照片即可或者利用节日和家长互动的活动，比如"母亲节的拥抱""植树节我们在行动""向劳动者致敬"等，都可以用拍照片、写感言的形式进行呈现。不用占用家长太多的时间，只要拍照即可，操作也比较容易。每一次活动结束后也及时反馈总结，肯定活动中好的地方，回忆活动中难忘和高兴的瞬间，并且颁发给家长参与证书，向家长提供参与的照片……总之给家长留下参与的印记，让他们把这份快乐铭记在心里。越来越多的家长在亲子活动中感受到快乐，体会到收获，越来越多的家长积极地走进亲子活动中来。

【点评】

巧借传统节日，组织亲子活动对于满足孩子们的内心需求、增进亲子沟通来说，都是件非常有意义的事情。但作为上班族的家长们，也的确会存在时间上的不自主性，在鱼与熊掌不可兼得的抉择中，他们的内心充满矛盾。经过深入思考与精心设计，王老师终于顺利达成此次活动目标。相信这对于王老师来说是一次成长的机会，为以后活动的组织与实施积累了经验。

【案例】

家长代表家长选

学校亲子活动，能让更多的学生家长走进校园，了解学生学习、生活的全面貌。

因此，特别受到家长青睐。可有时，因为场地或其他一些不确定因素的影响，学校无法邀请所有学生的家长共同参加学校组织的开放活动。于是，在邀请家长时，如何做到公平公正地推选好家长代表，又能眷顾到更多家长的需求，让家长们都满意并积极配合学校的工作，也成了考验班主任工作能力的一个难题。

今年"六一"，二年级的班主任贺老师就遇到了这样的事情。学校每个月开展一次家长开放日活动，家长的出席率都特别高，几乎全员参加。贺老师也经常把活动照片和活动小结、感想通过朋友圈、班级QQ群、学校微信等平台及时上传。家长们纷纷点赞、留言，家校之间形成了良好的互动。

今年六一前夕，听说学校要进行"美德少年"的表彰，很多家长都非常积极地想参与这项有意义的活动，可由于活动场地的改变，二年级每班只能选3位家长参加。这下难办了，之前那么多家长要求一起参加这次六一活动，现在只能选3位，这可怎么选？

贺老师仔细想了想，家长们也是通情达理的，活动场地有限制，不能请所有家长都来参加亲子活动，他们肯定会支持并配合学校工作的，但合理安排选择好来校参加活动的家长也是非常重要的。选择的家长应该具有代表性，并能为没有参加活动的家长及时提供活动信息。可有些家长不得不请，例如获得美德少年称号的学生家长，参加节目表演的家长都可以作为代表来参加，可是这些家长加起来有11位之多，也远远超过3个的名额了。思来想去，贺老师觉得由自己一个人决定参加名单会过于草率，还是要和家委会的家长们一起商量下，选定合适的人选。于是，贺老师打开了家委会的QQ群，与家委会的家长们商量此事。

在商谈中，贺老师首先说明了无法邀请所有家长来校的原因，并且谈了自己的想法。很多家委会的家长都觉得用这样的办法推选参加活动的家长还是比较合理的，同时也提出了解决问题的方法。在推选的3位家长中，被评选为"美德少年"的学生家长理所当然地入选了。另两位学生家长的人选，一位从表演节目的学生中推选，另一位可以选一位摄影摄像技术比较好的家长。于是，推选3位家长的办法出炉了。贺老师又提出，这件事情就请家委会出面，在班级群中与家长沟通并说明操作方法，征得家长们的同意。家委会的组长欣然接受了这个任务。大家商定第二天晚上7点在班级群中说明此事，有问题大家一起做工作。

第二天晚上7点，贺老师首先在班群里发布了学校的通知，并告诉大家这次活动因故班级只能推选3位家长前来参加，具体推选方案就请家委会的家长带领大家进行商讨。随后，贺老师就旁观了家长们的商谈记录。从家委会组长提出的建议到家长们商谈的过程中，贺老师发现，学生家长都非常支持学校的工作，对家委会的家长们提出的建议都表示赞同。他们还分组进行了选举,表演学生的家长代表由表演的学生家长们进行推选,非表演学生家长们也根据家长的特长,很快推选了一位专业摄像工作者。推选工作出乎意料的顺利。学生家长还表示,他们会提前到学校为表演的孩子们化妆做准备,真是一群可爱的家长们。

六一活动当天,3位家长早早地来到剧场,各司其职。贺老师带领2位家长在后台忙碌,为表演学生化妆走台做准备。身背相机的家长则在剧场里选好了位置。表演开始后,班级QQ群便成了直播现场,3位家长相机手机一起来,或视频,或照片,让很多不在现场的家长直呼看得过瘾。晚上,负责摄影的家长还把当天的照片制作成了动态视频上传班级群。精美的照片、动听的音乐让家长们啧啧称赞。这一天,贺老师的朋友圈里,学生家长们照片感言刷屏,大赞学校六一活动搞得好。这也让贺老师感叹,家长群策群力,合理推选家长代表参加学校活动,不失为一个好办法。

【点评】

民主、公正已经成为当今社会每位公民的内心需求。面临一些事件,如何既能做到公正、合理地应对,又满足多数人的内心需求,是非常具有挑战性的,但是贺老师做到了。贺老师在确定家长代表人选时,由始至终考虑充分、周到,通过一系列精心设计,既按照学校规定完成任务,同时顾及到绝大多数家长的感受,通过媒介等满足了他们的心愿,保护了他们的积极性。非常细心、用心的一位老师!

【案例】

孩子,让我们一起来见证你的成长

十圈可爱的年轮,记录下孩子们人生的第一个里程;十岁是人生的一个新起点,它告别了稚嫩、天真,迈向了青春和活力;十岁是孩子们金色童年中的一个逗号,它为画出人生圆满的句号添上了绚烂的一笔。这其中凝聚了父母和老师无数的心血。

"同学们,下个月我们要迎来十岁生日仪式,这意味着你们由幼稚走向成长,我们邀请爸爸妈妈到时一起来参加'放飞梦想,感恩成长'为主题的十岁集体生日聚会,你们说好吗?"

"好——"

"我要叫我爸爸妈妈一起来!""我爷爷奶奶、外公外婆一定会来的。"孩子们兴奋地小声讨论起来。我也很高兴,十岁——它意味着孩子们即将告别幼稚的童年,开始迈入憧憬无边的少年时代。正好趁这个机会组织一次难忘的十岁集体生日亲子活动,也许可以让爸爸妈妈和孩子一起回忆成长的故事,或者请家长给孩子写一封祝福信,或者大手牵小手进行亲子体育活动比赛……让"感恩"的教育真正的"润物无声"。

  为了活动顺利开展,我先与班中家委会的家长们面对面沟通,阐述了举办这次活动的目的和意义:让孩子们回忆美好的童年生活,更深入地了解老师以及父母对自己的深情厚意,感受到"十岁"在人生旅途中的特殊意义。让孩子们记住"十岁"这一幸福时刻,不但懂得被爱的幸福,更要学会关爱身边的人,并以自己的实际行动来回报他们的关怀。十分庆幸首次沟通得到了家委会的一致赞成,肖妈妈还特意把活动的消息发在班级微信群里,希望全班家长都能积极配合。

  可事情并非想象中那么顺利,起初四五位家长表示积极参加后,便无声无息了,这可让我犯了急。周五放学时,我便与家长一个个的沟通:"十岁生日会不仅是一次活动,更是一种神圣的仪式,通过这次仪式活动能够培养孩子们的责任意识。""平日孩子们寄宿在学校,他们更渴望亲情的关爱,希望通过这次活动来增进孩子和父母之间的亲情。""一生中也就只有这一次十岁生日活动,应该珍惜孩子成长的机会。"……晓之以理、动之以情的沟通渐渐争取到了大多数家长对活动的支持。最后,我拨打了唯一一个不愿意参加活动的家长——郑妈妈的电话:"郑妈妈,孩子周一到周五在校寄宿,双休日在辅导老师家度过。和父母相聚的时间少之又少。孩子非常渴望你们能够和他一起度过这个十岁的生日,我也非常希望这次妈妈能亲自来参加活动,看看孩子的出色表现,给他一份爱的惊喜吧!好吗?"听了我的一番话,郑妈妈被打动了,"十分感谢老师的关心,我一定会亲自来参加。"

  迈出了活动的第一步,紧接着第二步:收集孩子们的成长足迹。家长表现出极大的热情,纷纷找出珍藏的老照片,汇聚出一组孩子成长的喜怒哀乐。我把它们制作成精美的PPT,精彩的成长相册将记忆徐徐展开,一张张旧日的照片记录着孩子们的成长足迹,凝聚着家长和老师的悉心关怀。时间都去哪儿了?时间都镌刻在孩子们天真烂漫的脸上。当这组照片随着优美的乐曲播放时,孩子们有的笑了,有的哭了,他们回忆着童年的美好生活,回忆着长辈对自己的无限关爱,体会着父母培养自己成长的艰辛……这一组组亲子照片让孩子们更懂得要珍惜这份亲情,从小要孝敬长辈,并以自己的实际行动来回报他们的关爱。

  第三步,让孩子们体会父母和老师为他们的成长所付出的艰辛显得尤为重要。于是我提议让每位家长给孩子们写一封信,把父母的殷切期望和谆谆教诲在孩子们心中化作责任和信心。在孩子告别童年,迈向少年这样一个特殊的时刻,把祝福和嘱托送给孩子们,教育他们怀揣一颗感恩的心,让亲情、真情在这里荡漾!与此同时,为了让孩子们学会感恩,并永远保持这样的心灵纯,去爱父母、师长、亲友……乃至我们生存的星球,让他们真正懂得理解、感恩和珍惜,我指导孩子们用心写下一封封感恩信,并手把手教他们把感恩信折成一颗心,送给父母。活动当天,在家长代表和学生代表上台发表感言后,孩子们和爸爸妈妈深情地拥抱在一起,感受着彼此之间的爱与温暖。平日里,家长工作繁忙,与孩子们接触时间有限,我们正是通过这种方式让每个孩子都明白,原来爱的表示不仅仅局限于动作,更能够通过无声的语言来传达。感人的时刻到来了,当孩子们与家长纷纷交换写给对方的信后,每位家长、每个孩子都在细读这爱的文字,感受爱的暖意。随即,孩子们更是通过一首手语歌《感恩的心》来表达自己对父母浓浓的爱意与感恩的心。

在活动筹备过程中,我们还做了一次有心人——收集了每个学生升入三年级以来的习作,汇编成一本《童言·童心·童趣》的文集,作为学校赠送给他们的十岁生日礼物。这些文字也许肤浅,但却是学生们成长中最稚嫩而又质朴的童言,也是他们在学习道路上迈出的可喜一步!当孩子们拿到这本文集时,有欢笑,有自豪……很多家长都把活动现场的照片发到了微信朋友圈,并写道:"感谢老师的用心,让我没有错过孩子的每一次成长……"

十岁生日会的舞台是属于孩子们与家长的,活动当天人头攒动,人声鼎沸,每个孩子、每位家长都在此时此刻感受到了成长的意义。孩子们表现非常好!在诗朗诵和个人才艺表演中,所有的孩子都十分投入;在读爸爸妈妈写给自己的信时,都认真而动情;在"踏石过河"的亲子游戏中,大家都非常开心;而在分享蛋糕时又快乐甜蜜无比……

活动虽已落下帷幕,但庄严温馨的成长礼,给孩子们留下了永久的记忆。要想让孩子在十岁生日仪式上感受到快乐和成长,我们需要付出的更多,除了前期的精心策划,紧锣密鼓的准备,更需要得到家长的支持和理解。祝愿我们的孩子站在新的人生起点,承载着梦想和希冀,努力创造属于自己的美好人生,希望孩子们能够感受到浓浓的亲情和深沉的爱。

【点评】

能够陪着孩子一起成长,对于家长和老师来说都是件幸福而幸运的事情。这位老师精心筹划"三步走"策略,用心设计活动环节,给家长和孩子们创造了一段刻骨的记忆,创造了一段见证孩子成长的感人故事。从活动的设想到组织再到宣传中,都能看出这位老师用心、入情的工作态度,希望能够把这种热情和态度延续到以后的职业生涯中。

(三) 班级家委会

家委会是由在校学生家长代表组成的,对学校教育教学工作进行民主决策、民主管理、民主监督和咨询的自治性组织。学校建立家委会,能挖掘家长中的人力资源参与学校管理,如审议学校发展规划,就学校年度工作计划、重要管理制度、食堂经费开支等方面的情况提出意见,帮助学校改进工作;能参与学校重大事项的决策,如针对学校开设的兴趣班,定制的校服等事情进行表决,丰富学校教育元素,为学生成长提供有利条件;能根据相关考评办法,参与教育行政部门或由教育行政部门委托的评价机构对学校、校长和教师进行评价,满足家长关心教育、支持教育的美好愿望。建立家长委员会,让家委会成员拥有知情权、决策权、评价权、质询权和监督权,是推进教育系统依法治校,建设现代学校制度的重要途径,是构建学校、家庭、社会密切配合的育人体系的重大举措,是加强家校交流、合作,建立家校良好和谐关系的桥梁和纽带。

1. 班级家委会功能与定位

为了提高家长委员会工作的针对性和有效性,自觉做到"补位不缺位,到位不越位",形成了团结和谐的良好氛围。在推荐家委会代表时,必须遵循基本的原则,符合一定的条件。

(1) 基本原则

民主与自治相结合原则。在推荐家委会时,要按照一定的民主程序,本着公正、公平、公开的原则,在自愿的基础上,选举出能代表全体家长意愿的在校学生家长组成家长委员会。成立后的家委会,学校要尊重其自治性,适度加以引导,保证其代表性。

导向与规范相结合原则。家委会的设置与管理要与国家的教育方针和全面推进素质教育的方向相一致,与学校办学目标,教育教学发展相符合。家长委员会开展工作要合乎相关的政策规定,对于各种国家法律法规以及教育行政部门明令禁止的各种活动,要坚决予以拒绝。保证学生健康成长,推动学校科学发展。

服务与互动相结合原则。家长委员会要以服务家长、服务学校为宗旨,代表家长心声,反映家长意见建议,同时积极配合学校,加强沟通协调,促进家长参与学校管理、支持学校发展。家委会要充分发挥各自资源优势,通过各种形式的活动,增进学校、家长、学生之间的相互理解、有效沟通和有机结合,形成育人合力。

(2) 家长委员会推选的条件
- 拥护中国共产党的领导，拥护社会主义，品德高尚，积极进取，热爱教育事业，关注学校发展，关心孩子成长。
- 有一定的文化教育水平和个人素养，与人交流有亲和力，工作上有较强的组织协调能力和号召力，在家长和社会中具有较高的威信和影响力。
- 教育观念符合素质教育精神，有创新精神，能运用新媒体主动学习和研究家校结合教育方法，经常和学校、老师保持联系与沟通。
- 成员来自不同行业、不同性别和不同收入群体，具有一定的代表性。工作时间相对灵活，有较多时间参与学校事务。家长有特长的优先考虑。
- 善于沟通，有奉献精神。能征集家长们对学校教育教学等工作的意见，并将合理化建议及时向学校反映。

（以上条件由上海市静安区永和小学提供，仅供参考）

(3) 家委会工作保障

提供活动条件。学校可设立家委会办公室，提供必要的办公设备和条件。可通过学校网站设置家长委员会专栏，公布家长委员会联系方式、章程及相关制度，报道家委会工作动态。也可将"班级、年级、校级"三级家长委员会成员联系方式及活动情况电子档上报在家委会 QQ 群上。

强化联络协作。成立学校家庭教育领导小组，指定家庭教育工作联络员，指导与协调家长委员会的成立与日常工作，为家长委员会开展工作提供服务。家长委员会组织参与学校教育教学活动，先报家庭教育领导小组，与学校取得一致意见后，由家长委员会在学校指导下进行操作。

推行开门办学。每学期的校长接待日、学校开放活动、学科节活动、年度考核、优秀家长评选、学校开放周、教学开放日等活动要主动邀请各级家委会委员参加。

总之，家委会建设能增进家校之间和谐、健康、有效的合作关系，通过改进家长学校的办学模式，丰富家庭教育的内容，从而真正构建学校、家庭、社会三位一体教育局面，让家委会真正成为学校教育管理的参与者、学校师德建设的监督者、学生课外活动的指导者、学校课程改革的合作者、学校教育资源的提供者。

2. 有效家委会的特征

由于家长的工作性质、生活方式不同，参与学校家委会工作的时间长短也不一。为了能让每个家委会成员发挥其作用，就需要建立完善的沟通渠道，搭建家校联系的平台，定期研究当前家庭教育、学校教育、社会教育的动态，协调并参与学校管理，认真抓好执行落实，确保各项工作有据可依。

(1) 重大决策,统一开会讨论

每学期开学,学校、班级将定期召开家长委员会会议,让其了解学校的办学目标、工作计划和办学情况,对新一学期即将组织的重大活动进行讨论,及时对学校工作提出合理化建议,并与学校一起研究解决办法。

每学期期末,参与学校发展规划和年度工作总结的审议。通过召开家委会会议,向大家发放调查问卷,听取学校工作中存在的问题或不足,并及时向家长、社会解答和宣传学校教育教学工作的思路、做法和改进情况。

(2) 即时工作,QQ 群里商榷

家长有对教育的知情权、监督权与参与权。学校大型活动、应急通知、上级下达的家庭教育活动,零起点评价活动等,需要征求家长意见的,都可以通过 QQ 群,及时传达。例如,邀请家委会列席学校校务、教务等会议,协助学校组织家长代表大会、家长会、家长听课、家长接待日,参与对学生和教师的评价,参与、促进学校校本课程开发、综合实践活动课程实施、家长志愿者服务等。

(3) 具体活动,小组设计组织

学校的教育教学质量对于学校的社会影响力至关重要。家委会是学校形象的维护者、学校品牌的宣传者,积极向社会、家庭宣传学校教育改革和发展成果,宣传教师教书育人的先进事迹,宣传学生家长尊师重教的典型事例,宣传品学兼优的学生和先进班集体。协助整治校园周边环境,优化学校发展环境,提升教育社会形象,让家长对学校的发展和未来充满信心。这些活动都按不同小组,自行设计组织。

(4) 分层工作,专人负责协调

家长的力量是巨大的,家长的潜能是无穷的。不同年段、不同班级的活动,将由不同层面的家委会成员负责协调,调动其他家长的积极性,以主人翁的姿态,为教育教学提供各种资源,丰富学生的社会实践项目,拓宽教育教学渠道,让孩子们走进家庭、社区和厂房,在学校教育工作涉及不到的时间和空间里汲取更多的营养,为学校发展提供必要的帮助和支持。

【案例】

一个电话引起的风波

穿行于大街小巷,总会看见很多"新手上路",那是战战兢兢的新驾驶员。作为一名"新手上路"的新班主任,唯恐自己不能承受教育之重,心里一定也会有忐忑不安。还好在我的身后,有一群可爱的学生,有热心同事的帮助,还有家长们的支持。

还记得第一年做班主任的时候,我正处于摸着石头过河的阶段,一切都在摸索中进行。那天,吃好晚饭,一个电话打破了原有的平静。

"花老师,为什么不允许小朋友下课去操场上奔跑玩耍?"

"西西爸爸是这样的,毕竟是低年级的小朋友,学校那是出于他们安全的角度,不希望发生一些意外事故。"

"你们这样做,是在压抑孩子的天性,孩子的童年应该是快乐的。"

"西西爸爸,学校不是不让孩子玩,只是希望做到课间文明休息,不要奔跑吵闹。小朋友可以看看书写写字……"

"我不希望我的孩子像只关在笼子里的鸟,整天待在教室里。应该把自由的权利给孩子。"

"西西爸爸,你误会了,我们只是怕下课跑来跑去小朋友不安全。"

"那是孩子天性,我希望西西能够快乐成长。如果下课要出去奔跑,老师也不要制止他。出了事情,我们自己负责。"

……

通完电话,我陷入了沉思,"笼子""自由""快乐""安全"这些矛盾的词语时不时地出现在我的脑海里,循环往复。从以前的家访中,已经了解西西的家长是"自由派""快乐派"的典型,可是万万没有想到,在他看来,"自由""快乐"竟比"安全"来得更为重要。的确很多时候,家长的观念会与学校正在实施的措施、决定等发生冲突,那么是否能够想出一个两全其美的方法,在学生保障安全的情况下,课间又能自由快乐的释放天性呢?

考虑到一人的力量过于渺小,所以我立马想到家委会,这几位成员是全班家长一致推选出来的,是家校联系的重要纽带,在家长心目中的地位可不轻!

通过家委会微信群,我将西西家长的想法作为一个案例,和成员们说了说,希望大家能够畅所欲言,想出兼顾安全与快乐的文明课间活动方式。

果然,微信群立马炸开了锅,成员们纷纷发表自己的想法。楠楠妈妈认为,其实西西家长的想法也是合理的,孩子们也不能总是关在教室里死读书,只有成绩好也不行,下课操场上锻炼锻炼还能增强体质。冬冬的爸爸却觉得,小朋友年龄还小,防护意识还太弱,如果毫无秩序地奔向教室外,必然容易发生意外,得不偿失。贝贝的妈妈提出应该策划一些丰富有趣的活动,让孩子们安全、愉快地进行课间休息……

听着家委会一位位成员的发言,我仿佛进入了一场头脑风暴。最终在大家的群策群力下,班级课间活动方案终于出炉。这些活动内容丰富,排列有序,无不渗透着家委会成员们的一番心血。

而此时,每班也正好要召开班级家长会。所以我想借此机会,让家委会的成员们借用家长会这个平台,向各位家长介绍他们的劳动成果。

首先出场的是善于电脑的贝贝妈妈,她向大家介绍了一张自己制作的 excel 表格。表格中她已将孩子们分好小组,按照不同的日期会进行不同的小组活动。楠楠的妈妈则带来了一些棋类以及益智类游戏,并邀请了几位家长上台尝试,吸引了大批家长的兴趣。而冬冬爸爸展示了一张活动意愿调查表,其中罗列了所有的有趣活动,希望通过这张意愿表,挑选出最受孩子们欢迎的游戏,以便后续项目的增减。想的可谓是周到!

为了最大程度确保孩子们的安全,在家长会的最后,家委会成员们恳请我,在方案实施初级阶段,趁课间休息的时候经常进入教室,督促孩子们有序地进行课间活动,并且提议将孩子们课间的欢乐时光,视频留念上传至班级群,让家长们一起感受那份快乐。作为班主任,我告诉他们:"这是我义不容辞的责任!请家长们放心!"

随后的某一天,我又收到了西西爸爸的一个电话,这次的他在电话里说道:"花老师,没想到你们这么用心!孩子交给学校,我也放心了!"

其实不仅仅是西西的家长放心了,当班级的家长看到我上传的孩子们课间活动的照片,都纷纷点赞。家长们不约而同地表示,自从方案实施以后,感觉自己的孩子更爱上学了,身体也更为强健了。我想这背后离不开家委会的支持,是他们,群策群力,发挥各自的优势,相互沟通交流,用爱心构筑了孩子们的一方乐土!

【点评】

花老师作为职初教师,从眼前困惑入手,发挥家委会智囊团作用,共同协商制定了班级课间活动方案,并巧借家长会请家委会成员进行公布,完成了一次较好的策划。花老师由一开始手足无措,到后来积极应对,并取得较好效果,相信对于其他教师,尤其职初教师都具有一定的借鉴价值。

【案例】

家委会——班级经营的坚强后盾

"叶老师,听说这学期我们三年级要开展一次集体生日的主题活动对吗?"

"嗯,是的。十岁生日对于孩子来说是人生成长路上值得纪念的一个生日,所以我们会举行一次集体生日 Party 来纪念这个难忘的日子。"

"叶老师,我是这么想的,既然是孩子们的集体生日,这个事情非常重要,而且准备工作一定也非常多,是否可以让家委会的成员也参与其中呢?这样,既能帮助老师一同准备,也能一起参与和见证孩子们这一难忘的时刻。"

"小袁爸爸,你的提议真不错,而且也可行。要不,我们下周邀请家委会的成员们一同来学校商榷一下吧!"

"好啊,好啊!"

在联络家委会成员,约定会议时间的同时,我也在班级中做了动员。

"孩子们,这个学期,我们将举行一个重大的纪念活动,你们知道是什么活动吗?"

"我知道,我知道,是我们的十岁生日。"

"对,真聪明。我们即将迎来一个属于我们的难忘的十岁生日,我想既然是你们自己的活动,那这一次活动就由你们自己来做主吧!今天,我布置一个任务给大家,每个孩子都回家想想,自己能为大家展示什么才艺,而且我们还要邀请爸爸妈妈一同参与,所以,也希望大家回家后积极邀请我们的家长参与,并帮助我们开展好这次的活动……三天以后,我们来进行任务汇报,大家能完成吗?"

"能!"

"可以!"

"没问题!"

三天后,我们如期开展了任务汇报会,源源和小朱同学说:"我们可以为大家主持节目,这一次的活动就让我俩来主持吧!"大虞同学说:"老师,我会搭机器人,我想在这次活动中,把我的机器人朋友展示给大家认识。"还有平时参加各个社团学习的孩子们,也纷纷表示,可以把平日学到的腰鼓、绘画、软陶、舞蹈等技能拿出来进行展示。同学们一边汇报,我一边进行记录,不一会儿,就有好多节目了……

一周后,家委会的成员如约而至。身为校级家委会成员的小袁爸爸主持了这次会议。首先,家委会成员一同对孩子们的技能和节目进行分类,于是此次十岁生日的三大板块:"小小的我,大大的收获""小小的我,大大的改变"和"小小的我,大大的梦想"就孕育而生了。随后,家委会成员开始分配和认领工作:源源妈妈,文笔不错,源源又是这一次的小主持,于是主持稿的任务就交给源源母女了;小袁的爸爸是校议事组成员,由他来做家长寄语是最合适不过的了;小魏的妈妈和大虞的妈妈是生活中的能人,是家务高手,教室装饰物的采购以及活动当天的教室布置和切蛋糕的任务对她们来说是得心应手的;小朱的妈妈,爱好旅游,走到哪儿,都喜欢背上她的单反照相机,拍出来的照片很有美感,于是摄影摄像的任务就交给小朱妈妈了……小袁爸爸也给我布置了任务,那就是负责给孩子们的节目把关。

十岁生日的筹备活动,就此正式拉开了帷幕。孩子们每天都以节目组为单位商定时间进行排练,家长们也开始按部就班进行准备,早早地就把主持稿和发言稿拟好了发给我修改。两周后,我们进行了两次彩排,进展十分的顺利,这段时间的策划、筹备,让我感受到了家委会成员的热情和给力,有家委会这支队伍在,班主任的工作的确能减轻很多负担。我们的孩子也有着超强的自主能力,只要稍加点拨,有些事自己就能完成得超棒!

"今天,我十岁了!"生日 Party 如期举行,孩子们的展示非常精彩,家长们的配合十分默契。这一次的成功,源于孩子们的自主和有效的家委会机制。作为班主任,我们在平日的工作中,不仅要培养孩子的自主能力,也要善于凝聚好家委会这支强有力的后援团。当然,平时在微信朋友圈中,也要做个有心人,留意一下家长们的爱好和特长,那么在开展活动时就能发挥好家长们的作用了。

【点评】

叶老师充分调动家委会后援团力量,不仅与家长一起按照他们各自优势做了合理分工,还一起对孩子们的节目进行了指导,整个活动组织得井井有条。希望再接再厉,继续保持与家长代表们的互助合作关系,共同为孩子们的健康、快乐成长提供和谐、有爱的氛围!

【案例】

让家委会成为家校间的桥梁

作为一名新上任的班主任已有半年多了,从最初的懵懂到现在的初现章法,一个学期顺利地度过了。但考验并不会停止,在一次下课后事情发生了……

小天为显示自己力气大,要把凡凡抱起来,凡凡在挣扎中无意摔倒了,手肘受了伤。我立即让卫生老师带凡凡去医院就诊,并电话通知了凡凡妈妈,让她随时与我联系凡凡的情况。没想到医院说是骨折,可能要开刀,不过要到儿童医院做专业的判断。这可把凡凡妈妈急坏了,哭着说要向小天家长追究责任!好在最后儿童医院说打个石膏就能回家了,但凡凡妈妈还是心有余悸,情绪无法安定。

为了不让这次事件让两个家庭闹不开心,影响到孩子的友谊,我决定让家委会协助我一起来处理这件事情。浩浩妈妈是我班家委会的代表,她经常在家长微信群里分享家庭教育的帖子,有时家长在群里有疑问,在我还没及时回复时她也会帮助我给其他家长答疑解惑。于是在当天晚上我就把这件事告诉她,希望她能协助我一起解决两位家长的矛盾。

浩浩妈妈了解完事情原委后，表示愿意帮忙并与我讨论解决方法。首先，我知道浩浩妈妈和凡凡妈妈也是好朋友，经常带孩子出去玩，让她从朋友的角度帮我安抚好凡凡妈妈的情绪。毕竟我是青年教师，未为人母，而浩浩妈妈可以从母亲的角度和凡凡妈妈沟通，她们的共同语言更多。其次，浩浩的妈妈还是一名护士，希望她能从专业的角度给凡凡妈妈一些意见，能让凡凡妈妈宽心。这样我们再连同小天妈妈对凡凡多加关心，相信会有成效的。

第二天，我连同小天妈妈和浩浩妈妈带了点水果和营养品一起来到凡凡家，凡凡妈妈看见小天妈妈表情还是有些尴尬的。我首先打破僵局说道："凡凡妈妈，医院是怎么说的呢？"

凡凡妈妈说："医生说还好，只是骨折，配了些钙片，每周要去复查。但是我还是很担心，他以后这个手会不会一直骨折。"凡凡妈妈说话时充满深深的担忧。

小天妈妈立即开口说道："真是不好意思，我今天已经说过小天了，他也知道错了，在家里反省。我们愿意承担凡凡所有的医药费。"

"不是医药费的问题，下课就应该好好休息，我儿子都不想被你儿子抱，害得他平白无故受伤，这以后还不知道怎么办呢？"

"凡凡妈妈，好在凡凡现在不用开刀。小孩子之间难免会打打闹闹，尤其是男孩子，小天也不想的，你看人家妈妈还是很有诚意的，小天以后肯定会帮助凡凡的。是吗，小天妈妈？"浩浩妈妈出来打圆场。

"对，对……以后在学校有什么事，凡凡都可以让小天去做。"小天妈妈忙附和着。

"凡凡妈妈不用着急，小孩骨折后，他的愈合能力以及塑形的能力都是很强的，建议你不用担心。骨头长好了，就不会不齐了，对以后没有影响的。建议你注意保护下骨折的部位，不要再受压或者是外伤。给小孩多吃点含钙的东西，如牛奶、奶粉等。"浩浩妈妈作为一名护士，根据她的知识给了凡凡妈妈专业的见解。

"我这里有个煲骨头汤的秘方，可以教你煮给凡凡喝，或者我也可以煮好了送来。"小天妈妈连忙说道。

在浩浩妈妈劝解，还有小天妈妈诚恳的态度下，凡凡妈妈也服软了，有些不好意思地说："这怎么好意思……算了，我也不想影响两个孩子的友谊，好在他现在没有事，只希望以后孩子们都要当心。"

家长们你一言我一语，凡凡妈妈的情绪得以安抚，我说道："凡凡妈妈，你放心。这段时间凡凡落下的课程我会抽空给他补上的，凡凡的成绩一直很好，这点你不用担心。"

接下来的日子,小天妈妈让小天给凡凡送作业,也告诉他老师上课教的知识,小天乖了许多。凡凡妈妈看着小天懂事的样子,气也都消了,还与我打趣:"现在我好像有两个儿子……还好当时听老师和其他妈妈的规劝,没有因为情绪不好跟小天妈妈闹僵。现在小天妈妈一直向我传授她的烧菜诀窍,教我们怎么料理孩子,真的很感谢她。浩浩妈妈也会帮我询问医院骨科医生一些注意事项。姚老师,你也经常给我来电话关心我们,下班给孩子补习功课。真的谢谢你们!"

终于,这次的骨折事件结束了,家长之间没有因为伤害而造成矛盾,反而是在家长的配合下,使妈妈们的感情更融合了。孩子也懂得了下课要文明休息,两个孩子间互相学习、进步、成长。不但老师和家长要多沟通,家长之间也要多多交流,这次的事因为妈妈们的互相理解,让他们的孩子也亲如兄弟,可不就是又多了个儿子嘛!

【点评】

家委会不仅仅是老师与家长沟通的纽带,更是化解家长与家长间矛盾的一剂良方。这位年轻班主任虽担任班主任才半年多,但在对这件事情的处理上考虑周全,能够综合多方面情况制定出具体实施策略,联合家长代表一步步落实,直到问题顺利解决。相信这个案例会对一些班主任,尤其职初班主任具有较好的参考价值。

3. 家委会的组织与运行

每学年开学构建新一届家委会,使之符合教育实际和学校需要,是有效开展工作的前提。

时间:准备期→成立期 ⎧ 班级家委会 ↓ 年级家委会 ↓ 校级家委会 ⎫ →聘用期→调整期

(1) 准备期

每学年暑假,家庭教育领导小组要明确家委会成员推选条件,结合新学期学校工作重点,确定新一届家委会工作重点,拟定家长志愿服务意向表。

(2) 成立期

班级家委会:根据家委会成员推选条件,由班主任老师向班级三分之一家长下发《家长志愿服务意向表》。在家长自愿报名的基础上,由家长相互间推荐,最终经班主任协调推选 4-5 人担任班级家长委员会委员,全面负责班级家长委员会工作,并填写《家长委员会登记表》。

年级家委会:在班级家委会的基础上推荐一名家委会代表,经年级家长代表大会选举产生,构成年级家长委员会。年级家委会可设立活动、宣传、生活、安全等职责,保证年级家委会成员能各司其职,各尽其责。

校级家委会:年级家委会聚集在一起,成立校级家委会。校级家委会可根据家长特长,分成学校管理、教育教学、安全评估和生活管理四个工作小组,每个小组推荐一名组长,成为校级家委会常务委员。每个家委会委员根据自己的职责参与活动的开展和组织。校级家委会将由校长亲自向其发放证书。

(3) 聘用期

每一届家委会聘用期为一年,可以根据学校管理、教育教学、安全评估和生活管理四个工作小组,分别对学校的整体管理、教育教学、安全与学生生活开展工作。

学校管理小组重点对学校计划、重大事件决策、家长提出的合理化建议等参与讨论并宣传。协助学校组织家长代表大会、家长会、家长听课、家长接待日,参加学校重大教育教学活动。同时对新学期家庭教育工作提出合理性意见,协助学校召开家长会,利用自身资源,可邀请家庭教育与心理咨询专家为家长进行家庭教育讲座,也可以自己开设家长课堂,培训家长,以此提升家庭教育理念与教育水平。

教育教学小组主要对学校教育教学的参与和监督,定期深入课堂听课,了解学校的课堂教学工作;与任课老师一起讨论家长评价的内容及方法,为学校多元评价提供素材;观察学生的行为规范,针对性地开设特色课程;利用广泛的教育资源,组织学生进行社区服务、社会实践活动,丰富学生课堂。通过家长委员会参与学校的教育教学工作,督促教师自觉按师德标准严格要求自己,自觉遵纪守法,为人师表。

安全评估小组负责学校校门安全、校园秩序的维护与管理。重点做三件事:一是了解校园安全事件,定期向家长们通报,使家长们对学生安全工作警钟长鸣;二是宣传学校安全工作的做法和管理措施,得到家长的理解和支持;三是组织家长对安全教育工作进行交流,促使家长能对学生进行有效的监护和教育,保证学生健康、安全的学习和成长。

生活工作小组负责学生餐费标准制定、餐厅卫生督查、校舍布置的管理与监督。帮助协调社会关系,协助整治校园周边环境,优化学校发展环境,提升教育社会形象。

(4) 调整期

在每学期末,我们要对家委会进行评估,考量家委会成员是否热心学校工作,是否能反映家长的意愿,是否能配合学校做好相关工作,是否能有不同阶层的家长参与。调整班级、年级、学校家长委员会成员结构,对于毕业班家委会的退休,新生家委会的参与,以及内部不同岗位的设置,都要进行总结与调整。对于和我们类同行业的家长尽量减少,充分发挥其他行业的家长作用。

【案例】

毛遂自荐,家委会工作我做主

一个年满6周岁的孩子带着对学习新知识的向往,高高兴兴地迈入小学的校门时,他们内心的喜悦和憧憬溢于言表。同时,在每一个孩子的背后都有着父母,乃至祖父母辈的殷殷期盼。可以这样说,作为家长都望子成龙、望女成凤,愿意为孩子的健康成长付出一切。开学了,作为一个刚建立的班集体,成立家委会就成了头一件大事。当我这个班主任刚在新生家长会上告知了家长们这个消息,就如同平静的水面上泛起了涟漪,立刻引起了大家的热议。我绝没想到竟然有那么多家长自告奋勇地积极争当家委会委员,这么多家长有参与学校管理的积极性,愿意为学校的优质办学而共同努力。但家委会委员名额有限,选谁来当最为合适呢?这使我一时也犯了难。

家长们积极性高涨,纷纷列举了自己当家委会成员的优势。小王的妈妈说:"我家有3个孩子,在教育孩子的问题上我有丰富的经验,可以向大家推广。"小聂的妈妈说:"我家离学校近,学校有什么活动,我随叫随到,而且我有多年做生意的经验,帮助老师算个账啥的,小菜一碟。"双胞胎姐妹的父亲说:"我有变魔术、驯兽的特长,可以为班级上几节兴趣课。"一时之间众说纷纭,毛遂自荐的各位家长都不能一下子说服其他家长而顺利当上家委会委员。

我思忖了片刻,并和班级的副班主任及其他几位任课教师商量了以后,向家长们宣布了以下几条当家委会委员的必要条件:

1. 选怎样的家长担任家委会委员?"家委会"是增进家校情感的纽带,亦是家庭与学校教育通力合作的桥梁。家委会委员要参与学校的各项管理工作,因此要选出有正确的教育理念和懂教育的人来担当此任。绝不允许有的家长抱着投机心理进入家委会,以便让自家孩子得到更多照顾和更多机会。家委会更多的是表达家长的集体声音,而不是几个人的"一言堂"。若家委会的诉求没有民意基础,学校就可以不予采纳。

2. 怎样选举家委会委员？要民主选举家委会委员，每个家长都享有平等的入选家委会的权利，家委会的大门向全体学生的父母敞开。我们采用由家长个人自荐、家长互荐、班主任推荐和民主选举的方式产生3—5名班级家委会委员。我们要让有时间、有精力、有能力、有责任心且敢言会说的家长，经由民主选举后成为家委会委员。同时，家委会委员的进入和退出有明晰的机制。担任家委会委员不能"垄断"，二至三年就得换届。如果有家长中途退出，有相应的"递补措施"，避免家委会断层和运转出现问题。

3. 要明确家委会委员的职责和功能。家委会委员要弥补以往在学生教育问题上家校之间的信息不对称，以及教育责任缺位等问题，打通家校教育之间的壁垒，协助老师传递正确的教育理念，引导其他家长承担应有的家庭教育责任，真正起到桥梁纽带作用。家委会委员还要在班级的管理中发挥更为重要的作用。家委会委员除了代表广大家长行使教育参与权，参与学校管理之外，还要在健康指导、学校安全、教育资助和教育改革等方面，充分发挥积极作用。

听了我的一席话后，家长们又一次议论开了。不过这一次，令我欣喜的是大家竟然不是争抢着当家委会委员，而是纷纷为家委会的管理出谋划策。小刘同学的父亲说："家委会委员关键时要替家长说话。特别是一旦家委会与学校的管理理念、工作方法发生分歧时，更需要慎重对待。因为家委会委员的身份首先是家长，是家长就没有不怕老师的，是家长就不能不听学校的。因此当家委会委员在诸如学校乱收费、教辅书泛滥、校服费过高等方面与学校的利益发生冲突时，敢不敢坚持立场，持之己见？再比如，当遇到学生课业负担过重等问题时，家委会委员是协同学校继续给学生加压，还是向学校上级主管教育部门进行情况反映并加以制止？家委会不能徒有虚名，不能走形式，关键时刻要站在广大家长的角度看问题，一定要替家长说话。"小刘爸爸的发言赢得了一阵掌声。小甄同学的妈妈说："学校的指导也至关重要。学校是专业的教育机构，是教育的主导，作为家长，更多的是需要学习领会新的教育理念和支持配合学校教育。家委会委员应该做学校教育的促进者，做良好教育生态的建设者，只有这样，才能家校一体，形成合力，这是做好家委会工作的前提。家委会工作一定要定位于班集体，避免形式主义和为活动而活动。教育不是一蹴而就的，家委会工作更要关注日常培育，要真真正正让孩子受益。立足孩子的阶段需要、年龄特点、学校教育目标、班级状况以及每个孩子的特点与个性，制定相应的工作内容和活动计划，以生动的形式贴近孩子，以丰富的内容全面培育，以系列性的活动深入强化，以家校一体的点点滴滴累积出教育的硕果。在家委会的工作中，学校指导也至关重要。要避免形式主义和功利行为。学校也应真正把家委会委员当成事业上的伙伴和朋友,定期召开家委会工作会议,校领导及时沟通交流,班主任随时了解指导,让家委会工作有方向、有目标、有动力、有信心。"当她的话音刚落,教室内立刻爆发出热烈的掌声。

作为班主任,我欣喜地看到了众多家长为了孩子的健康成长所做的努力,也感受到了他们参与教育管理的积极性。最后,根据老师提出的当选必要条件,充分参考了家长们的意见和建议,通过家长的自荐和互荐,通过民主选举的方式,我们班顺利选出了家委会委员,得到了大家的一致通过。"希望大家积极争当好家长和学习型家庭,为家委会工作多做奉献,展示我班家委会的风采,你们的工作一定会赢得更多的理解、尊重和肯定。"我以这句话作为本次新生家长会的总结发言。

【点评】

这是班级家长委员会成立的一个案例。这位班主任首先试探了家长们对参选家委会成员的态度,然后根据实际情况,与其他相关教师一起商议后,明确了相应参选要求等,大家还就家委会的定位、职能等展开了讨论,直至顺利选出家委会委员。顾及民主、和谐,过程详细,案例完整,具有一定的借鉴价值。

【案例】
无制度不成方圆

"老师,您帮我换个座位吧,妈妈不让我和小兰同桌。"小侯走进办公室轻声对我说。

小兰和小侯平时挺要好的,为什么今天一早就向我提出不想和她同桌,还说是妈妈提出的。看着我疑惑的神情,小侯继续说道:"老师,你看看班级的QQ群就知道了。"

班级的QQ群?昨天开家长会,回家已经晚上9点多了,我没有像往常一样打开QQ群。

"好的,你先回教室上课吧!"我朝他点了点头。

小侯垂头丧气地走出了办公室。

打开电脑,进入班级QQ群,开始快速浏览。

小兰家长:小侯家长,请你督促孩子做作业不要转笔。

小侯家长:我家孩子做作业最认真啦,不可能转笔的,你不要瞎说。

小兰家长:小豪、小敏、小丽……还有很多同学看见的,他们都可以作证。

小侯家长:你是老几,凭什么在群里对我指手画脚?

小兰家长：你忘了，昨天我被大家无记名投票当选了家委会委员。你孩子做作业不认真，影响周围同学做作业，我当然要管。

小侯家长：原来是你呀，家委会只是摆摆样子的，你当真的？

小兰家长：班主任说了，家委会就是配合学校、协助老师管理班级的，你的事，我管定了。

小侯家长：家委会就了不起了，没有事实根据，不要乱讲话。你省省吧，还是管好自己的这张嘴。

小兰家长：自己的孩子犯了错，还包庇，你是怎么做家长的？

一场唇枪舌战就此拉开了序幕。

原来是这么回事，小侯一定是在妈妈的要求下找我要求换座位的。

怎么会发生这种事情，我又把群里的聊天记录逐字逐句仔仔细细看了一遍。"家委会就是配合学校、协助老师管理班级的"这句话不是我昨天在家长会上反复强调的吗，看来，小兰家长已经把这句话牢牢地记在心里了。昨天家长会上刚成立了班级家委会，家长会后身为家委会委员的她就开始工作了。她的工作积极性太高涨了，这一点值得肯定。但因为没有制定家委会工作制度，造成了这一事件。

我的第一步：客观了解情况。首先找班级学生了解情况，还原事情的本来面目。坐在小侯周围的同学都说小侯做作业时常转笔，影响他们做作业，使他们不能静心思考问题，大家对小侯提出意见，可他不以为然。

我的第二步：平等沟通交流。这天下班后我分别拜访了这两位家长，与双方家长沟通，让彼此都能客观真实地了解当时的情况。

在与小侯妈妈的交流中得知，她最讨厌小兰妈妈刚进家委会，就滥用职权，仗着自己是家委会委员，公然在班级QQ群里指责自己的孩子，还说她包庇自己的孩子。

我建议碰到这类事作为家长应该先了解一下情况，逃避、敷衍不是解决问题的有效途径。我还要求她运用换位思考的方式让她理解小兰妈妈的心情。当然，作为家委会委员，小兰妈妈选择这个时机在班级QQ群和你谈孩子的事情是不适宜的，但她的目的是配合学校、协助老师管理班级的。

在与小兰妈妈的沟通后，她也明确表态，当天家长会上第一次被大家选为家委会委员，很激动，回家的路上就想着老师的话"家委会就是配合学校、协助老师管理班级的"，一时兴起，想起了小侯转笔这件事，就在班级QQ群里让小侯家长督促孩子做作业不要转笔。当小侯妈妈不把她这个大家推选出来的家委会委员放在眼里，自己就火了，说了一些不该说的话。看来，她已经认识到自己的问题。

最后，我把两个孩子和双方家长约到学校办公室坐下来，大家平心静气地握手言和了。

由这一事件引出的问题看似解决了，但由这个点引发的家长群的私下讨论并没有结束。

我又把班级三位家委会委员约在办公室见面，大家就这一事件发表了自己的看法，大家一致认为当务之急应该制定家委会工作制度，让全体家长知道家委会存在的重要性，让家委会真正起到配合学校、协助老师管理班级的作用。一鼓作气，大家制定了家委会工作制度的草案，草案明确家委会应该积极发挥沟通、服务、监督的作用，每个委员要有高度的责任心，不能意气用事，有事大家商量解决，并服从于家委会宗旨。接着，家委会将拟定的家委会草案公布在班级的QQ群上，征求全体家长的意见，修改后正式公布，最后希望全体家长监督家委会的工作，欢迎家长们随时提出宝贵的意见。

因为没有制定制度引起的事件彻底解决了，家委会兼顾了学生、家长、班级三者的利益，家委会委员都能按照制定的工作制度开展多种形式的活动，沟通学校与家庭的联系，督促班级工作，改善并促进家庭教育。家委会在学校、班级与学生家长之间架起了联系的桥梁，家委会制定的制度让家委会委员多了一份耐心、多了一份思考、多了一份方法、多了一份智慧，让全体家长看到了家委会的重要性，真是无制度不成方圆啊！

【点评】

很多情况下，制度源于对问题的反思，民主基础上成立的制度有助于约束大家的行为，使之朝着对大家都受益的方向发展。这位班主任也正是针对家委会运作过程中遇到的实际问题，而想到制定家委会工作制度的重要性，并联合家长合力完成，正式公布，保证家委会的制度化、规范化运行。这也是较好的一个以问题为导向解决问题的案例，相信会给一些班主任带来启发。

【案例】

让家长成为同盟军

"龚老师！H身上好臭！"

"龚老师，H上课老是要和我说话！"

"龚老师，H又在打架了！"……

在每个老师的职业生涯中，总会遇到各种各样不同类型的学生，或乖巧听话，或聪明伶俐、或阳光开朗、抑或是调皮捣蛋……在一班学生中，我就遇见了这么一位大家眼中的"皮大王"。

每天，总有不同的孩子会跑来向我告状，而对于 H 而言，我对他教育、批评或是表扬，作用都不会超过 2 天。我甚至还发现有时小 H 会连续几天穿同一件衣服，有时他还会大方地承认自己不刷牙……

经过一个寒假，第二学期刚开学时，小 H 却带给了我巨大的惊喜。衣服干干净净整整洁洁、看到老师会主动打招呼、课间也不像个"小炮弹"般到处乱窜挥舞拳头，虽然上课还是会有控制不住自己的情况出现，但比起上学期而言，已然不再是那个让老师见了就头疼的孩子了。是什么在短短的一个寒假改变了小 H 呢？这都要归功于家委会的力量。

一年级第一次家长会结束后，我叫住了小 H 的母亲。"H 妈妈，今天想跟你聊一聊小 H 的在校表现……"话还没说完，H 妈妈便打断了我："龚老师，你要说什么我都知道。我们家刚到上海，生活都还没有保障，根本没空管孩子。平时都忙，您的电话实在是没空接，不好意思啊。这孩子我们就是散养的！他不听话，你揍他就是了！我接下去还有事，就先走了啊！实在不好意思！"H 妈妈说完，便逃也似的走了。

"散养"二字一出，不仅我手足无措，周围还未离开的家长也愣住了。当看到家委会成员小 Z 妈妈也在其中时，一种想法油然而生。等家长走完之后，我把小 Z 妈妈留了下来，一起商量讨论如何从家长入手，改变小 H 的学习环境、学习态度及习惯。

利用微信班级群，小 Z 妈妈找到了小 H 妈妈的联系方式，并邀请小 H 妈妈带上孩子，一起参加家委会组织的亲子活动。同时在家委会的群中向大家说明情况，征求建议。在几番激烈的讨论后终于决定了一套方案。

一个周末，家委会的妈妈们带着孩子来到了灵石公园。风和日丽，孩子们在草坪上玩耍，妈妈们在一旁聊着孩子身上发生的趣事，小 H 妈妈显得有些格格不入，此时她才真正感受到对儿子的关心太少了。突然，传来一阵孩子的哭闹声。"怎么了？怎么了？"原来是小 D 坐在地上哭了起来，而小 H 不知所措地站在他面前。小 H 妈妈见到边喊边快步走向孩子："小 H！你又闯什么祸了！"扬起手，作势要打，小 H 见状委屈地哭了起来。小 Z 妈妈马上制止："小 H 妈妈，你先别急，我们先了解下发生了什么！"小 D 妈妈抱起孩子附和道："是啊，我们家孩子也调皮，不一定是小 H 闯祸了。"这时，小 Z 拉了拉妈妈的衣服轻声说："妈妈，不是小 H 的错！……"其他孩子也围过来七嘴八舌地说起了事情的经过。原来，刚才孩子们在踢小足球时,足球直直地冲着小D的脑门飞去,是小H见义勇为,拉了小D一把!

小D妈妈听完连忙向小H道谢,而小H妈妈呢,则有些愧疚地看着孩子。小Z妈妈对小H妈妈说:"孩子年纪小,调皮捣蛋是很正常的。我们做家长的,不能一发生事情就责怪自己的孩子。一定要先了解事情的经过,如果是自己孩子的错,我们可以批评、讲道理,千万不能使用暴力!父母是孩子的第一个老师,父母做的事情,孩子都会模仿!对孩子一定要有耐心!我也知道你们刚来大城市打拼很不容易,可孩子毕竟是希望啊!你们现在的辛苦,可不就是为了给孩子的将来打基础吗?而对于孩子来说,一年级是为将来的学习、生活打下良好基础的重要时期,千万不要顾此失彼啊!"

之后,小Z妈妈还经常带着小Z拜访小H家,小Z帮助小H复习功课,一起做作业,玩游戏。而小Z妈妈则和小H妈妈谈谈"育儿经"。我也注意到,平时下课小Z也会带着小H与同学们一起玩,一旦发现小H有举起小拳头的举动,小Z会立马制止。小Z也告诉我,这是妈妈和家委会的阿姨们交给他的小任务!一定会认真完成的!

父母对孩子的影响力无疑是最大的。孩子从生下来就在父母的怀抱里成长,父母不仅给子女以生理基因优势的遗传,而且给其以人格品质的塑造。家委会工作的展开,给了家长们一个互相交流、互相学习的平台。这是用集体的力量,用家长的资源来教育学生的一项重要措施,值得我们探讨研究并发扬光大。

【点评】

阅读完这一案例,第一感觉是家长确实成了班主任班级管理的同盟军。龚老师动员家委会的力量,家委会成员动员自己的孩子,大家一起出谋划策,在点滴生活中给予那些需要帮助的孩子以温暖,让他们体会到"被爱、被关注"的感觉……着实是一个令人感动而又有所启发的案例。

【案例】

加在孩子身上的"志愿章"

"学校请每班选两位家长,每周二放学后帮助校门口护导的老师一起管理放学的学生和来接孩子的家长。大概需要半个小时的时间。一位家长负责第三周至第五周,另一位家长负责第十三周至第十五周。谁的家长有空愿意来帮忙?"班主任陈老师针对学校布置给每班的任务正在询问学生。

"我爸爸有空的。""我妈妈不上班,我叫她来!"……

"好的,回家先问问爸爸妈妈的意见。明天来告诉我。"

第二天,学生们的反馈让陈老师很失望。小甲同学说:"我爸爸说他没空!"小乙同学说:"我妈妈说她要带弟弟没时间来。"……只有平时默默无闻的小丙小声说:"我妈妈说她反正要来学校接我,耽搁一会儿,没关系的!"尽管声音不响,但陈老师还是听到了,听得很清晰。于是,她微笑着对小丙说:"好吧,那就麻烦你妈妈了。回家替陈老师谢谢你妈妈!"说完,陈老师心想:第一轮的家长有着落了,那下一轮该请哪位家长帮忙呢?这可是件头疼的事。以前,学校少有这种需要家长参与的活动,家长也没有这种意识,就连家委会成员也只不过挂个名而已。

三个星期之后,小丙的妈妈圆满地完成了任务。陈老师在班会课上当着全班同学的面感谢了小丙的妈妈,并且好好地表扬了小丙一番。"学校要求家长放学后帮助校门口护导的老师一起管理放学的学生和来接孩子的家长。这是学校交给我们班的任务。作为我们班的一份子,我们每个人都应该以主人翁的精神来对待这件事。就好比我们家里有事,我就应该尽自己的努力出一份力,力求把事情做到完美。如果自己不能完成的,那就应该想办法寻求帮助,尽量能够圆满地完成,因为你是这家里的一份子,应该出力!这次学校交给我们班的任务能够圆满地完成,全靠小丙的妈妈帮忙,我想这其中小丙也是功不可没的。我们先一起谢谢小丙!"

大家异口同声:"谢谢小丙!"

"那我们该怎样谢谢小丙的妈妈呢?"陈老师让大家商量一下。

"给他妈妈送份礼物吧!"

"送什么礼物?"

"钱谁出啊?"

"小丙的妈妈来帮忙不是冲着礼物来的吧,她肯定不会收礼物的!"

……

最后,大家商定将给小丙妈妈的礼物变成奖励,奖给小丙。陈老师奖励了数颗小星星,并将这些小星星敲到教室后面"星光闪耀"的表格里。每月月底,得到星星最多的同学可以当选下个月的轮值中队委员。学期结束,累积到一定数量的小星星还可以换取寒暑假假期作业免做的机会。

几周后,小丙当选了中队劳动委员。看着小丙左臂上挂着的两条杠,不少同学流露出羡慕的眼神。

"陈老师,下一次让家长放学后来帮忙是什么时候?我让妈妈来。"

"陈老师,我爸爸要上班,没空来。爷爷退休了,我让爷爷来行吗?"……

几个星期前还让陈老师愁眉不展的事情就这样迎刃而解了。

家委会的职责：积极参与学校管理，为学校发展出谋划策；积极带领家长参加学校组织的各种活动。对于家委会的职责，恐怕许多家委会成员都不了解。我们的家委会成员一般由班主任指派。班主任确定名单后，在征询家长意见时，一般家长都不会拒绝。但这些家长并不清楚自己该做些什么，只是挂个名而已，没有实权，也不需干什么实事。如何才能调动家长的积极性共同参与学校管理呢？孩子是关键！首先要培养学生的主人翁意识，然后通过学生去动员自己的家长为学校出谋划策，并将原本给予家长的奖励奖给孩子，让孩子有了动力，就会更加有干劲，这样小手牵大手良性循环，那么就会达到事半功倍的效果。

【点评】

提高家长尤其是家委会成员参与学校、班级管理或活动等的意识与积极性，是班主任的一项重要工作。这位班主任采用激励、表彰孩子的方式，相应唤起了家长参与孩子学校生活的积极性。希望这位班主任能够继续谨慎地、巧妙地思考、应对家校合作种种事宜。

三、指导与引领

（一）特殊家庭的个别化指导

"特殊家庭"是指那些单亲家庭、离异家庭、重组家庭、寄宿寄养家庭、外出人口留守家庭、暴力家庭、溺爱娇惯家庭、特困家庭等。这类家庭的学生，由于家庭、社会、学校等方面的原因引起的不良影响，在学习、行为、社会适应等方面都会使其成长受到妨碍。如何找到适合特殊家庭学生教育的有效对策，帮助这些孩子形成良好的心理素质和走向正确的人生道路，既是学校实施素质教育的需要，也是落实科学发展观对我们的要求，更是作为教育第一线教师们义不容辞的责任。教育部发布的《中小学德育工作指南》中也特别提出，要加强对经济困难家庭子女、单亲家庭子女、学习困难学生、进城务工人员随迁子女、农村留守儿童等特殊群体的教育关爱，完善学校联系关爱机制，及时关注其心理健康状况，积极开展心理辅导，提供情感关怀，引导学生心理、人格积极健康发展。

1. 让家长明确教育孩子的目的

生活在特殊家庭的孩子生长的环境具有特殊性，作为家长更要从各方面进行教育和呵护。教师要通过个别访谈，使家长明确家庭教育对学生身心健康的重要意义，明白光给孩子良好的物质条件不是一个好家长，应该要从孩子成长的各方面来关心、教育、引导孩子。

2. 让家长正确掌握教育孩子的方法

为了帮助特殊家庭家长在思想上明确教育孩子的重要性,指导家长使用正确的方法教育孩子,学校可以开设家庭教育讲座,邀请教育专家介绍家庭教育方法,请优秀家长介绍教育子女的经验,进行科学教育子女的方法指导。或者召开不同类型家庭学生家长会,与家长共同探讨正确教育孩子的方法,及时反馈这些孩子在家、校的表现,家校同步共商教育对策。只有对不同类型的家庭进行不同的指导,对症下药,才能取得良好的效果。

(1) 离异或重组家庭的家庭教育指导：要求家长明确不管谁是孩子的监护人,父母双方都有教育子女的责任,要为子女提供良好的成长环境,父母双方要定期到校参加学校组织的家长会,协调好孩子的教育问题,教育方法要一致,以免出现抵消的反作用。不要在孩子面前流露对离异配偶的不满,不能简单粗暴或者无原则地迁就、溺爱孩子;多与孩子交流沟通,给孩子当家作主的机会,鼓励孩子参与社会活动;对双方子女一视同仁;加强家庭成员间的沟通,创设平和、融洽的家庭氛围。

(2) 长辈代管家庭的家庭教育指导：因父母离婚或把孩子托给长辈代管的家庭,由于监护人年纪较大,教育观念陈旧,文化水准较低,教育孩子表现出力不从心的特点。学校对这些监护人要作更多更细的指导。经常与孩子的监护人联系,不断更新他们的教育观念,严格要求自己的孩子,避免溺爱型、放任型教育方式的出现。

(3) "棍棒型"家庭的家庭教育指导：有一些家长,把"不打不成材"作为教子的经典,缺乏正确教育的方法。对此类家长,既要严正地指出他们的错误做法,不仅对孩子的成长极为不利,也是对社会道德,国家法律的触犯;也要理解他们望子成龙的迫切心情,与他们真诚沟通,同时通过召开家长会、进行家庭访问、开办家长学校等方式,教育他们掌握正确的家教方法,让他们明白家庭教育的科学性和艺术性,促进家长素质的提高。

(4) 流动人口家庭的家庭教育指导：鼓励家长勇敢面对陌生环境和生活困难,为孩子创造良好的生活环境;处理好家庭成员之间的关系,为孩子创设宽松的心理环境;多与孩子交流,多了解孩子的思想动态;加强自身学习,树立全面发展的教育观念;与学校加强联系,共同为孩子创造良好的学习环境。

(5) 溺爱娇惯家庭的家庭教育指导：很多孩子不能养成良好习惯,与家长的过度"呵护"及包办有关。还有的家长过分参与孩子的学习过程,小到削铅笔、收拾书包,大到代写作文、代解难题,完全以应对作业、考试为目的,淡忘了学习的主体是谁,忽视了学习的目的和意义何在。我们要及时给家长建议:孩子有自己的需求和行为,做父母的要看是否合理,是否合规。对合理合规的要加以鼓励,不合理合规的要给予引导和纠正,不能一味地迁就孩子,而应适当地说"不"。在说"不"字之后,一定要说出"不"的理由,然后坚持原则,做到"言必信,行必果"。这是为人父母的责任,也是理性的爱、深刻的爱。

(6) 放任不管型家庭的家庭教育指导: 对放任不管型的家长,要使家长认识到应关注孩子的发展,激发家长对孩子的爱心和期望心理,主动参与到孩子的教育活动中来。指导家长要正确对待孩子的成绩和错误,如果孩子犯了错误一定要让孩子知道并积极改正,不能视而不见或听之任之,要以一种积极的心态,及时发现问题及时解决,如果视而不见或听之任之,可能导致孩子错误的认识和扭曲的心理,不能正确区分是非曲直。如果孩子取得成绩,家长们要大加赞赏,明确肯定孩子取得的成绩,与孩子共同分享成功的愉快,使孩子们更愉悦,他们会更加努力地去取得下一个成功。

3. 开展各项活动,搭建亲子桥梁

学校要通过各种活动加强与特殊学生家长的沟通,充分发挥家校合力。例如:班主任定期与家长电话联系或家访,和学生家长深入交流,介绍学生在校学习、生活情况,了解学生家庭教育存在的问题,启发家长主动关心学生的生活与学习,弥补家长与学生之间的感情缺失;帮助家长转变教育观念,掌握并应用正确的教育方法。

【案例】

特别的爱给特别的你
——如何与情绪激动的家长沟通

做班主任的这些年,无论带哪个班,总会遇到比较"特别"的孩子,他们的特别往往是更"特别"的家庭环境造就的。曾遇到的那个缺乏信任、处事极端的"外婆"给我留下了非常深刻的印象,我与她相处了整一年时间,发生的故事可谓一波三折,每每回忆都有点像拍电视剧,与她的磨合,让我学会了如何与班级中比较特别的学生和他们身后的家庭相处。

故事要回到5年前的那个秋天:

遇见"特别的你"

故事小主人公明明,她是个腼腆可爱的小姑娘,她很特别——问话她总是用笑而不语的方式来回应,后来一开口,我皱了皱眉,因为她的口齿非常不清楚。初次见面的1个小时里面,她几乎一刻不停,一会儿翻翻椅子,一会儿动一动我桌子上的陈设,貌似腼腆的外表下藏着一颗躁动的心,不过印象还不坏,至少我跟她讲话的时候,即使不回答,她眼睛总是注视着我的。

她,60来岁,安徽籍人,按照她的说法是明明的外婆,我们仅仅是第一次见面,她表现得非常热情,问东问西,可说话时,她总显得不自在,目光略微躲闪。据她介绍,明明的父母都是国家高级干部,她退休没事,专门照看小孩的学习生活。我担心了一下,这样一个孩子,平日里照看她的不是父母,而是老人。在介绍了班级情况后,外婆比较关注的是我们学校的课程,对活动并不感兴趣,在她嘴边反复强调的一句话是"活动无所谓,成绩好就行"。虽然担心,"老人大概就是这个样子吧!等相处一下,注意跟她沟通的方式,慢慢就习惯了。"我安慰自己道。

这是我和这个孩子以及这个家庭第一次见面,刚刚送出门的孩子和她身后的家庭让我心里没底,和她们相处须得万分注意……

不一样的明明

和明明接触的第一个礼拜,各种问题暴露了出来:

她完全不适应小学生活,上课时会不打招呼突然从座位上消失,老师们的课上了一半,靠后的座位无声无息少了一个孩子,大家不得不停下来,四处寻找,问她为什么突然离开,她依然是笑而不答。

这样的事情同样发生在放学的时候,由于是新的班级,老师对小朋友还不够熟悉,她趁老师在打扫卫生的时候直接下楼,然后与家长离开了,老师带队发现少了一个孩子焦虑地四处寻找,忙给家长打电话,对方却轻描淡写说已经在回家的路上了……

课堂上的她,思想很难集中,左顾右盼,任课老师在渐渐熟悉她后,发现她跟不上大家的步伐,开始担心她的学业。下课后的她,不太跟小朋友接触,只瞪着好奇的大眼睛观察其他小朋友如何度过课间十分钟,活泼好动的她很快学会了在走廊奔跑、用拍打的方式去和同学们玩耍,连到专用教室上课排队时也不放过与伙伴打来打去的机会,一开始,我觉得这都是孩子之间相处时必然要发生的小摩擦,教会她处理的方法,慢慢来,可是没过几天发生的一件事儿,让这些小事变成了不小的事儿……

流血事件

一天晚上,已经9点多了,我接到明明家长打来的电话,语速很快,带着愤怒,告诉我明明摔跤了,裤子上有好多好多血,说是在操场上奔跑的时候被一个叫小诗的小朋友故意绊倒了摔破皮的,她表示一定要来校教训这个小朋友。我一边听她泄愤,一边使劲在脑子里搜寻下午放学时明明的状态,我没有回想起她裤子上有好多好多血,我一再表示明天会调查一下这件事儿,又赶紧关心明明的伤势、状态,如果伤口很严重先到医院去处理,产生的费用等把事情查清楚再说,她说医院暂时不用去的,但是事情一定要查个水落石出。经过再三劝说,她表示先给老师时间调查。

第二天一早小诗先到,我便去了解情况,是孩子在奔跑时速度太快迎面撞上的,旁边也有几个小朋友看见,孩子倒不是有心的,小姑娘也表示愿意跟明明道歉。

可是这天明明直到第一节课下课才来,明明外婆一见小诗,就很凶地指责,还拉拉扯扯,小姑娘当场吓哭了。我赶紧过去,将情绪很激动的外婆拉到边上,支开旁边围观的小朋友,她依旧一副很愤怒的样子。

我见她正在气头上,不便跟她正面再冲突了,急忙把小朋友送到专用教室上课,转移走小朋友,她气消了点,我们再谈话,我告诉她,我会处理这件事儿,明明受伤,作为家人心疼,我很理解。她作为一个成年人,不应该对一个孩子这个样子。我的话不但没有使她听进去,换来的是她的咆哮:"你这个老师处理问题一点都不公正,我们是受伤的人,明明都流血了,那么多血,你怎么可以帮着打人的人说话,我无法与你沟通……"我没有来得及解释,她转身离开了。可是我心里明白,她所谓的流了很多血,我也验证过了,充其量就是大拇指指甲盖那么些,一定是膝盖擦破了表皮……

作为一个年轻班主任,我真的是第一次碰到这样的家长,遇到这样的问题,我立刻上报年级组、上报教导处。然后先安抚小诗的情绪,疏导一下孩子,尽量让这件事不对她造成很大的心理伤害,又致电给小诗妈妈,告诉她这件事,致歉的同时也请她放心,学校会高度重视,一定会妥善处理这件事,老师也已经对小诗进行了引导,请家长配合,关注孩子的心理动态,做一些正面的引导。好在小诗家长非常通情达理,答应老师会配合。

下班后我鼓起勇气,又拨通了明明外婆的号码,心平气和地继续谈判。她屏蔽我所有的疏导,仍然把小诗说得十恶不赦,并提到了对方家长家教一定不好。后来她流露出如此不放心孩子在校的安全问题是因为听信门口接送孩子的阿姨谣言,说同学间常有打架斗殴的事情发生。

我听完后觉得非常好笑,也庆幸她总算说出了自己真正的顾虑。于是我耐心而又自信地告诉她,进我们学校的小朋友都是非常优秀的,而且这些家长层次也非常高,我知道外婆是武汉大学毕业的高材生,应该知道道听途说、以讹传讹是多么可怕的,而且这么关爱孩子,选择我们学校,一定也是经过认真考虑的,真像别人传得那样,这个学校能立足吗?她总算平静下来,开始接受我的劝慰。我继续动之以情,告诉她,其实我也非常关心明明,她功课跟不上,我们每个星期都花三天时间利用下班时间给她补课;她身体不舒服,我都会提醒她多喝水,作为老师,我一定不希望任何一个学生受伤害。她对我帮明明补课的事情也是心存感激的,此时的她,无言以对。我乘胜追击,请她务必配合我的工作,请她以后有什么问题,直接找我班主任沟通,不要去批评小朋友,孩子还小,会在她们幼小的心灵上留下阴影。而且对于别人家的孩子,我们应该宽容一点,今天宽容了别人的孩子,改天说不定别人也会宽容您的孩子。总算,她答应以后有事情先找班主任沟通。

尾声

二年级,明明转学回安徽老家了,从来办理转学手续的明明亲戚口中得知,其实"外婆"不是外婆,而是明明的养母,一个未曾结过婚的女人,退休后无望才领养了一个女孩,明明是个一天幼儿园都不曾去过的小朋友,我心里一颤,开始对之前发生的种种理解了,只能怀着复杂的心情祝福她们……

思考

经过那一年的历练,我开始懂了什么叫"船到桥头自然直",很多时候,很多事情我一个小小的班主任很难控制事态的变化,但只要有一颗积极的心,一颗强大的心,总还是应付得过来的,要不断给自己积极的心理暗示,并付诸行动。

最后,就是不要太过计较个人得失,相信只要是真心付出,家长必然感受得到,困境会在大家的帮助下逐步走出。这又让我想到薛瑞平老师那句话:"有信心,有期待,结局可能好,可能不好;没信心,没期待,结局只能是失败。"这让我能够坦然接受我如今班级中的"特别的你",也让我能够无畏面对未来班级中"特别的你"。

【点评】

孩子的言行举行中渗透着家庭教育的影子。很多时候,孩子言语、行为等方面的"特殊"表现实则源于家庭环境的影响,所以要想有效改善问题,必须寻源,与家长深入沟通,"特别的爱给特别的你"就是一个案例。班主任遇事不慌,从一个教育者的角度负责、耐心地与事发孩子家长心贴心交流、化解问题。类似案例在教育过程中比较常见,相信唤起了大多数班主任的情感共鸣。

【案例】

作业风波——特殊生的教育

时间过得真快,接手这个班级已有一年多了,在和学生的接触后,我对班级的每一个孩子的情况有了更多的了解。

　　班级中的小A同学是一个比较特殊的孩子。上课常常管不住自己，和老师对着干；脾气暴躁，容易发怒，暴跳如雷；下课经常为一些小事和同学发生争执，只要不符合他的意愿，不是拳打脚踢就是脏话连篇。而他的家长呢？爸爸妈妈在他很小的时候就离异了。妈妈经常外地出差，没有时间管教孩子。所以孩子从小就和外公外婆生活在一起。而老人在教育孩子时，觉得因为孩子小时候缺乏父母的爱护，因此对于孩子的教育更多的是宠爱。其次，老人固有的教育观念觉得孩子在出现问题的时候，棒打一顿就可以解决。因此，长此以往，造成孩子的行为习惯出现极大的问题。怎么办？三年级是学生成长的关键时期，也是一个重要的转折期，如果孩子形成一些不良的习惯，对孩子的心理健康将会造成很大的影响。因此如何引导孩子形成正确的行为习惯，这成了我班主任工作的一个重点。

　　每周一的第一节课是气象课，老师在上节课上布置了一个任务：要求每位学生自己找小组完成相应的作业。而小A同学呢？他在前一节课的时候，没有听取老师的要求，没有寻找合作的同学，因此这份作业没有完成。当今天的这节课上课时，老师问他收取作业，他不仅没有认识到自己的问题，还大声和老师吵闹，扰乱老师的正常教学。最终整节课因为他的原因，而不能正常地进行。下课，当老师严厉地批评他时，他还愤怒地将同学课桌上的书扔掉。

　　作为班主任的我了解到这一事情，等孩子内心平静后，我询问了孩子这一连串过激行为的原因：首先外婆前天晚上因为他没做这份作业在家已经打了他一顿，这让他内心觉得特别不愉快；其次外公早上送他到学校的时候又重提此事，这让他原本已经熄灭的怒火又一次被点燃。所以当第一节课老师因为他没完成作业再一次批评他时，他就将积蓄的怒火都发泄到老师的身上。

　　针对小A同学的现状以及家长在家庭教育中存在的问题我及时地和家长进行了沟通与交流，并提出了在教育孩子时应该注意的事项。

　　首先，要转变家长以粗暴的方式处理问题的方法。家庭教育环境对孩子的成长至关重要，孩子身上往往带有自己家人深深的烙印。对孩子进行粗暴的教育方式是诱发孩子发生社会暴力事件的"温床"。外婆在教育小A同学的时候肯定觉得恨铁不成钢，孩子总是不能像正常孩子一样读书、学习。当她听到外孙的作业没完成时，怒火一下子蹿上来，一顿棒打后解气。可是这样做后，孩子不做作业的根源还是没找到，这种不做作业的现象还是会发生。而如果家长静下心来好好地和孩子沟通，帮助他找到问题的根源，找到解决问题的方法，让他知道做作业是孩子必须完成的任务，而这次最主要的就是没有听清老师的要求才会导致的，并向他提出一些补救的方法。不同的教育方法,相信后者更能在比较平缓的过程中达到教育的效果。

其次要关注孩子的心理健康。小 A 同学易怒暴躁的脾气对于他的学习生活带来的是极大的影响。因此作为他的班主任,在孩子的教育过程中,建议家长对孩子进行相应的心理教育,促进孩子身心健康的发展。刚开始小 A 同学的家长听到老师说心理疏导觉得很不能接受,感觉老师在说孩子在精神上有问题。正巧,班级家委会中有一个心理学专家的资源。于是,在家长志愿者的协助下,和小 A 妈妈进行交流,让她知道及时地进行心理干预的重要性。最终在家长志愿者的陪同下,小 A 顺利地进入了心理咨询室。

最后,家长、孩子与老师一起制定该生的学习成长计划。对小 A 同学的学习先适当降低要求,他的家庭作业和其他同学有所区别,量也适当减少,题目也是最基础的。并且,与家长约定,只要该生在某一时间段认真完成了家庭作业,可以满足该生一个小小的要求或给予适当的奖励。同时针对他课堂上屡次违反纪律的情况,班主任和该生签订书面合同,合同上写明必须纠正的违纪行为及其地点时间和方式,规定如果学生遵守了合同,就给予何种鼓励,合同由教师学生和家长一起签字。合同的内容根据孩子的表现情况经常量化的变更,慢慢提高要求。

如今在专家的帮助下,小 A 同学的日常行为以及家长的教育观念有了明显的转变。

正如人的性格不是一朝一夕就能改变的一样,它具有稳定的特点。要彻底转变小 A 同学的行为还要经过长时间的努力。小 A 的学习生活中的细微变化更多的是在学校教育的基础上,家庭教育得到了有效的重视,家长更多地了解自己的孩子、正视孩子的问题,相信在家校共同的努力下,孩子一定会更加茁壮地成长。

【点评】

这是一个典型的特殊家庭教育问题,离异和隔代教育的家庭现状,加上"棍棒教育"的方式,导致孩子在情绪控制、行为规范方面出现问题。教师在处理这个特殊案例时,找到了主要问题,并从家庭教育方式、孩子心理疏导方面入手,形成了学校和家庭同步的教育实施方案。最终逐步改善了家庭教育方式并规范了孩子的日常行为。

【案例】

二孩家庭如何爱

像往常一样,我打开孩子们的默写本,一本本仔细批改起来。近来,孩子们都分外努力，正确率都很高，我批起来也格外的顺手，咦，怎么回事？一个大叉，又一个大叉，还空了三个格子没默……一共12个词语，竟然只默对了4个。我的眉头不由得皱了起来，心里嘀咕着，不会又是小璐吧，昨天可是刚跟她谈过话呀，忙翻看封面，果不其然。这姑娘以前学习情况还是很不错的，最近这是怎么啦，学习一落千丈！趁着下课间隙，我把小璐唤到走廊一隅。

"小璐，昨天老师上课教的词语回家有没有好好的复习巩固啊？"

小璐低垂双眉，细如蚊呐："默……默过的！但默写时又想不起来了"

我抚摸着孩子的头说："在家里可以先把要默写的词语抄上几遍，隔半小时再默写，错误的地方多订正几遍再默，这样这些词语就会被牢牢记住了。"

"噢噢，我知道了，老师！"小璐眨着眼睛，一脸坚定地回应着我。

可是接下来的几次默写、小练习，小璐的成绩一如既往，毫无起色。更糟糕的是，小璐和同学之间的矛盾冲突越来越多，越来越频繁。

"小璐，拿了我的橡皮不还给我，还说要还，除非等她死了！"

"老师，小璐和我们玩游戏耍赖，输了不肯停一局！要我们听她指挥。"

"小璐把我的本子踩在地上，还说没看见！"

小璐，小璐，又是小璐！这孩子到底怎么了？那个聪明、乖巧的小璐哪里去了？我又找小璐谈了几次，耐心询问同学交往中有什么不开心的事？小璐总是一再表示自己知道错了，一定会改的。可是，一转身，小璐又故技重演了。

到底问题的症结在哪里？我电话联系小璐的妈妈前来面谈，电话中小璐妈妈婉转地告知，她知晓女儿的变化，却无计可施，且近期不方便，由奶奶来和我联系。我心里不由泛起了嘀咕，以往和我进行家校互动联系的都是妈妈，怎么现在孩子出现了问题，妈妈却各种借口一再推脱呢！个中缘由也不便深问，只是希望通过明天和奶奶的交流，能早点找出问题所在，帮助小璐走出现在的困境。

第二天，奶奶如约来到学校，"老师……"奶奶开口打招呼，嘶哑的声音，让我不由得关心起来："奶奶，身体不舒服吗？"奶奶深深地叹了一口气，"我被小璐搞得七荤八素，睡也睡不好，喉咙也哑掉了！""怎么？"我尽量不打断奶奶的倾诉，用简单的语言询问。奶奶告诉我，小璐的妈妈生了二胎，是个男孩，全家人都很高兴。妈妈36岁了，家人认为她高龄产子，希望她做双月子好好休养。刚出生的小男孩就让奶奶带着入睡。在大家都认为这样的安排顺理成章的时候，小璐——这个刚升级为姐姐的不干了。她在家里大吵大闹，坚决不允许带大自己的奶奶身边睡个小弟弟。家人跟她讲道理、说好话、买礼物"贿赂"，统统不管用，只要看见奶奶去抱弟弟，她就撕心裂肺地哭闹，直到弟弟被抱离奶奶身边，便拉紧奶奶，像口香糖黏着奶奶，死也不肯放手了。从前自觉做作业的小璐,现在一定要在妈妈身边写作业,每天晚上写作业都要弄到11点,作业根本不多,可是小丫头总是拖拖拉拉,磨死人了。爸爸有时急得没办法,挥手作势教训小璐,小璐哭闹更凶,还扬言:"家里有了弟弟,就不要我了。我要离开这个家,再也不回来了!"无数次的较量后,家人都被小璐弄得精疲力竭。"有了二胎后,家里就不太平,蛮好的小姑娘怎么变成这样?是不是作死啊?"奶奶边说边叹气,伤心之处,还拿出纸巾悄悄抹眼泪。

认真地倾听完老人的一番讲述,终于找出了小璐问题的症结。新生命的到来给一个家庭带来很多改变,成了一个特殊的家庭。每个家庭成员都有了新的变化。父母在怀孕和宝宝诞生后花费了大量的精力,家庭成员的注意力都转移到满足新生儿的需求上。但第二个孩子的来临,对第一个孩子来说有着巨大的冲击。一直以来,小璐就是家庭的核心,已经习惯独享父母、祖辈们的爱与关注。而母亲再次怀孕导致母亲不能像以前那样长时间地陪着她,甚至不能抱她;母亲生产导致与小璐短暂的分离;母亲带着小宝宝回到家中,小璐又目睹了父母是如何紧张地围着新生儿转,亲友是如何表达对新生儿的祝福……这一切正在"无情地"撼动小璐"绝对老大"的位置,小璐觉得自己不再那么重要了,新出生的弟弟抢走了自己的爱,父母、祖辈不再爱她了。小璐的幸福感、优越感逆转,在这样一个特殊的新环境中,她感受到从未有过的惶恐与焦虑,小小年纪又不知该如何正确表达自己的想法,导致出现了上述反常的心理反应以及过激的行为。

了解了小璐变化的缘由,我与奶奶分享了我在此事上的认知观,小璐现在的心理反应和行为变化是正常的,此时的小璐,正处于心理危机的高风险期,这一切其实都是小璐在向父母、祖辈表达:我很害怕失去你的爱,请关注我!奶奶听了我的话若有所思地点点头,眼神中流露出更多恳切。

如何正确引导、解决小璐的问题呢?让这样一个特殊家庭的每个成员都能感受到幸福呢?作为小璐的班主任,我决定到小璐家进行家访,给小璐的家人一些建议和方法,希望这个家庭欢乐重现,让小璐也能学会面对自己的弟弟。

来到小璐家,小璐的爸妈愁云紧锁,迫切希望我能支点招。碰到如此现状,我想首先要舒缓这家人的焦虑。于是我告诉他们:二胎政策开放后,很多家庭都面临"家有二宝"战火不断的问题,如何让大宝接受二宝,如何正确处理好大宝不安焦躁的情绪,是需要一定的家教战略的。我启发小璐的家人是否可以用手足之情来感染小璐,尽可能让小璐参与到照顾小宝宝过程中,使小璐不觉得在日常生活中被冷落。比如递个奶瓶啊,找块尿不湿啊,换尿布时请他搭个手啊……这样可以给小璐有机会跟弟弟以积极的方式进行互动。要是小璐表示对照顾弟弟没有兴趣,不要惊慌也不要强迫她去做,给她一段时间。妈妈也可以主动在旁边向宝宝介绍姐姐,夸奖姐姐,让宝宝长大后也要像姐姐一般懂事听话,优秀能干。相信如此一来,小璐心里的疙瘩会慢慢化解,而让她时不时一起照顾弟弟,也让她感受到自己也是家中的顶梁柱。妈妈听了,忙点头称是,脸上雾霾渐渐淡去。

随后,我向小璐爸爸建议,让他尽量创造机会与小璐一对一地在一起,每天安排出一些时间与小璐单独相处,还是像从前一样,陪着小璐一起讲讲故事,打打羽毛球,也可以一起做家务。每天放学回家后和她聊聊学校生活、学习情况,这样有助于减少小璐对弟弟的反感和愤怒情绪,无时无刻都能感觉到爸爸对自己的关心与呵护。

我还提醒到:当亲友开始陆续给弟弟送礼物的时候,给小璐也准备一些礼物,这样她不会感到被排斥在外。不要把话题和关注都集中在新生儿上,小璐也需要关注,在亲友面前多多表扬小璐很能干,会照顾弟弟、学习成绩棒之类的话。小璐的家人听得很仔细,一旁的奶奶甚至记起了笔记。

接下来的日子,小璐的家人都积极行动,小璐也有一点一点的变化,成绩有所上升,与同学的矛盾也逐渐减少。

一个月以后,我批改孩子们的周记本。翻开小璐的本子,上面有几行字:我的小弟弟老是冲我咯咯咯地笑,眼睛眯成了一条缝!我拉着他的小手,轻轻告诉他:"我是你的姐姐!"

我长长地舒了口气,小璐,终于可以面对自己的弟弟了!

【点评】

二胎政策出台后,越来越多的家庭将要面临两个孩子争爱的问题。这个案例中,通过老师的指导,改变了家庭教育的方式、方法,让小璐同学适应了自己的新角色,成功地将孩子的"争爱",转变成了"施爱"。

(二)家长社群的专业引领

2015年,"社群"这个词语开始火爆流行,简单地说,"社群"就是基于一个需求和爱好而聚合在一起的"群"。随着信息技术的飞速发展及其在教育中的广泛运用,家校联系的方式也在悄然发生着变化。许多学校的班主任老师都建立了微信群、QQ群,这些家长社群也成为现在最普遍的一种家校沟通方式。

在"家长社信群"里,教师的言行和表现,无不体现着教师的文明修养、彰显着师德风范。关爱学生的成长和进步,是教师的责任和义务。同样,以社群等方式向家长反映和交流学生在校情况及指导家长做好家教工作,也是教师的义务和责任。

1. 如何建立有效家长群

(1)制定规则,共同遵守

在微信群、QQ群的应用中,教师首先应起到模范和引领作用,在规范自己行为的同时,还要为家长或者同家长一起制定一个共同的规则。在建群之初就应该明确规定,建立微信群是为了更好地促进家校沟通,所以必须明确规定什么可以做、什么不可以做,家长要自觉遵守规定,端正自己的角色和位置,明确自己的责任和义务。

(2)良性沟通,理性分享

在生活中,微信群、QQ群毕竟是个公共的交流平台,教师在此应注意自己的言行举止,不能居高临下、颐指气使,要怀敬畏之心、仁爱之情,以人为本,从学生和家长出发,知行兼修。

例如,家长最关心的就是孩子在校的学习、生活、就餐情况,教师可以利用微信这个平台,及时地进行现场直播,晒上孩子的各种照片,以供这些家长粉丝们一睹为快。或分享班级活动精彩瞬间,或展示班级学习成果,抑或秀秀孩子的才艺展示等。通过小小的微信,逐一向家长展示班级的"优秀升旗手""就餐我最棒""班级小雷锋",家长们及时了解了班级动态,他们在分享着孩子成功的喜悦,欣喜孩子成长的同时,也感受到老师平时教学的辛苦,育人的精心,对学校教育就更加支持,对老师也越发信任,家校彼此的心也就贴得更紧了。

(3)正面引导,传递正能量

家长是教师教育孩子的最佳同盟者,因为我们有着共同的目标——培养乐观开朗、明理友善、学习主动的孩子。可由于生活环境的不同,学习阅历的不同,彼此教育起孩子来,毕竟有些不太一样。比如说:有些家长出国留洋过,整天给孩子灌输西方教育,认为中国的教育,孩子太辛苦!一味地民主,让孩子任意发展,作业不写,行;上学迟到,行;孩子行为习惯不好,行……再比如说,有些家长少年经商,通过拼搏闯下一片产业,成为颇有积蓄的企业家,读书无用论,于他而言,就是真理……甚至有些家长,认为孩子学习就是孩子自己的事情,我太忙,没空管他的……面对这一系列的问题,该怎么办?

一个群体的健康发展需要以正能量来不断地引导。家长微信群里,应该大量地输入班级及学生积极向上发展的正能量内容,使其浸润家长并参与当中共同促成孩子成长。比如,可以传送团体各种奖励荣誉、集体活动图片和个人风采展示等。另外,教师可以适时在群里分享家庭教育中的名人和名篇,或分享自己撰写的有关教育方面的文章,以期家长更快更好地成长为优秀的家庭教育者。如果有能力,教师可创建微信公众号,让个别有能力的家长与自己一起来管理并优化其功能。这又是家长微信群延伸和发展的一种方式。利用家长社群,寻求家长的理解,与他们达成共识,形成合力,这样教育起孩子来才能达到事半功倍的效果。

2. 给老师的建议

构建和谐、文明、健康、生态的"家长社群",首先需要老师率先发力,在尊重家长、敬畏学生的前提下,着力把握好慎用和善用的关系,积极营造风清气正的"家长社群",让老师与家长、家长与老师、家长与家长之间,有爱的交流和心的互动。为了使"家长社群"更规范,也为了家校间的沟通更高效,我们为老师们准备了几点小小的建议:

(1) 在班级群中不点名批评孩子、公布成绩、排名等信息,这只会伤害孩子自尊心,同时也会让家长感到不舒服。

(2) 不要每次只发布优等生或表现优异的学生的照片,尽量让所有家长都能看到自己孩子的照片出现在班级群中。

(3) 不管是成绩好的孩子还是成绩差的,都多表扬、少批评,尽可能多地去发现孩子的优点。

(4) 绝不转发不经考证的信息,千万不要造成家长不必要的担心。

(5) 如果个别学生有问题可单独与家长沟通,普遍问题可以在班群中与家长交流。

(6) 试着在每一条通知后加上"不用回复"几个字或类似的话语,可以避免大量不必要信息的骚扰。

(7) 做班级群中的引导者,对于一些不适合发在班级群里的内容,要学会婉言提醒。

【案例】

微而有格　育而有方

——微信公约之我见

微信群在班级管理中的运用是信息技术高速发展的需要,它具方便、快捷、灵活、智能等优势,受到越来越多教师、家长的喜爱。而在日常工作中,我充分发挥"微而有格":有规范、有品质、有格局的特点,使微信群能更好地促进家校之间的交流和沟通,让每位家长都积极主动地参与到班级管理中来,形成科学的育儿方法,营造良好的班级文化氛围。

一、微而有格　非礼勿行

微而有格的第一要素，就是建立微信群时，必须要有群内的标准与规范，凡违背群要求的举动，要及时指出群内成员要注意把控自己的行为，真正做到非礼勿行。

现代教育都提倡学校、家庭、社会的一体化教育，因此随着信息技术的高速发展，微信平台已成为"三位一体"教育中不可缺少的角色。为促进家校信息的及时沟通，我将微信平台分为如下功能：1.发布公告。我经常通过班级微信群，及时发布班级简讯或公告，特别是要告知家长的，避免学生遗忘或传递信息时的错误。2.反馈学习。我经常通过我校730平台管理系统，使家长及时了解学生的学习情况。3.论坛交流。为让家长和更多的人走近"温馨教室"，在班级微信点点滴滴的沟通过程中，我发现一个教室的环境建设或完善，都需要学生和家长的大力支持与合作，于是，我通过微信与家长沟通交流，并让家长参与管理，成为班级微信群的管理员之一。参与关注永和医院受伤儿童，并积极加入爱心活动中，送上温馨的祝福话语。在与家委会共同的讨论和商议下，根据我班学生的学习情况，我新设了两个讨论话题就是"心之桥"和"亲子乐园"。在家长和心理辅导员之间建立一个有效的渠道，让家长说说自己的心里话，学会真心与孩子交往和沟通的方法，舒缓孩子近期紧张焦虑的情绪，形成了解互帮互助的良好氛围。家长们各抒己见讨论了在家里或在学生的学习上存在的困惑，交流互相的感受，并在亲子乐园里上传了自己在假期内实践活动的照片，这样既让家长感觉拉近了校与家的距离，也给家长和班级搭建了一个沟通的平台。多年的班主任工作实践使我认识到，注重家校沟通，形成学校与家庭的合力，是促使学生健康茁壮成长的良好捷径。4.分享资源。我经常在班级微信群里分享一些国内外优秀的育儿经验，或鼓励家长把自己平时在培养、教育孩子方面的优秀经验"晒"出来供大家共同学习，并对现阶段孩子存在的一些问题在微信群里抛出来让大家共同讨论并出谋划策。

二、微而有格　非礼勿言

微而有格的第二要素，就是在微信群内发言要有品质，凡不利于学生成长的言语，群内成员要通过私聊的方式解决，避免从众心理，真正做到非礼勿言。

随着网络技术的蓬勃发展，人与人之间的交流和沟通更多样化也更趋便捷，作为新形势下的班主任，探索如何利用信息技术去提高班级管理水平是我们义不容辞的责任。而微信作为更快速的即时通讯工具，与传统的短信沟通方式相比，更灵活、智能，且节省资费，微信平台以它的绝对优势受到了我的青睐。

我们常说："教书育人。"这说明作为一名教师不仅要传授知识，还要教育学生学会做人。记得三年级时，为了方便，家长们自发建立了班级家长群，从此我班就有了属于班级的微信群。自那时起,作为班主任的我,手机就不再安静了,时不时会收到"老师,今天的回家作业是什么?""老师,小吴今天在学校的表现好吗?""老师,XX的语文水平一直提不上去,是什么原因呢?"……偶尔我会应家长要求发一些孩子认真看书、写字的照片,原本是想让家长看看孩子的在校动态,不想却引来了家长的另一番"指指点点"。而且这些想法的后面总会有无数的家长跟随同样的问题,在微信群里,家长的想法很容易互相传染,并抱团向教师施压,严重时还会影响工作的开展。每个人都渴望得到别人的理解与尊重,如今的学生,都是家长心中的宝,一切都以孩子为中心,处处围着孩子转,以至孩子在家庭中成了"小太阳"。在学校,每个学生都是平等的,教师不仅要均匀地把爱心洒向每个孩子,更要率先垂范,用充满爱心的一言一行去点拨他们。特别是对于一些单亲家庭的孩子,他们更渴望得到老师的关爱。这些孩子性格较内向,许多在办公室不好当面讲的话语可以通过微信的方式交流、传递。于是,渐渐地,在沟通中,我想到了校有校规,班有班规,何不给我们班的微信群也来个"家规"呢?当然这一想法还是要与家长们达成共识,得到家长们的理解与配合。当得到了家长们的认同后,我在微信群中便拟定了一份"班级群公约":

1. 普遍问题可在班群中交流,如果个别学生有问题最好是单独沟通。
2. 在班群中晒照片要注意公平看待每一名学生,多表扬,少批评。
3. 在班群中要注意说话方式,传播积极向上的正能量。
4. 教师要做班级群中的引导者,对于一些不适合发生在群里的内容,要学会婉言拒绝提醒。

明确了"班级群公约"的作用、规则、禁忌,然后通过微信群得到大部分家长的认可,以此来规范我们班的班级微信群,这样便能促成更好的交流和沟通,很多问题也能更快、更有效地解决,并且达到"润物细无声"的效果。

三、微而有格 非礼勿视

微而有格的第三要素,就是在微信群内发布的信息要有一定的格局,特别是班级中的重要工作及活动情况,由班主任或家长志愿者在群内定点公布,每个家长和学生定点收藏,真正做到非礼勿视。

班主任在班级常规管理时,运用微信作为班主任的助手,可以更好地拉近彼此的距离,成为联系班主任与家长的桥梁。为方便彼此的沟通和交流在班级群中我开辟了一些讨论专题,"微笑的印记"中微笑天使、卫生之星、进步之星、小卫士、行规鸽、各类奖状都记录着学生不畏困难、挑战自我创下佳绩的奋斗过程。为使教室的黑板报会说话,家长志愿者在微信中组织大家共同合作,出色地完成了每期的黑板报,在学校每一次的学科节期间,家长带领孩子共同进行学科知识的收集、小报的制作并积极筹备中队主题会的召开,适时地弘扬民族精神教育,也使教室里体现出积极的精神和理想。"我家一角"里呈现着学生在学海之涯中的点滴积累,彰显着队员们的学习风格。"小小回收箱"里存放着学生在日常生活中积累的废弃材料的照片,需要的时候可以拿来学校共同制作机器人,也可以通过微信宣传垃圾如何分类等环保知识,体现了"从我做起、从小做起"的环保理念,通过大手牵小手的形式,家长志愿者参与到班级管理中,班级其他家长也看到了在校孩子们共同成长的快乐。

总之,班级就如一条缓缓流淌着的情感小河,满载着喜怒哀乐,收获着成败得失,而微信就像一座桥梁,促进了家校、师生以及家长之间的交流和互动,融洽了师生关系、增强家校联系,丰富了班级活动、能有效地节省时间,提高班级管理水平,收到良好的教育效果。

【点评】

微信群交流在家校互动方面有着方便、快捷的优点,但也存在着负面影响发酵快等不足之处。本案例通过明确班级微信群的发布标准,将发布内容限制在发布公告、反馈学习、论坛交流、分享资源4个板块,制定了4条班级微信群公约,促进了家校有效沟通,做到了"微"而有格。

【案例】

小小微信群 "微"力大无穷

随着智能手机的普及,科技发展的日新月异,"摇一摇、扫一扫、朋友圈、点赞"这些新名词已经逐渐走入了我们的日常生活。作为一种时尚的交流平台,微信它凭借着网络快速发送免费的语音短信、视频、图片和文字,支持多人群聊的手机聊天模式受到大家的热烈追捧,俨然成为大家茶余饭后的话题。作为一名小学的班主任,在日常的工作中我切身地感受到微信的巨大魅力,特别是微信独有的快速、高效的、便捷的通讯方式,让我感受到了它潜在的教育契机。它不仅丰富了人们的生活,也为我们小学德育教育带来了一种崭新的教育途径,更好地促进学校、家庭、社会这三位一体的大教育观的形成。

一、微信,促进教育合力的形成

著名教育家苏霍姆林斯基曾说过:"教育的效果取决于学校家庭的一致性,如果没有这种一致性,学校的教育就像房子一样倒塌下来。"而巧妙地应用微信平台,有助于形成家校教育的合力。

1. 教育资源的共享

学校、家庭、社会这三者是现代社会教育不可缺少的组成部分。充分调动各方面的资源，能更好地有利于教育的最优化。作为一名毕业班的班主任，为了帮助家长能更清晰地了解"小升初"的各项要求，减少家长的盲目性，我常常在微信群内将最新的政策在群内和家长一起分享。除此以外，五年级的孩子已经处于青春期，孩子的叛逆心理已有所显露。家长面对这样的情况常常束手无策，面对这样的情况，我就充分利用班级的微信群，及时地在群里分享优秀的家庭教育的方法，帮助家长平稳地和孩子一起度过青春期。除此以外，我还积极鼓励班级中的家长在群内分享自己的育儿经验，使家长之间互相取长补短，采纳更科学有效的方法引导，收到了很好的效果。一个人的力量是有限的，家长的潜力是无限的。别小看家长，他们能做的绝对不是简单地签字、检查作业，关键是看我们能不能给他们提供平台。而微信群的建立正好补充了这一空白，让家长们有展示他们风采的舞台，发挥他们的优势，最终形成班级教育的合力，为我们服务。微信构筑了家长和老师之间的桥梁，促使班级教育合力的形成，教育工作达到了事半功倍的效果。

2. 促进习惯的养成

学生学习习惯的养成并非朝夕，微信的运用能更好地促进学校、家庭的双方形成合力，共同帮助孩子形成好的习惯。每个学期，我都会根据学校德育的重点落实班级行规训练的内容。除了利用班会课的时间进行教育外，我还将训练的重点内容公示在微信群中，一个温馨的提醒能及时地让家长得以知晓，并在日常的学习生活中督促孩子，促进好习惯的养成。

3. 学习热情的提升

表扬的魅力是无穷的，特别是微信群里的一个表扬更能有"一石激起千层浪"的效果。因此在平时的微信群里，我每周都会寻找学生的优点在群里进行表扬。这不仅让家长感受到老师对孩子的关心，更能有效地激发学生学习的积极性，实现师生、生生之间的互动学习。

二、微信，促进家长全方位了解

学校的学习生活是丰富多彩的，每天八小时时间孩子在校是怎样度过的，这也许成了大部分家长想要了解的内容。为了能够让家长更多地了解孩子的校园生活。在日常的教育教学过程中，班主任工作中，我充分利用微信这个平台，及时地进行现场直播。每学期开学初学校都会要求进行班级布置，图书角、植物角这些都凝聚了每个孩子的心血。因此每次布置完，我便会拍几张照片放在班级群中展示；

班级每月都会定期更新一期黑板报,我每次都会把孩子们的劳动成果展示在上面;200分钟富有特色的活动课更是深受家长、学生的喜爱。"小鬼当家"就是其中的一个。课堂上,作为班主任的我总是及时的记录下孩子们活动课上的点滴并通过微信群将课堂上的精彩瞬间传递给家长,让家长更多地了解校园生活,了解自己的孩子,感受校园生活的快乐。

除此以外外出的各类活动的实时转播更是让家长目睹了孩子们成长,帮助他们记录下了孩子成长过程中的每一个细节。每月一次的社会实践活动是我校的一个德育教育的平台。

活动前的准备工作、活动过程中的精彩瞬间、活动后的报道,作为班主任我总是第一时间在班级微信群内进行分享,让家长感受孩子成长的过程的同时更多地了解学校教育理念。

三、微信,促进班集体情感的建立

班级微信群使得家校互动提到了一个新的境界。它不仅更快的拉近了教师与家长之间的距离,还使师生之间、生生之间的情感更为贴近,成为维系班级情感的一根纽带。我班的杨同学平时经常欺负同学,家长因此而抱怨较多。可是当同学们得知他生病住院时,都纷纷表示想要去探望。为了不影响病人的休息,我拍摄了孩子们对杨同学的祝福语,通过微信群送上了最真挚的慰问。当杨同学收到这样的礼物时,感动地直说:"谢谢身边的每一位同学!"微信群里的一举一动不仅牵动着孩子们的心,更是感动了全班所有的家长们,她们也纷纷给孩子送去了慰问和祝福。小小的微信群,不仅融化了孩子家长之间的矛盾,更是让人感受到了同学情谊的珍贵。

常言道:好教师靠一堂课成就自己,好医生靠一把刀成就自己,好演员靠一台戏成就自己。如果要说一个班级的精彩那么我可以说,是微信群成就了我们这个精彩的温馨的和谐的大家庭。

【点评】

案例中,班主任老师通过内容主导、正面引导、情感疏导等方式,充分发挥了班级微信群的正面作用,不仅共享了教育资源和展现了学生多彩瞬间,还促进了学生习惯的养成和学习热情的提高。用微信群在学校和家庭之间架构了一座美丽的彩虹桥。

【案例】

有你们的参与才更精彩

6月3日,班级的微信群里沸腾了,孩子们的照片一张接一张地上传进群,唱歌的、跳舞的、诗朗诵的、互换礼物的、捧着蛋糕的、小伙伴们围在一起的……还有家长们的心声:"学校为孩子们举办了一次有意义的活动,让孩子们过了一个难忘的生日""看到孩子们越来越能干了,我们也就放心了""感谢学校为我们提供了这个机会和孩子共处""老师们辛苦了;孩子们真棒"……看着一张张绽开的笑脸,读着一句句质朴的话语,我也是感慨万分,是啊,对于我们三年级的全体学生、家长而言,这一天,都是一个难忘的日子——在浦东科技馆,我们举行了以"放飞梦想,感恩成长"为主题的十岁集体生日仪式,全体家长都应邀参加了此次活动。

十岁,是孩子成长的界碑,十岁集体生日仪式是一个特殊的纪念日。为了让学生们记住"十岁"这一幸福时刻,回忆童年的美好生活,感恩父母、师长的深情厚意。我们决定邀请全体家长共同参与,让这次十岁集体生日成为一次亲子活动。

由于家长们平时都比较忙碌,要把大家召集在一起还真不是一件容易的事,以往每学期的开放活动总有家长因为各种原因不来,总会看到有孩子因为父母未能到场而落寞的神情。为了能提高家长参与活动的积极性,我们活动策划开始就充分发挥班级微信群的作用,我在微信群中开设了"家长论坛",从活动的设计思路、活动时间、地点、内容以及活动过程,包括活动的前期准备、参与人员的安排、仪式流程等都一一发布在微信群中,组织家长讨论、听取意见,让活动方案更加具体和完善,也让家长们更主动地参与。

当活动方案得到学校的肯定后,我又在班级微信群里把此次活动需要家长们配合的事项做了沟通并征求大家的意见:

亲爱的家长,6月3日三年级学生将在上海科技馆举行十岁集体生日仪式,请家长们配合好以下事项,谢谢!

1. 每位家长为孩子准备一封生日祝贺信,表达父母对孩子生日的美好祝福和殷切期望;

2. 家长可以和孩子讲讲养育过程中一件难忘的事情或者说说孩子儿时照片中的故事;

3. 请家长们安排好活动当天的工作,自行前往科技馆,务必准时出席,给孩子们一个爱的陪伴。

信息一发出去,大部分家长都积极响应,在微信群里纷纷点赞或表态。但也有少数家长对于届时能否参加活动表示有困难有些还颇有微词,比如小范妈妈说,他爸爸不在家,家里还有弟弟要照顾,不能来;小马家长说自己出差在外;还有个别外地来沪的家长说到科技馆那么远,不方便,为什么亲子活动不在学校进行……针对这些问题我都一一进行了回复:"科技馆是孩子们非常喜欢的场所,也是个5A级的科普旅游景点,我们把活动场地选在那里,是考虑到活动结束后孩子们可以和家长继续留在里面参观游玩,这是多好的亲子交流机会啊!""像小范家长这种情况的,弟弟可以一起带去,但一定要看管好自己的孩子。""我们特地提早一个月把活动时间、地点告诉大家,就是希望家长有足够的时间安排好工作,保证到时能出席活动,不让孩子失望,因为亲子活动只有你们的参加才会更加精彩!"很多家长在微信群里看到了我的回复,一些热心学校工作的家长也纷纷参与回复和讨论,还提供了交通路线:"很方便的,2号线可以直达科技馆。""自己开车,那边有停车场的。""我们两家离得不算远,到时候我可以带你一起去。"……看到家长们的主动回应,我心里很是欣慰。私下,我又联系了班级家委会成员,希望他们能够积极协助我开展好此次活动。于是小李爸爸在群里公开表态:"周老师,我觉得集体生日会很有意义,是我们自己家里无法做到的,我请假也要来。"小王妈妈说:"周老师,你们要是忙不过来就跟我讲,3号那天我早点去帮忙!""对对对,我也有空,我来帮忙。"朴实的话语得到了其他家长的共鸣,也让我心里异常温暖!

活动前一天,我又在班级微信群里进行了友情提醒:"各位家长好!明天早上9:15我们准时在科技馆2号门口集中,今晚早些休息,明天早些出门,建议坐地铁,2号线直达!"马上有家长回应:"老师辛苦,您也早些休息,明天见!"

6月3日一早,孩子们高兴地坐上了去科技馆的大巴。我的手机上也不时地传来家长们的信息,小胡妈妈说:"我已经到了,我是第一个哦!""第一名,表扬!"我适时地为她送上大拇指。"哎呀,我们早早就出来了,可是堵在高架上呢!""你们应该听老师的,乘地铁就好了,不要急,安全第一!"有家长立刻送上安慰。"我也到了,在2号正门口!""耐心等候,我们在路上,快到了"。我和家长们实时播报着我们的位置。孩子们听说他们的爸爸妈妈已经到了科技馆,脸上笑成了一朵花。"周老师你好!蛋糕已经拿好了,我在去科技馆的路上了。"手机上传来新信息,这是小汪的爸爸。前两天,当看到我在群里问哪位家长方便帮我们把预定的蛋糕拿好并带到科技馆时,他马上回复"我来吧,我家离蛋糕店近。"当时我感激地说:"你辛苦了,注意安全哦!"他更是表示:"没事儿,能为孩子们做事,我很开心,我不累,老师们辛苦了!"

一到科技馆,早早守候在门口的家长们马上接过我手里的礼物、游戏道具,我也十分自然地请他们帮忙清点人数,签字。当看到小婷爸爸出现在科技馆时,我眼前一亮,第一次看他穿得这么利索清爽,可见,尽管他平时对孩子的教育有些缺失,但还是很重视这次亲子活动的,我热情地和他打招呼……

活动开始了,孩子们用各种形式展示着自己的才艺,感谢父母的养育之恩、老师的教育之情,用行动告诉家长,他们长大了!家长们纷纷举起相机记录下孩子们的笑脸,也记下了他们成长的足迹!活动中的亲子游戏更是让家长们仿佛回到了童年,和孩子们一起玩乐,现场一片欢腾……活动接近尾声,孩子们依偎在父母身边,吃着蛋糕,其乐融融。瞧,小婷手捧蛋糕走向爸爸,笑得多开心啊!

这次活动得到了家长们的充分肯定,在微信群里满满的都是家长们的点赞和感动:

"老师,谢谢你们的付出,我们好感动。"孙妈妈发来信息。

"周老师您辛苦了!我家孩子平时不爱表现,其实我知道她的内心也是个好强的孩子,今天我看到了她的表演,真高兴!让您费心了,非常感谢您!"小昳妈妈看到了女儿在台上自信地又唱又跳,给我发来了这样一段话。

"我们班的孩子是最棒的,把孩子交给你们,我们放心。""文集《童年·童心·童趣》很棒,很有纪念意义,老师们用心良苦,辛苦老师们了。""老师的寄语都很棒,肺腑之言,孩子们定当牢记!"……家长们对我们把孩子们平时的习作编印成文集作为礼物纷纷留言。

"谢谢老师们,你们辛苦了,谢谢你们让孩子们过了一个难忘的十岁生日,真是太有意义了。""十岁是孩子人生一个重要的转折点,老师们为孩子策划了那么有意义的活动,在观众席我几次热泪盈眶,感谢老师们的无私付出,感恩!"……

读着家长的留言,看着他们朋友圈中感人的话语,没有华丽的辞藻,却句句实在,我顿时感觉我们的活动太有意义了,一个多月的忙碌是值得的,因为,它让学校和家长的心贴得更近了!我在群里回应着"活动能够顺利进行,离不开各位家长们的支持和配合!谢谢各位!"

微信群是家校合作的重要平台,它架起了家长和学校之间沟通的桥梁,尤其是对于我们这所寄宿制学校而言,更是填补了平时老师无法及时联系家长的缺憾。通过微信群让家长能够商议学校工作,参与活动交流,打开各自心扉,发表教育感言……也让他们能够及时掌握孩子在学校的学习、活动、生活。这次十岁生日仪式能够成功举办,离不开家长们的支持与参与,更离不开微信群的沟通与交流!

【点评】

这是一个家校互动的精彩案例。教师利用班级微信群,调动家长积极参与"十岁集体生日仪式"活动的讨论和实施,使一个学校教育活动变成了亲子活动。不仅调动了微信群的良好沟通氛围,更为重要的是还加强了家长对学校工作的了解和支持。

四、应对与干预

(一) 常见的突发事件①

突发事件是在中小学校园内或周边,突然发生的、可能对中小学生或学校教师员工造成严重伤害的,严重影响学校教育教学秩序的,或可能造成严重社会影响的事件。中小学学生是一群特殊性的群体,具有人口密集,管理困难的特点。这一群体的学生由于其年龄小、心智还未成熟,因而在面对突发事件时缺乏预防性的能力,在突发事件发生之时往往表现出一种一筹莫展的样态,在突发事件的处理过程中更是一种茫然、懵懂的状态,因此,中小学突发事件更容易造成重大损失,中小学突发事件的处置需要学校、学生家长,以至于全社会的共同关注。需要学校主体和政府相关职能部门高度重视,因为他们不仅是父母的重要精神寄托,同时也关乎着全社会稳定以及国家的未来发展。

1. 突发事件的分类

学校突发事件指由于自然的、人为的或者社会政治的原因引发的,在学校内部突然发生的,对学校的教学、工作、生活和社会秩序造成一定干扰、冲击或危害,甚至造成财产损失和人员伤亡的重大事件。按发生原因,做以下分类:

中小学突发事件的类型

类型	内涵	表现形式	典型案例
自然灾害类	一般指如暴雨、洪涝、台风、地震、火灾、泥石流等而引起的中小学学校的突发性事件	暴雨、洪涝、台风、地震、火灾、泥石流等	2007年安徽天坛市龙卷风;淮河流域的洪涝灾害;2008年的汶川地震,在4 624万受灾人数中,中小学生、幼儿园学生伤亡数量特别多
安全事故类	主要指在校园内或学校组织的活动中发生的意外人身伤害事故	如在大型体育比赛、文娱活动中出现的骚乱、踩踏、考试安全等	2009年10月19日,娄底市春田花花幼儿园园车超越翻车事故,导致4名幼儿溺水死亡,26名幼儿不同程度受伤;2009年12月7日21点,湖南省湘乡育才中学,发生校园踩踏事故,导致8人罹难,26人受伤

---

① 蒋娟.中小学突发事件应急管理研究[M].湖南师范大学,2013.

续 表

类型	内　涵	表现形式	典型案例
公共卫生类	主要因传染病流行、食物中毒等，直接危害学生的身体健康和生命安全	传染病流行、食物中毒等	有统计显示，我国70%以上的突发公共卫生事件发生在学校，80%以上的学校突发事件为传染病流行事件。如2003年"非典"在学校肆虐，以及出现的食物中毒事件等
社会安全类	主要包括校园内外涉及师生的各种非法集会、游行示威以及聚众闹事等群体事件	溺水、交通事故、建筑物倒塌、食物中毒、打架斗殴、网络安全等	2010年3月23日7时20分，发生在福建南平的凶手郑民生持刀砍杀，造成8死5伤的"南平惨案"；2012年9月24日，广西平南县的16名小学生被砍死伤事件等

四类事件中，尤以安全事故、公共卫生事件较常发生。而在社会安全类事件中尤以学生中的偷盗、网络安全等事件最为常见。

2. 应对突发事件的基本原则

学校事故的发生大多具有突发性或不可预见性，学校一方面要及时救护受伤害的学生，同时还要有现场记录及相关证据的保存，因此，有必要建立一套规范的安全事故处理程序。根据《学生伤害安全事故处理办法》的规定，在学校事故发生时，学校第一时间应做的是救助受伤学生，而且应当通知该学生的监护人。

(1) 预防为主原则

首先，增强在校学生的防范意识，开设安全教育课程。通过课程的传授增强在校学生的安全意识，教会学生掌握防火、防盗的基本常识，提高学生对周围危险环境的警觉性；组织有关安全方面的科学技术讲座、宣传活动、科研活动、竞赛活动等；制定相关管理办法，防止外来人员和外来车辆进入校园给在校学生带来安全隐患。再次，提高学校的安全管理意识，避免在校外活动时发生意外事故。如外出前做好安全演练活动，将理论学习、思想教育与实际工作相结合；做好相关培训工作，准备好应急预案与工具，避免在紧急情况发生时束手无策。最后，减少教师的不当行为，避免由于教师的过激言语或行为而对学生造成心理或身体伤害。

(2) 综合治理原则

学校事故的发生不是由一个原因或一种现象造成的，它是由多种因素累积下来的结果，是各种原因的综合体。这其中不仅涉及学校与家庭的关系，学校与社会的关系，还涉及学校与学校之间的关系。

首先，要建立一套统一的校园安全防范制度，通过《校园安全法》的制定来确立校园安全的标准、明确各部门的职能。

其次,引入校园平安志愿者模式,通过校园平安志愿者与其他部门合作来服务师生,为师生员工营造一个安全的校园。

再次,加强师生的安全防范教育,将师生的安全理念、安全意识培养与学校的教育理念结合起来。

最后,建立一个由学校、家庭和社会构成的教育服务体系,借此开展多元化的教育服务,通过社会管理加以控制学校事故发生的概率。充分发挥社会的中介作用,建立起学校与学生及其家庭之间的桥梁,全面防范学校事故的发生。

【案例】

鼻血风波

在学校里突发意想不到的情况,恐怕每位老师都遇到过。处理突发事件,不外乎先要冷静,仔细分析一下再处理。在处理突发事件的过程中,以不伤害学生为前提,温和地妥善处理。有时也可以先悄悄制止,等课后再耐心细致地处理好。处理课堂突发事件,考验的是我们老师的爱心、耐心和智慧。

小王从未进过幼儿园,对集体生活适应很慢,是胆小怕事的一个男孩,二年级了,和同学还是很少开口,他与同学的交往很少,从不惹是生非。即使别人惹他,他也一直躲着,忍让着,从不还手,也不告状。倒是班里有些调皮捣蛋的男孩会好玩似的欺负他,有时用橡皮扔他,有时抢走他的尺,有时又会拿了他的笔不还……人高马大的小高就是其中之一。

一天早读时,小高的妈妈不顾门卫的阻拦非要进校,进了教室后,直接找到同学小王,质问他:为什么昨天要用铅笔盒砸他的儿子,把他儿子的鼻子都打出血了,还警告说以后再有类似情况发生,就对小王不客气之类的话。小高妈妈走后,小王哭得如同一个泪人,一脸的委屈。我一踏进教室同学们就围了上来:"老师,小高的妈妈来学校了,现在走了。""老师,昨天是小王把小高打得鼻子出血了!""老师,是小高不好,经常欺负他,昨天也是小高先把小王的书抢了,小王向他要,他就是不还,小王一气之下就把铅笔盒打在小高的脸上。"

在学生们的叽叽喳喳的告状声中,我明白了事情的原委。于是我就把小王和小高一起叫进办公室,对小高说:"小王昨天为什么要打你?"小高说:"是我抢了他的书。"我又问:"他打你,你为什么不还手?"小高说:"以前我拿他东西时,他从来不响,当我拿走他的书后,我没想到他会打我,出了鼻血后,我也吓蒙了,我本来不想告诉妈妈的,怕妈妈担心,可是我用餐巾纸擦来擦去也擦不掉,最后还是被妈妈发现了。""那你是怎么和妈妈说的呢？""我怕自己欺负同学让妈妈知道后，妈妈会打我，就说我问同学借书，同学不肯借，还用铅笔盒砸我。"至此我什么都明白了。我没有简单地批评小王，因为对于小王来说一贯逆来顺受，从不轻易反抗，这次可能是一个转折点。我对小王说："老师已经了解了事情的真相，你可以回教室了。"小王抬起头，用惊异的眼睛看着我，他不相信自己把别人打出了血，老师竟然没有批评他。我转身对小高说："你欺负别人在先，虽然也被别人打出了血，但是这是你应得的教训，当妈妈问起此事你没有说实话，让妈妈误以为你被同学欺负了，这就更加不对了，知道接下来该怎么做吗？"小高说："我会把事情经过向妈妈说明白的。"

小高同学的爸爸是一位中学老师，平时在家管教很严，学的东西也很多，知识面广，在家里，小高特别听话，爸爸妈妈一直认为他是一个乖孩子，绝不会无理取闹。当发现孩子在外面吃亏时，就听信了孩子的一面之词。而小高为了不想破坏自己在妈妈心目中的形象就说了谎。

第二天，我通过QQ和小高的妈妈把事情的经过说了一遍，这时他妈妈已经了解了事情的原委，也觉得自己做得有点过分，表示自己不应该在没有核实清楚事情真相时做出不理智的举动。我顺势说出了自己的想法：孩子间出现矛盾和纠纷时，家长不能怕自己孩子吃亏而出手相助，大人插手将改变了孩子间玩闹的性质，而应该是充当调解、劝和的角色，孩子之间的事让孩子自己去解决。如果怀疑孩子受到了欺负，首先要弄清事实真相。要冷静、理性观察，准确判断你的孩子是受到欺负了吗？如果是自己孩子错在先，一定要督促孩子给对方说声"对不起！"如果家长过度干预，盛气凌人，别的家长也可能要求孩子不再与你的孩子玩耍。慢慢地，你的孩子就会被同伴疏远，就会因缺少朋友变得孤单，并将影响其健康成长。

【点评】

案例中的突发事件在学校中经常出现，尤其是低年级，主要由学生纠纷引起。教师在处理时耐心细致，清楚了解了事件经过，认定了事件的性质，处理的方式符合学生发展的特点，对双方学生的健康成长都有帮助并及时与家长进行了沟通，还进行了相应的指导。

【案例】

项链丢失后

在校艺术节上，三(1)班的表演获得了优秀奖，当王老师带着参与表演的同学们兴高采烈地回到教室时,教室里响起了热烈的掌声。看着自己心爱的学生们,王老师露出了欣慰的笑容。

可是没多久,王老师的笑容就消失了。原来,参加表演的小陈同学项链不见了,怎么也找不到,而她去参加表演前明明是放在铅笔盒里的,同桌也可以证明。王老师婉转地在教室里对全班小朋友说:"是不是有小朋友想跟小陈开玩笑拿走了,或者有谁捡到项链了?"可是班级中的小朋友都表示没有看到,也没有拿过。

王老师凭借三年来对学生的了解,经过观察、排除、个别谈话等方式,发现是班中的小谢同学有可能拿了那根项链。经过询问,原来小谢觉得妈妈为他操了很多心,一直想送妈妈一个礼物,就趁大家不注意偷偷拿走了项链,想回家送给妈妈让她开心。王老师听后严肃地批评了他。小谢听后,表示知道错了,自己的行为是一种违背道德的偷窃行为,并保证以后再也不做这样的事情了。为了顾及他的自尊,王老师也答应替他保密,不让其他同学知道这件事情。

放学后,王老师单独留下了小谢的外婆,把当天的事情和她详细地说了一遍,希望家长回去后能够加强教育,杜绝孩子再犯同样的错误,外婆连声表示一定配合老师多加督促。回到办公室的王老师长吁了一口气,决定利用第二天早上的晨会课再对班级学生进行教育。

正准备下班时,手机铃声响起,王老师一看,是小谢妈妈打来的。王老师脑海中念头一闪:小谢的家长真配合,一知道孩子犯错就主动打来电话,可能是来道歉的……

"王老师,我是小谢的妈妈,我一到家外婆就和我说了,但我觉得有必要再和你沟通一下!"听着家长不太友善的语气,王老师心里顿时"咯噔"一下。"我觉得我们小谢只是认为项链好看,就拿来看,没有及时还给同学而已,王老师,我知道我们孩子平时比较调皮,但你不能因为这个就把这件事看得那么严重!"霎时,王老师只觉得不解、委屈、怒意等各种情绪如利剑般穿心而过。小谢妈妈在王老师的印象中还是非常明事理的家长,是不是有什么误会呢?强自镇定后,王老师用比较平静的语气说:"小谢妈妈,老师不会因为孩子平时的表现就武断地去判别孩子的所有行为。刚才放学时,我已经将整件事情的经过当着小谢的面和外婆沟通过了,不知道是不是在外婆或是小谢向你转述的过程中有所遗漏,让你产生了这样的想法,你看,你家就在学校附近,我也还没离校,要不你带着小谢过来,我们面对面地再沟通一下呢?""好的,我马上过来!"说完,家长就挂断了电话。

在等待的时间里,王老师迅速地整理起了思路:

1. 家长之间没有传达清楚,产生了误会。

2. 家长明知孩子行为有问题,却不想给老师留下不良印象,硬要扭转事实……

王老师暗暗对自己说,不论家长出于什么心态,都要控制好自己的情绪,不要和家长起不必要的冲突,家长愿意来沟通,说明是重视孩子教育的,总比不闻不问的要好。

等了10多分钟,家长没来,电话铃却又响了,还是小谢妈妈。"王老师,不好意思哦!"小谢妈妈判若两人的语气让王老师摸不着头脑,这个变化也太快了点吧!"王老师,刚才是我太着急了,外婆平时比较宝贝孩子,生怕我打孩子,所以没有把事情原原本本跟我说清楚,我不知道你在班级里询问过,了解过具体情况的,还当你是直接就判断是小谢偷拿项链的。刚才小谢一听我要带他再到学校来,就知道瞒不过了,主动跟我说清楚了,这件事情是他不对,我会批评他的,对不起哦!""哦,解释清楚就好了,我们都是为了孩子,我能理解的。"王老师暗暗庆幸刚才控制好了自己的情绪,没有在事情不明朗的时候和家长起口头上的冲突,同时,也为小谢最终的诚实感到高兴。

王老师又通过电话对小谢进行了教育,告诉他如果想送礼物应该靠正大光明的途径获取而不是偷偷摸摸,作为学生,可以通过力所能及的方式来送礼,例如:帮妈妈做些家务或是取得好成绩等,这样才是真正孝顺的表现。最后在家长的道歉与感谢声中,王老师挂断了电话,心情舒畅地背起包离开了学校。

【点评】

这是一个典型的好心办坏事的案例。教师在处理前详细了解事件的起因和经过,对教育该学生有着至关重要的作用。教师对小谢同学的教育进行了隐私保密,是解决好心办坏事这类事件的基础。另外在与家长沟通时也及时发现了隔代教育问题,达成了学校和家庭教育的统一性。

【案例】

晨晨的耳朵

在班级日常管理活动中,常常会遇到一些突发事件,正确处理班级的突发事件,是作为教育教学工作者,特别是班主任的基本工作能力。突发事件处理得好,对今后的班级管理意义非常重大,反之,将会产生不良的影响和后果。

在班级里,我们经常会遇到一些孩子突发疾病,但当老师打电话给家长时,他们一听不是什么大病都会不以为然,找种种借口拖延,有的还坚持送孩子来上学。这时班主任和家长之间良好的沟通,能够在彼此之间架起理解的桥梁。

一天，傍晚快下班的时候，我班的晨晨同学突然哭着告诉我说，他的耳朵里面很痛，并且恶心，想吐。我听了以后，急忙把他送到学校医务室检查，校医看了也不知道是什么原因，我只有打电话联系家长，让她带孩子去医院检查。当晚，家长来校把孩子接回家了。第二天早上，我一走进教室，就碰见晨晨妈妈把孩子送到了学校。我问她送孩子去医院检查没有，结果怎样？她说："没有送医院去检查，他昨晚回到家就好了，这孩子以前得过中耳炎，医生之前给开过药，我去药房买了药带到学校来了，让校医按时给他吃吃就可以了。"然后转身对晨晨说："男孩子要坚强一点，不能有一点小毛病就请假，耽误上课，怎么办啊？"我正准备要和她好好沟通一下，她却急着离开教室，边走边说："我今天很忙，先回去了，麻烦老师帮我好好照顾他。"看着她远去的背影，我只能无奈地摇了摇头。

吃过午饭以后，晨晨又哭着对我说，他耳朵痛，恶心，想吐。看着孩子苍白的脸，我感觉他一定不是装病，肯定是真的不舒服了，可电话那头，她妈妈不停地埋怨："这孩子就是不想上学，他肯定是装病的……"看着站在一旁痛苦、委屈的孩子，我心里对这个不负责任的妈妈一下子冒火，但我还是压抑住心中的不满，一边心疼地安慰孩子，一边耐心地和家长沟通："晨晨妈，大人生病都需要休息，何况孩子？小孩的耳朵很娇嫩，很容易出状况的，如果不及时治疗，很可能会引起耳聋，甚至会有生命危险的。希望你尽快赶到学校，把孩子带到医院去做个全面的检查，如果要培养孩子吃苦耐劳的精神，也不能让孩子以健康为代价！再说请假了，等他身体好了，我们可以帮他补上的……"正在我打电话的时候，晨晨跑去卫生间吐得一塌糊涂，我立刻赶去把孩子当时的状况用手机拍下来，发给他妈妈看，这下她才着急了，连忙说，马上到学校来接他去医院检查。

第二天，晨晨妈妈告诉我，医院检查结果出来了，孩子的确是得了很严重的化脓性耳膜炎，幸亏及时送到了医院，否则，后果不堪设想。

针对这次事件，在之后的一次家长会上，就"孩子生病了，该不该送学校？"这个问题，我和家长们交换了一些意见。我个人认为：在孩子成年以前，对于生病孩子家长要给予他充分的心理关怀，此时的孩子需要家长的陪伴，需要家长的精心照顾，父母应该尽可能地抽出时间让孩子体会到家的温暖，而不是让他坚持来上学，因为孩子除了学习知识，也要学习如何关爱家人，如何照顾病人，这也是孩子成长的过程。当孩子以生病为借口不想上学的时候，父母可能要审视自己对孩子的关注，是不是孩子只有生病的时候才能够获得父母的陪伴、关注和爱护呢？我的发言得到了家长们的认可，他们有的频频点头，有的表示赞同，也有的若有所思……这次家长会后，再遇到班级中孩子生病，我打电话给家长，家长基本上都能及时赶来把孩子接回家,让他们在家安心休息等身体康复了再回到学校。

【点评】

　　在这个案例中,教师说明了两个问题:一个是学生生病后要及时与家长联系,并去医院确诊,孩子的健康是第一位的;第二个问题是指导家长如何应对以身体不舒服拒绝上学问题。一件事常见的学生生病事件,引起了教师深入关注,并进行了预防性的家庭教育指导,足见教师的经验非常丰富。

【案例】

玻璃窗打碎之后

　　教师对学生实施的教育过程是一个动态的活动过程,一个班级有十几个学生,随时可能引发出一桩又一桩的突发事件。要正确处理这些突发事件,教师必须充分运用教育机智和教育艺术,让学生感受到老师炽热的心肠,闪光的智慧和高尚的品格,从而接受教育,突发事件才能得到妥善的解决。

　　开学不久的一天早上,搭班老师悄悄告诉我,昨天我班的小竺跟同学发生矛盾,打碎了教室的玻璃窗,搭班老师批评他,他非但不听,还跟老师顶嘴大声呼叫。由于我当时是新接班,对学生的情况不是很了解,所以我先向其他老师了解了该生的情况。

　　小竺是三年级时转到我们学校的,转学的原因是他妈妈非常袒护自己的孩子,无论什么原因,决不能说孩子的不好,只要老师一说她孩子不好,她就立刻寻找各种理由与老师争论,甚至有时还要和老师争吵。为此,在原来的学校她和所有的任课老师都吵遍了,甚至有一次还把班主任给打了……有这样的家长,孩子还能继续在原校读书吗?无奈之下只好转学。

　　怎么办?无论是谁,只要故意损坏公共财产必须赔偿,同时还要根据情节进行批评教育。这样的学生在班级中已经造成了不良影响,如何有效地教育呢?

　　在平时跟孩子们聊天时,我知道了小竺是个单亲家庭的孩子,由此来分析竺妈妈之所以这样全力偏护儿子,一定程度上是因为离婚后怕别的孩子瞧不起她的孩子,欺负他,所以她出现了教育的偏激。由此,我深思后,觉得小竺损坏了学校的设施,必须要"双管齐下"进行处理:

　　一是教育小竺,使他认识到自己的行为是错误的,应该接受处罚。

　　二是与竺妈妈进行交流,使她明白无论谁损坏公共财产都要赔偿,改掉过去的那种无理行为。

当我把这个想法与搭班老师交流时,她似乎感到找家长有些为难。为难?我也知道找家长沟通会遇到困难,但作为班主任不能因为逃避困难而对学生放任不管呀!

于是,我利用课余时间先找到小竺,给他看一些网上搜寻的视频、新闻,如有些人因为一时冲动失手伤人;有些人无视法规破坏公共设施等,边看边交流,让他谈看法,谈这些人为什么会受到法律的处罚。

其实小竺是很聪明的一个孩子。当我慢慢地循序渐进对他教育时,他早就明白自己的做法是不对的。可是涉及需要赔款时,他就不响了。我清楚,他一定认为自己的做法事出有因,如果同学不先欺负他,他是不会这样做的。看到他那种神态,我马上说出他心里的想法,他连连点头。接着,我跟他讲了在校出现问题第一时间应该怎么办?他回答:"应该找老师。"我说:"这件事情如果先跟老师汇报,那老师一定替你说话的,你这样处理非但不能解决问题,反倒把问题搞大搞出麻烦,现在学校财产受损失,这就叫作遇事不动脑太冲动……"就这样,我耐心地教育小竺,又利用中午的午会课时间进行讨论:同学之间发生矛盾该怎样解决?损坏了公共财物应该怎么办?

经过讨论,全班同学受到了教育,也懂得了道理,更主要的是使小竺认识到了自己的不足,找到了身上的问题并愿意赔偿。同时我又在全班同学面前表扬了他,说他懂事聪明,在错误面前不固执,又重点强调如果再做好家长工作,让家长积极配合,那老师相信你一定是最棒的孩子!小竺听了之后悄悄和我说,回家后一定会和妈妈好好说的,绝不到学校闹,要照价赔偿玻璃。放学的时候,他小心翼翼地在《学习点点》里夹了一张纸条,上面写着:"刘老师,周一我一定把钱带来。"

孩子的问题解决了。其实这只是成功了一半,我还是更担心孩子的妈妈。

果然,孩子妈妈打电话来了,气势汹汹的口气似乎要找我质问,我不动声色,先表扬孩子在这件事情上的做法是正确的,然后又说:"这件事其实并不大,满可以不这样处理,可是,孩子认识到自己的不足,自己愿意接受赔偿,说明你儿子不是一般的孩子,他明事理,是个知错就改的好孩子。而且我在班级里已经表扬他了,同学们也都表示要向他学习。"电话那端的竺妈妈沉默了,我继续说:"我知道你视小竺为宝贝,生怕他被别人欺负。他这么聪明的孩子,我们大人如果正确引导好好培养,让他懂得事理,让他健康成长,将来他一定是个非常优秀的儿子。"

竺妈妈听后,顿时在电话里哭诉,她告诉我,在原来学校的一桩桩一件件事情都是为了不让孩子在别人面前抬不起头,不受欺负。我又告诉她,大人的一举一动会直接影响到孩子的成长,以后在班级里我一定会对孩子倍加关爱,让他感受到集体的温暖。

就这样,一场打碎玻璃窗的风波得到了圆满的解决。

对于教育工作者来说,面对孩子损坏学校设施,我们该怎么办呢?首先我觉得要留给学生解释的机会,不要当众指责或揭穿他的错误,可以私下里给学生陈诉理由或申辩的机会,究竟是故意为之还是不小心造成?即使是问题比较严重的,也要在宽容的前提下,想办法帮助孩子认识错误。其次真诚地和家长沟通,得到理解和支持。因为涉及赔偿,有些家长就会有戒心,有敌意,他们往往会认为教师对自己的孩子有偏心,故意为难孩子。这时就需要老师用真诚和智慧去打动他们,入情入理才能入心,使他们听得进,肯接受。教育是心与心的对话,是心与心的沟通,只有付出自己的真爱,才能换得家长的真心。第三,要抓住契机进行教育。虽然损坏公物只是个别现象,但身为班主任要学会透过表象去分析去研究,在不伤害当事人自尊心的前提下引导学生开展讨论,从中明辨是非,利用集体的力量实现自我教育,这样的效果肯定比老师强加于他的教育更有实效。

【点评】

孩子身上一定会有家庭烙印,这是家长潜移默化的影响。案例中教师面对一个极其偏袒孩子的家长,采取得当的策略和措施,不仅让孩子知道如何面对和改正错误,更让家长知道学校的教育方法和措施对学生健康成长的作用,取得了家长的信任和支持。虽然只是一件意外小事的处置,但很有可能给孩子的成长构建了一个全新的家庭教育氛围。

(二) 突发事件的应对

1. 处理突发事件工作原则

应急处置工作是以应急工作领导小组为核心,协同各应急工作组共同完成应急处置的业务模式,同时,应急处置工作也体现了学校与上级主管部门以及当地政府应急管理部门的协同。

应急处置业务流程的设计结合突发事件本身的发展规律和事件处置的规范要求,以突发事件处置的过程为主要线索,重点把握事件信息的上传下达,资源的综合利用以及部门的协同处置。

2. 处理突发事件工作流程

各校因实际部门设置不同,处理相关事宜流程差异,以某校为例,列举其应急处置业务流程,具体见图①。

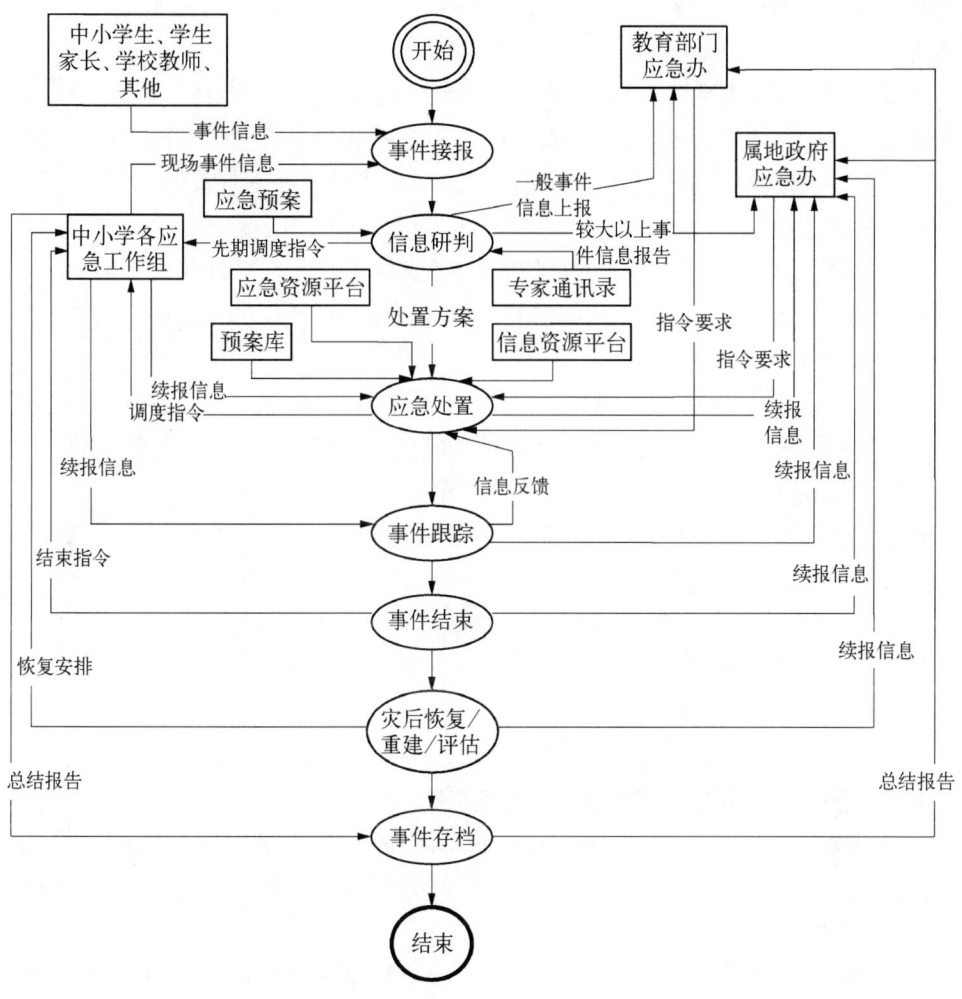

中小学应急处置业务流程图

3. 校园意外伤害事故处理
(1) 处理程序
事发阶段的工作流程、注意事项:
① 上课教师(上课时间发生的伤害)或发现师生受伤的教职员(除上课外其他在校时间),应当立即向卫生室老师和班主任,或向工会、学校报告。

---
① 白美霞.中小学管理体系研究[M].天津大学,2011.5.

② 报告：一般事故第一时间任课老师向班主任、德育管理处或工会汇报，德育管理处向校长室报告。重大伤害事故，由学校上报教育局青保办、上报局小幼教科等部门。

③ 班主任(或工会主席)要在第一时间电话通知学生家长或相关教职工家属，告知受伤情况及已进行的处理措施，询问并尊重受伤学生或教职工家属意愿选择就诊医院，并通知家长同到医院。如有责任方，一并通知责任方家长，要求一同到医院了解就诊情况。

④ 学校卫生老师根据病情，应当立即妥善安顿或者救治。如情况严重(如：牙齿断裂、头破、流血、严重扭伤、骨折等)，应以最快速度把受伤师生送往家长或家属指定的医院救治。

⑤ 送医院由卫生老师视情况决定打的或拨打120。(就近区级或区级以上医院、保留车票和发票)就医过程中卫生老师和班主任(或工会主席)须全程陪同。

⑥ 课程管理处安排好相关老师的上课事宜。

⑦ 调查取证，调查人员应有2名，记录内容要实事求是，记录用钢笔或水笔。

(2) 事后工作

① 事故发生当天晚上，班主任和相关教师，或学校领导做好上门家访工作，并告知家长如学生参加平安保险的，请家长留存就诊票据，等医疗结束后一并理赔。与双方家长约定时间到校协调。

② 班主任(或与相关任课教师共同)负责组织双方家长进行协调，处理赔偿等事宜。年级组长协同班主任共同做好协调工作。

③ 师生受伤期间，班主任老师和语、数、外任课老师，要关心学生身体及学习情况，负责补缺，并在精神上给予关怀疏导。由年级组长负责年级协调工作。学校、工会要探望关心教职工。

④ 按照保险公司理赔要求，班主任将相关资料交给后勤保障处，由后勤保障处联系保险公司进行理赔。

⑤ 班主任、任课教师或者工会要对师生进行安全教育，提升师生安全意识。

(3) 重大事故处理流程图

当学生在《伤害事故处理条例》规定的时间地点发生因校方责任或因公平责任引发的意外伤害事故，均可通过保险公司进行理赔；较为严重的伤害事故可在第一时间拨打95512报平安保险公司校方责任险理赔部，请理赔人员共同参与学校的理赔过程(或诉讼过程)。

事故处理协议书：写清协议双方身份，事故的简要经过，包括事发时间、地点、

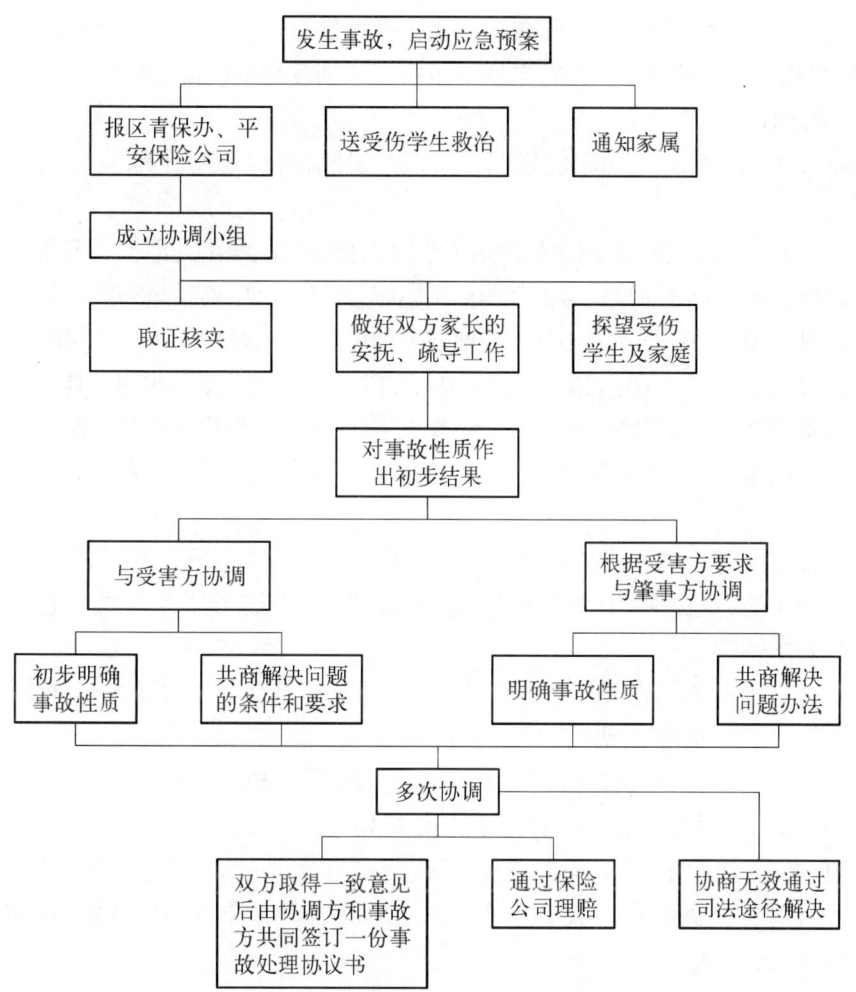

（以上流程由上海市静安区彭浦新村第一小学提供，仅供参考）

当事人、经过、结果和双方达成的协议内容、事故双方和协调方的签名等（协议一式三份，三方各执一份）。

学生伤害事故涉及的保险：人寿保险（"意外伤害补助""住院医疗补贴"）、平安保险（"校方责任险"）。

4. 校园突发疫情处理

为了加强对于传染病突发事件的控制力度，规范处置程序，明确职责，保障师生身体健康，特制定传染病等疫情处置制度，具体如下：

学生（教职工）发生突发传染病时，班主任（工会组长）应第一时间向学校、德育管理处(工会主席)、卫生老师报告。卫生老师做好登记,上报学校领导,并同时向区疾病控制中心和教育局报告,电话报告疫情包括发生的时间、涉及班级、发病人数、主要症状。

学校在发生突发传染病疫情时,启动应急机制,落实专人负责,及时调动人员共同处置。

组长职责:组织部署全校传染病控制工作,做好与上级沟通汇报等工作。

副组长职责:协助校长组织教职工实施应急预案工作,监督全局工作。

后勤保障处主任职责:协助学校做好各项应急工作,负责学校内环境的消毒与食堂饮食饮水的安全工作,指导保洁工做好隔离班级等公共场所消毒工作。

德育管理处主任职责:负责年级组长班主任工作,检查年级组长督促班主任注意教室通风等工作,检查班主任、卫生老师每日学生晨检等工作,关注学生每天健康状况。

学校卫生老师职责:每日晨检、上报,指导、监督隔离班级消毒措施的落实,关注发病学生的病程进展,对发病学生的复课条件进行审核,配合区疾控中心人员做好流行病学调查。

工会主席职责:安排每日教职工晨检,安排护导老师工作;及时通报教师病假人数,关注教师身体健康状况。

各年级组长职责:负责检查班主任对学生晨检、隔离班级日常消毒等工作,关注年级组学生健康状况,协助德育管理处做好相关工作。

班主任职责:每天进行学生晨检,将班级病情及时上报卫生室。隔离期间,按照消毒隔离要求,每天做好教室环境、学生的消毒工作。指导学生做好防病措施、养成良好卫生习惯。

其他人员职责:在学校统一领导下,协力做好传染病控制工作。

学校应配合区疾控中心人员做好流行病学调查,提供患病学生的信息(年级、班级、发病时间、症状以及恢复情况等),协助做好必要的采样工作。

严格按照专业人员的建议和要求做好传染病各项预防控制措施:

(1)严格执行晨检制度,开展每日症状检测。

(2)加强日常卫生工作,经常开窗通风。

(3)加强消毒工作。

(4)加强健康宣教。

(5)暂停集体性活动等。

每日向区疾控中心报告老病例的恢复、新发病例情况,并做好记录。

【案例】

发生伤害事故，该如何与家长沟通

刚下课，一年级有位小朋友来到老师办公室急切地说："老师，我们班级B同学把A同学的腿弄伤了！都流血了。"老师一听赶紧跑去班级了解情况。并且把两位同学带到办公室，仔细看了孩子腿上的伤口，只是表皮破了。于是，先带领孩子去医务室消毒包扎，接着回到办公室了解整个事情。原来是因为A同学说了一句："B同学的画真难看！"于是两个同学追逐打闹起来，B同学一推，A同学就摔倒，腿受伤了。班主任严肃地跟两位同学进行谈话，并请B同学向A同学道歉，也请A同学给B同学道歉。之后班主任给两位家长电话，让家长来学校。A学生家长听说孩子受伤，情绪有些激动。来到学校语气生硬地跟老师说："老师，我们孩子怎么样？"班主任见状先请A同学家长坐下，家长依然很生气地说："总欺负我们家孩子，开始我也觉得是同学间打闹，我们家孩子也有点调皮，我想想算了，都成现在这个样子了！"

班主任看到家长激动的样子，先安抚家长："A同学家长先别着急，我已经给孩子进行初步的消毒，一会儿麻烦您带孩子去医院看看吧，这样大家都放心。""我们孩子很听话，不会随便去跟别的孩子打闹，现在腿都流血了！你说怎么办？你把那个孩子交给我，我来教训他！"说着就要拉住B同学，B同学一看，A家长的来势汹汹，吓得不敢作声。老师很明确地拒绝："不用麻烦，我和他的家长会根据实际情况教育他的。"

这时B同学家长来了，A同学家长更加生气："你看看你们家孩子，把我们孩子推倒，腿都受伤了！"B同学家长了解了情况先进行道歉，接着批评自己孩子。A同学家长看看自己的孩子，还是心疼孩子，对B家长说："受伤的是A，疼的也是A，唉！如果是你孩子伤了，你会这么淡定吗？"

班主任看出一方家长的强势，一方家长的尴尬。觉得先要利用自己的班主任身份安抚住双方家长。将事情的前因后果当着两位家长的面讲了一遍，同时也询问了两位小朋友，边引导边请小朋友之间互相道歉，动之以情晓之以理。同时，班主任强调，这几天一定会更加关注A同学，不让他的伤口感染。

家长看到孩子之间能够找自身的不足，并且B同学家长再一次很客气地道歉了，老师有理有情，A同学家长也意识到自己先前的过分，心情渐渐平复下来。

在学校，孩子之间难免有一些突发事件，争执打闹的伤害事故，特别是低年级孩子，及时处理受伤的孩子，老师要马上判断受伤的大致程度，进行及时包扎处理。接着了解情况，不仅询问当事人，也要询问周围孩子。接着及时告之家长真实情况，孩子受伤，任何一个家长都会难受，有的家长甚至情绪激动，不论家长态度如何，我们都应换位思考，理解家长，并详细地介绍事故发生的经过，协调好与家长的关系。

遇到伤害事故，家长往往会情绪激动，家长不依不饶，班主任又该如何与他们沟通呢？

首先，冷静处理，教师要像海绵。

遇到这些"冲动型"的家长，班主任首先要做到冷静。当家长冲进来跟老师说，"老师管不好了，我来吓吓他，以后就不敢欺负我家小孩了"。老师要很明确地拒绝。"他们都是我的学生，我有教育保护他们的责任。"虽然B同学犯了错误，但是老师绝对不能把他交给另外一个家长。

在学校，老师是第一责任人。老师可以这么说："在学校里面，我负责去教育他，请家长相信老师，我会处理好这件事情，处理过程和结果会和您交流。"

其次，给予家长发泄情绪的机会。

孩子发生伤害事故，家长情绪很激动的情况下，怎样才能让他发泄掉怒火？作为班主任，应该静下心来，听家长说。给家长倒一杯茶，请他坐下来好好说，让他把怒火发泄掉。此时，老师要做的就是耐心倾听，等家长心中所有的愤怒都发泄完了，老师再来和家长讲道理。"我会尽我最大的努力，让你的孩子得到最好的治疗，把这件事情处理到最好，让你最满意为止。"老师要注意的是，在整个和家长交流的过程中，不要让家长感觉到你好像是在维护哪个孩子，不要让家长感觉到老师在推卸责任。要让家长感觉到老师始终是站在家长这边的，老师在尽最大的努力帮助你，帮助你的孩子。这样做，家长就比较容易接受了。

让家长先说还有一个好处，就是通过他的说来了解他着急的原因，这非常有利于我们下面的应对。如果确实是我们做的不妥，我们要心平气和地向家长说明事情的原委，诚恳地向家长表明自己处理问题时做得不当的地方。如果是因为家长袒护孩子或是听了孩子的一面之词来找老师论理，我们也不必着急上火，因为我们有些家长处事上养成了习惯。我们可以从孩子的教育入手，一、二、三、四、五，一条条摆明我们的理由，讲清我们的观点，让家长明白，我懂教育，我是一个称职的教师，欢迎家长对我的教育提出意见和建议，但要注意方式、方法，挑剔、指责是对我的不尊重，得不到你的尊重，我又该如何教育你的孩子。

第三，应把事故处理在萌芽状态。

安全无小事，班主任应该多关注学生的一言一行，尽量把事故消灭在萌芽状态。事实上，家长之所以会冲动，是因为他十分关注自己的孩子。作为班主任，只要将心比心,换位去思考,对他的孩子关注多一些,我想这类家长一定会被教师感动,这样也就便于事后的沟通了。孩子发生意外,小事、大事向家长传达时都应该表达出孩子受苦、老师和对方家长的歉意。撞痛、擦破皮至少应当面赔礼道歉。骨折、缝针确诊前,千万不要估计没事,不采取措施。要主动送最近的好医院并第一时间跟家长联系。这种第一时间,不要跟家长提及责任问题,更不要推卸责任。送医一段时间后,要主动打电话问诊疗情况。下班后当天家访必不可少,即使有明显责任人,也应陪同家访。

同时,引发伤害的一方家长,老师在事先要打好预防针,引导责任方家长主动提出全部承担医药费,并要多次去探病,每次都要带些营养品。作为班主任,主动关心,在每次家访中多聊孩子的恢复情况和后期护理,多设想学校中可以采取的帮助。在交流中,孩子的家长自然会从孩子受伤时的惊慌失措回归到理性中来,后续的处理就会简单一些。

身为教师,我们所面对的家长形形色色,遇到班级中发生伤害事故我们应该沉着、冷静、理智,还要宽容、大度,这是我们的职业操守。这样做只会提升我们在家长心目中的地位,而不会被认为是懦弱、无能,没有什么不可调和的矛盾,把话说开了什么问题都能解决,给别人留有余地,自己的路也就宽了。

【点评】

应该说案例中的伤害事故很小,但在家长眼里就是大事。教师在处理时,严格执行了相关处置程序,让家长认可了学校的做法,这是解决这类伤害事故的前提。案例分析中给出了建议,对班主任处理这类事件有借鉴作用。

【案例】

突发事件后的保险理赔

即使作为一名老班主任,林老师也觉得每年开学各种保险是最头疼的事情——没有之一。学校是不能收取教育以外的费用的,代理收取保险费就成了一个很玄妙的任务,不理解的家长需要一个一个解释,有误会的家长需要一个一个沟通。当然更多的家长则是凭着对孩子的负责欣然接受。

意外往往发生得令人猝不及防。这天,林老师班级的小张和另外几个同学下课时在走廊里嬉闹,男孩子间推推搡搡不小心推到了小张,他摔倒在地,剧烈的疼痛让他哇地大哭起来。闻讯赶来的林老师立刻叫来卫生老师,简单地了解了情况,又赶紧联系了小张同学的父母,迅速送小张前往医院。

结束了一天的工作,林老师再次联系上小张同学的家长,然后去了小张同学家。"好点了吗?"林老师关切地问。"胳膊骨折了。这不,绑了石膏,医生说要静养。"小张妈妈说,"唉,男孩子就是皮呀!我天天和他说不要和别的同学打打闹闹,一天到晚就知道疯!"躺在床上的小张同学一脸委屈,看着打上厚厚石膏的右手。林老师给了他一个安抚的微笑,对小张妈妈说:"也不能全怪他,同学之间么,磕磕碰碰也在所难免。小朋友在长身体阶段,愈合得也快,好好休养,很快就能长好的。"小张妈妈还是有些愤愤:"叫你不听话,看到了吧,自己吃苦,耽误学习,还得多花钱……"林老师赶紧接过话来:"小张妈妈,我下午去卫生老师那里查了,你们有买过意外险,这个是可以申请理赔的。""可以理赔吗?""是呀,开学时咱班大多数同学都办理过保险。你也给小张买了呀。"林老师说,"这保险啊,最好呢是不要动用,我们都希望孩子健健康康,平平安安,但是你看一旦发生意外,保险公司多少能赔付一点。"小张妈妈疑惑地问:"那我们需要准备什么材料?"林老师拿出打印的材料,一一用红笔圈出来:"看病时的诊断书、医疗费原始收据及处方什么的,还有这些材料都准备好,过两天等你们有空的时候直接到学校找一下卫生老师,她会帮助你们进一步办理的。"小张妈妈高兴地说:"谢谢你了林老师,孩子皮,让您费心了,您看还特地跑一趟。""哪里哪里,这也是我应该做的。"林老师拉着小张的手说,"骨折了可一定要好好养,一定要听医生的话。学习先不要担心,等你好了老师会给你补课的。"小张妈妈连忙道谢:"真的让老师费心啦!"

　　离开小张同学的家,林老师看了看街头初上的华灯。保险理赔真的是班主任"应该"做的吗?林老师想,确切地说,真正应该做的是把每一个孩子的健康,把每一位家长的利益放在心上,当事情发生时,想他们所想,急他们所急,先一步把保险的理赔情况了解一下,并及时告知家长,协助家长办理保险理赔,为家长争取最大的利益。这才是班主任的责任所在呀。

　　第二天,林老师又找了卫生老师,把小张同学的情况一一告知,并且把后续办理保险理赔的情况也和卫生老师进行了沟通。几天后,小张同学的家长顺利地办理了保险理赔。

【点评】

　　意外伤害保险和住院保险是孩子成长中的保障,有些家长不理解,不愿意购买,也有些家长已经为孩子购买了商业保险。案例中班主任老师非常细致,严格执行了伤害事故预案流程,不仅对学生给予了关怀,还帮助家长完成了理赔,这些做法势必与家长建立了良好互信,对妥善处理伤害事件都有积极的帮助。

【案例】

你的心锁我来开

第一眼看到小张是在家访的时候，他瘦瘦、小小的样子站在我的面前，虽不知他的故事却能感受到他的忧伤。作为新接班的班主任，家访能迅速拉近与孩子们的距离，选择先拜访小张家的原因是因为他的家离学校很近，但没想到就此走进了一个特殊孩子的世界。

小张的家不大但很干净，属于上海的老式公房，家中充满了文化气息。小张的外婆接待了我，她性格温和、沉默寡言、不善言辞，我们之间的对话围绕着小张假期的学习与生活情况，基本上就是我问一句，她答一句。在我和外婆聊天的时候，小张拘谨地站在外婆身后，低垂着脑袋，眼睛不敢直视我，小手揉搓着衣角，静静地听着。我让他坐在外婆旁一起聊聊，他一个劲地摇头，满脸的紧张。本来老师家访，小孩子有些紧张，这也在情理之中，但小张自始至终没说一句话，这让我有些意外，同时也隐约感觉到小张是个有故事的小孩，我打算避开小张好好地问问他外婆。

外婆可能也觉察到我的疑惑，特意在家访结束后，利用送我出门的间隙把小张支开，和我说起了小张的情况。原来小张的生父是位美籍华侨，工作间隙认识了小张母亲，小张母亲虽然知道他是有妇之夫，但仍然和他在一起，并且不听家人劝告生下了小张，可悲的是小张生父并未离婚娶他母亲，而是选择逃避回了国，小张的母亲没有办法，满腹哀怨抚养着小张。他母亲始终不甘心被抛弃，直到小张六岁那年，狠心抛下他，独自踏上了寻找他生父的旅程，没想到还没找到他的生父就出车祸客死他乡。小张自从母亲离家出走后，也不像其他小孩子那样大哭大闹，喊着找妈妈，一直很乖地依偎着外婆，做任何事都要问外婆做得好吗。在得知母亲死亡的噩耗后一句话也不说，总是呆呆地玩着他的玩具，也不出去和小朋友玩，外婆跟他说话也是有一句搭一句，本来外婆就不喜多言，这样一来，家里就显得更安静，原本活泼的孩子彻底地变了，家里再也听不到他的笑声和嬉闹声，有外人来时也总悄悄地躲在远处，性格越来越孤僻，外婆看在眼里，急在心里，却无从着手改变这样的状况，正好老师家访，想求救于老师，希望老师在学校能对他额外照顾一下。得知小张事情的我，很同情他的遭遇，电视剧上的剧情在现实生活中真实再现了，我暗下决心要陪伴孩子度过这段"灰色时光"，期待这个本应享受花季的儿童重新阳光起来。

开学以后，我格外留意小张，确实感受到小张的不同，他几乎不和其他同学交流，只是自己发呆，上课有时听讲，有时走神，尤其在体育课上，体育老师说他从不和任何人一起游戏。老师们都知道了小张的故事，都在关心着他，但小张并不是很在意别人的关心，依旧我行我素，远离人群，于是我找了个机会和他进行个别交流。

第一次交流我选择在沙盘游戏室进行，因为小张不愿意和我多说话，而且看得出他浑身不自在，所以我就让他自己摆放沙盘玩游戏，我只是静静地坐在旁边陪伴着他，他开始有些迟疑，我笑着朝他点头鼓励，他才缓缓抬起双手，开始摆放起来。他放了一座房子，各种人、树和飞机，我问他为什么要放这些东西的时候，他不说话，也不看我，手指轻轻搅弄着沙子，我们僵持了大概两分钟，我拍拍他的肩膀，对他说："那今天我们就玩到这儿，下次再边聊边玩，好吗？"一语刚毕，小张忙点点头，如释重负地走了。

第二次交流我们还是从摆放沙盘开始，他选择的摆放物件基本上还是上次那几个，只不过摆放时换了一下位置，这次我拿起一个老年妇女的雕像，问他，"这是谁呢？"他低着头说"是外婆"，我又拿起一个年轻妇女的雕像问"这又是谁呢？"他看了看我，说："妈妈。"当我再进一步想问的时候，他就不愿多说了。

接下来的几次都是如此，他并不和我讨论关于他妈妈的事，我也不追问。不知不觉中，小张还是发生了点变化，虽然他还是喜欢独来独往，但是开始不拒绝他人的靠近了，老师们也都觉得他比刚开学的时候要活泼一些，有些活动能看到他的影子。一个下雨天，我因为给前几天病假落下功课的小朋友补课，下班时间有点晚，出门正好看到他在接待室，就问他为什么不回家，他说外婆今天有事要晚一点来接他，看他小小的身体很单薄，外面雨也下得有点大，我就让他到我的办公室，想等雨小一点再回家，回到办公室我给了他几颗巧克力，还给他冲了杯花茶，我们两个捧着茶，吃着巧克力，聊着天，倒也蛮高兴的。正当我看到雨小一点，打算送他回家时，他突然站起来，走到离我很近的地方，对我说："老师，我可不可以抱抱你。"我一愣，但马上就抱住了他，轻轻地问"怎么了，小张？"他说："我觉得你像我妈妈。"我说："想妈妈了？"他说："嗯，我不乖，妈妈就离开我了。"我说："你为什么这样想呢？"他说："妈妈经常说，我不乖，就不要我，后来他们说妈妈不在了，带我去个黑漆漆的地方，肯定是我不乖，妈妈就不再回来，我真希望妈妈能原谅我。"我说："嗯，希望妈妈再爱你一次，是吧。"他点点头。我知道我们之间的心门已打开，接下来我们又聊了很多，也知道他经常睡不好，会做噩梦，由于年龄较小，小张并不是很清楚死亡这一概念，只是强烈地感到被遗弃，所以我花了很长的时间和他分析、解释这件事。为了更好地帮助他，我还联系了市心理卫生中心，请求更专业的心理医生和他交流，对他进行定期的心理辅导。

其间，我和他外婆时刻保持着联系，基本上每周都要联系一到两次，了解小张在家的行为细节，同时也针对小张的表现，给外婆一些建议。我告诉外婆，小张正经历人生的艰难期,承受着丧母的悲痛,虽然孩子还小,还不是很明白死亡的含义,但其实他一直都知道母亲抛下了他。所以外婆要时刻关注孩子的情绪变化,如果出现极端的情绪低落一定要带他去看心理医生。同时要经常和他沟通,比如平时放学回到家后,可以让他帮忙一起做做家务,让他去倒倒垃圾,做一些力所能及的家务事转移注意力;让他独立列张购物单,并问问他为什么要买这些物品,双休日带他去逛逛超市,采购物品,让他能够感受到自己在这个家里的重要性,慢慢地学会去观察周边的一切,关心身边的人;平时学习任务完成后,多鼓励他出去和小区的小朋友们一起玩,初始,他可能会不习惯,可以让他带自己的玩具出去,吸引其他小朋友主动来和他交往,在和小朋友交往的过程中,他能感到快乐并找到伙伴榜样,孩子一旦能融于群体之中,心理上的有些问题就能慢慢迎刃而解。尤其还建议他的外婆在家来客人的时候,鼓励孩子倒茶、搬搬椅子,招待客人,让他回答客人的问题,多在别人面前夸奖他的优点长处,会使他逐渐树立起自信,踏出害羞的情结。晚上还可以多给他讲讲故事,有的时候也可以让小张自己选择故事,由他讲给辛苦一天的外婆听,彼此的互动拉近婆孙之间的感情……

  一切都在不经意中慢慢地悄悄地发生改变。小张现在还是少言寡语,但是上课能主动举手;下课时能主动帮助老师和同学;老师和同学们与他交流时也不再是被动回应,说话时也会嘴角微翘,眉毛微扬,眼睛有了光彩,脸上开始绽放出幸福的笑容。

  每个孩子都是天使,当他们遭遇人生中突如其来的伤害时,性格和心理都会发生逆转,孩子们的心中都有一把心锁等着我们去开,如何牵着他们的手慢慢走出惊恐不安的泽地,需要我们付出加倍的爱心、智慧和勇气。通过小张这件事我觉得,对待孩子的应急性创伤一定要先和他沟通,陪伴,因为孩子的想法可能和一般成人的想法不一样,他感受到的不一定是我们认为的那种痛苦,孩子们对于死亡、疾病、灾难等有着自己的认知,不能随便定义孩子承受痛苦的方式,站在孩子的角度考虑问题,能更好地理解、同感、接纳我们的学生,为我们的孩子重新撑起一片明媚的蓝天。

【点评】

  每个孩子都是天使,家庭变故常常让"天使"折翼。案例中的老师具备了一定的心理健康教育知识和经验,使用沙盘技术对小张同学进行了干预。虽然已经按照规定流程转介到市心理卫生中心,但是还保持着每周的随访。正是因为教师专业的处置,才让小张感到安全和温暖,正是因为教师的爱,小张重新看到了自己的蓝天。

【案例】

牵　手

"啊——啊——"下课时分,我刚踏进办公室,从我身后就传来了异常惨烈的叫声。发生什么事情了？我的头脑中一下子涌入了各种恐怖的画面,让我的心不由自主地揪了起来。

我寻声疾步走去,撞见了我们班几个慌里慌张来报告的孩子：

"徐老师不好了！胖胖的手被门压扁了！"

"不是！不是！是被门夹得快要断了！"

"怎么会这样？"我边走边询问起知情的孩子。还没等他们说个子丑寅卯来,我已近看到了站在教室后门外的胖胖。他抬着左手——那只被夹的手,整个脸哭得都扭在了一起,那声音估计整幢楼都能清晰地听见。班里的大多孩子不知所措地站在一边愣愣地看着胖胖。他们定是被眼前的这一切吓呆了。

我小心翼翼地托着胖胖那只受伤的手,仔细端详了一番：中指和无名指看起来的确像孩子们说的那样,被夹扁了。看得我头皮发麻,不忍再看。我第一个念头就是送孩子去医院检查手指,希望不会有大问题。

路上,我通知了胖胖的妈妈,我告诉她孩子的手不小心被门夹到了,现在送孩子去医院检查一下。我尽量用缓和的语气与之交流,避免家长的恐慌。

不一会儿,我和胖胖的妈妈在医院碰面了。她径直走向自己的儿子,眉头都绞成了麻花："胖胖,你的手怎么了？快让我看看！"胖胖把左手放在妈妈的手心上,眼泪不住地往外涌。"手指现在可以动吗？你试着动动。"妈妈也故作镇定,眼睛却红了。

我既是一名老师,同时也是一位母亲,我能感受到当时家长的紧张与心疼。我及时安慰道："胖胖手已经让医生看过了,估计不会有太大的问题,你不要太担心,拍片的报告过会儿就出来了。"

"怎么可能不担心？"胖胖妈妈的一句厉声反问,让我有些始料未及,"手指头都发紫了！"

"小孩受伤,大人一定很心疼,恨不得受伤的是自己。"那也是我作为母亲的心声。

报告出来了,胖胖的手指没有骨折,软组织挫伤。我和胖胖妈妈这才舒了一口气。

"你的手怎么会被门夹到的？"胖胖妈妈问出了我也想问的问题。

胖胖嘟着嘴说："都是小敏,他把后门一关,我的手就被夹到了。"

"原来是小敏呀,我早就跟你说过他很调皮的,不要跟他玩。你看出事情了吧。我要好好跟小敏妈妈说说这个事情!"胖胖妈妈一知道"罪魁祸首"是小敏就怒不可遏地说道。

"胖胖这回吃苦头了,老师看了也很心疼。"我转向胖胖妈妈说,"我会妥善处理这件事情的,现在值得庆幸的是孩子的手没有骨折。今天还是先让孩子回家休息吧,他一定被吓到了,加上手又痛,一定感到疲乏了。"胖胖的妈妈终于没有再言语什么。

下班回到家,我打开手机一看,班级的讨论群炸开了锅。胖胖妈妈和小敏的妈妈在微信群里唇枪舌战,打得不可开交。我立即分别打电话给这两位家长。我对小敏的家长说:"事情的来龙去脉,明天到了学校我会细致地调查一下,然后找到解决的办法,争吵是无法解决问题的。"

"她出口就在群里嚷嚷,一点也不给别人面子!"听得出小敏的妈妈气也不打一处来。

"大家都是当妈的,孩子受伤了总会有不冷静的时候。你就看在我的面子上,宽宽心。"我这么一说,小敏的妈妈不再多说什么了。随后,我又打电话给胖胖的妈妈。我不提群里发生的事情,而是问小胖的情况。收线之前,我还嘱咐胖胖妈有什么事情我们私下解决,不要在群里说。

这下,群里终于恢复了往日的祥和。

第二天,我私下叫来了小敏:"小敏,昨天胖胖的手是怎么一回事?"

"我们在玩。我追到后门看胖胖出去了,我就顺手把门关上,不知道胖胖的手还在门框上。"小敏低着头说着,声音越来越低。

"我知道你也不想发生这样的事情,对吗?"我抚摸着小敏的头说,"现在,胖胖的手受伤了,你该做些什么呢?"

他想了一会儿说:"中午吃饭的时候,我可以帮他铺桌布,拿饭菜。"

"真棒!你很会体贴人。"我在他的面前竖起了大拇指。我接着追问:"还可以做些什么?"

"嗯,"他想了想,说:"下课的时候,和他聊聊天,我可以把喜欢的动漫书借给他看,或者我们一起看。"

"你知道该怎么文明休息了呀!真不错。"小敏被我这两句话说得忍不住笑了。

课间我关注着那两个孩子的举动,似乎昨天的"悲剧"从未发生过。

放学的时候,我特意让他们两个手搀着手,排在队伍的最前面。"我不是叫你不要和小敏在一起玩吗?"胖胖妈妈看见这一幕,质问胖胖。

我笑着对胖胖说:"快点告诉妈妈,今天下课的时候你做了什么?中午的时候谁主动关心你的?"胖胖在我的提示下,把今天和小敏相处的过程一五一十地告诉了妈妈。胖胖妈妈的眼神变得柔和了,眉头也舒展开了。我趁热打铁说道:"小敏这次可懂事了,知道小朋友因为自己的疏忽受了伤,就主动关心。"

小敏妈妈听我这么一说忙拉着小敏的手,来到胖胖面前,看了看他的手,催促孩子:"快和胖胖赔礼道歉。"

这样一来倒让胖胖妈妈觉得不好意思了。

突发事情发生之后,老师应该保持头脑冷静,按照紧急预案的顺序,有条不紊地操作。教师更应该带着一颗真诚的心站在家长的立场去思考问题,感受他们的心情,帮助他们舒缓不良的情绪。教师可以先引导孩子化解彼此的矛盾,以此,成为解决家长之间矛盾的催化剂,达到事半功倍的效果。

【点评】

发生在学生之间的伤害事故多数是无心的、不经意的。案例中教师按照处置预案及时处理了事件,并本着"以人为本"的教育理念,不仅成功地让学生相互关爱,加深了友谊,还帮助家长化解了矛盾,最终也消除了微信群里的负面影响。

第四章

不同教师群体的家庭教育指导

一、学科教师

(一) 家庭教育指导亦是学科教师的份内事

在当今时代,学生发展中许多问题已经不能单独依靠学校和教师来解决,学习习惯的培养也好、学习评价也好,都需要家长们的积极参与与配合。虽然学科教师与家长们的接触不如班主任那么频繁,但同班主任一样,学科教师也担负着既教书又育人的重任。每一位学生的上课听讲状况、作业情况、知识掌握情况都在各任课老师的掌握之中,而越来越多的家长们都有了与各科老师沟通的意识,希望能从学科教师那里了解到自己孩子在校表现的一手资料。《中小学德育工作指南》中提出凸显"管理育人"功能,各学科教师要主动配合班主任,共同做好班级德育工作。因此,如何做好与家长之间的沟通,取得家长的合力也是学科教师教育教学工作的一部分。

1. 尊重家长　善待家长

学科教师与家长谈话时,要讲究方式,在共同语言上多交流,更要注意语言技巧,不能一见面就告状,埋怨数落家长,切忌挫伤家长的自尊心。因为家长都有一个"望子成龙,望女成凤"的思想,"庄稼别人的好,孩子自己的好",在他们心里,自己的孩子是不错的。假如,我们教师在家长面前尽说学生这不好那也不好,把学生看扁了,会严重地挫伤家长的自尊心,毕竟最差的学生也还有他的闪光之处。结果,会使家长产生逆反心理,与教师对着干。而且随着整个民族素质的提高,家长的水平也在不断提高,他们的许多见解值得教师学习和借鉴。加之"旁观者清",有时家长比教师更容易发现教育过程中的问题。因此,教师要放下"教育权威"的架子,经常向家长征求意见,虚心听取他们的批评和建议,以改进自己的工作。这样做,也会使家长觉得教师可亲可信,从而诚心诚意地支持和配合教师的工作,维护教师的威信。

2. 善于与不同类型的家长沟通

与学校教育相比,家庭教育有一个显著的特点,那就是"个性"突出。因为家长的组成是非常复杂的,其知识结构、职业类别、性格气质、修养程度等都参差不齐,没有哪一种家庭教育方法是万能的,某种方法在这个家庭有效,但到另外一家则可能不灵。我们应对学生家庭进行调查分析,对家长的文化水平、职业状况、年龄、家教思想、家庭关系等做到心中有数。对待不同层次的家长,可以用书信、电话、家访等多种形式,与家长取得沟通。在与家长沟通的过程中,要有针对性和实效性。例如:对于那些对孩子失去信心而放任孩子的家长,要及时将学生的点滴进步反映给家长,激发他们对孩子的信心;对因离异而不管孩子的家长,要劝他们不要因个人恩怨而影响孩子,帮助他们在孩子的教育上尽到自己的义务和责任。

3. 要正确地评价学生

树立正确的"学生观",客观地、全面地评价每一个学生。学科教师可以利用家长会先针对当前学生的学习状况进行分析,分析之后讲学生经常出错的地方。再针对这些疏漏,提一些解决的方法,尽量说些家长可以帮到学生的方法,提醒家长要加紧督促等。最后规划一下最近的教学计划。使家长听后,觉得这是教师的肺腑之言,感到学校教育的目的和任务是与家长的愿望相一致的,从而做到心理相容,共同教育学生。

总而言之,学科老师和家长的交往非常重要,和家长良好关系的建立需要靠老师的责任心,靠相互的尊重,靠彼此感情的沟通,而它又建立在对学生正确评价的基础上。作为学科教师,和学生家长交流沟通要本着诚恳的态度,学会体谅做父母的心情,注意沟通的方法和技巧,以一个教师特有的耐心去面对他们,通过换位思考去了解他们,认识其需求以及问题,使他们相信自己有能力、有信心把他们的孩子教育好。同时教师也要用爱心开启家长的心扉,家长将无比信任你,为你的教育教学工作助力。

【案例】

让家长走进学习准备期课堂

"我的孩子不爱开口,不爱主动跟人打招呼,能不能顺利交到新朋友?"

"我家的小宝贝呀,在家吃饭就有些挑食,不知她中午在学校能吃得饱、吃得惯吗?"

"我那个孩子胆子小,看到老师都不敢作声的。在幼儿园时,要上厕所都不敢举手跟老师说的,经常就尿在身上了。现在上小学了可怎么办呀?他会自己去上厕所吗?真让人担心呀!"

……

早晨,学校门口的"家长沙龙"特别热闹,一些家长们陪同着孩子们,有的喂孩子吃早饭;有的帮孩子背书包;有的不停叮嘱孩子注意这个,当心那个;还有的三五成群地围在一起议论纷纷。

原来今天是一年级新生的开学前培训,明天就是开学的第一天。一年级新生在无数家长的目光追逐下被我领进教室,安排好座位,开始半天的学前培训。作为班主任的我,在语数外老师轮流完成了培训任务后,发现孩子们的表现很不错,虽然也有一些家长担心的事发生:小王在课中去厕所,其余孩子跟风;小张做出一道数学题后高兴的大叫;小刘课间休息在走廊上乱跑……我产生了一个念头:对于刚刚进入小学学习与生活的孩子们来说,如何尽快适应小学学习生活环境是最重要的。但要让孩子顺利地度过学习准备期,关键还是需要得到家长的支持与配合。首先就是要让家长清楚并理解学习准备期的评价要求,消除他们的疑虑与担心,这样才能与我们教师一同合作,让孩子们快乐又顺利地度过这一重要时期。能不能让家长和孩子们一起来上课?让他们亲眼看见、亲耳听见自己孩子在学校里的表现。

说干就干,我将校门口等候的家长们请进教室,首先建立了一个家长微信群,将上海市一些文件要求发在微信群中,方便家长了解:如进一步减轻学生的课业负担,全面推进素质教育,落实《上海市小学一至二年级数学课程调整方案》的要求,通过设置为期4周的学习准备期和设计学习准备期的教学活动,激发孩子们学习的兴趣,明确课堂常规,培养学习习惯,为后继学习做准备;明确学习准备期的内容安排;在教学活动中要关注学习兴趣的培养和学习习惯的养成等。然后请家长们说说自己孩子的情况,平时是如何教育的。在家长们的陈述下,孩子的情况我有了大致的了解。但家长也将他们的主要忧虑一一提出,我也一一做了回答,趁热打铁,我邀请家长开学第一天开展主题活动:"我与孩子同开学——小学生活体验"活动,家长们纷纷赞同。

整个下午,我汇报领导、沟通教师、打扫卫生、布置教室、设计黑板报、构思流程,忙得不亦乐乎。

早晨8点整,班级中的37位家长就全都到齐了。他们个个用期盼的眼神,激动的心情,来参加开学第一天的主题活动:我与孩子同开学——小学生活体验活动。当操场上父母还在互相讨论着孩子的时候,孩子们已经在老师的带领下,雄赳赳气昂昂地走进操场了。小张看见爸爸后高兴地冲出队伍,拉着爸爸的手就要他一起排队,我及时地说:"同学们,今天你们的家长一起来参加开学,我们要有好的表现,让爸爸把妈妈看看,好不好?""好!"孩子们齐声回答,小张吐了吐舌头,松开爸爸的手跑进了队伍。在调整队形后,先让家长陪同孩子们一起做操,看着孩子们在这么短的时间内,完成体育老师的一系列口令,并做得那么认真,家长们都连连点头,直夸还是老师有本事!

接着，又让家长们参与听课，了解孩子在课堂中的表现。在我的数学课中，我把有关数学学科"说一说，分一分，数一数，写一写，比一比"的学习内容与"听、说、读、写、做、合作"的学习习惯要求贯穿在数学教学中，以激发学生爱数学、学数学、用数学的学习兴趣和情感。在"说一说"环节中，首先要求学生知道在课堂中要发言须先举手示意。其次提出能够安静地听他人发言，不插嘴。在"分一分"环节中要求学生能按不同标准对物品进行分类，初步建立分类的概念，不断引导学生回答完整，如"按颜色分，分为4根红色小棒和4根黄色小棒"；"按长短分，长的小棒5根，短的小棒3根"，让学生养成先观察再分类的习惯，知道分类的角度不同，结果也不同。课中我不断提醒学生耐心倾听不插嘴，小组交流声音轻，有序发言说看法，遵守纪律是第一。在"数一数""写一写""比一比"环节中学生们兴趣盎然，动手、动脑、动嘴，引得听课的家长也逐渐参与进来，共同完成了本堂课的教学。甚至到下课后，一些家长和他们的孩子还在回味：教室里的花盆怎么分？课桌椅怎么分？男孩女孩多少人？爸爸妈妈各有多少人？当孩子回答正确时，家长或微笑，或竖大拇指，或赞赏，或拥抱……我心中一喜：这不正是我要的表现性评价吗？家长和孩子们在不知不觉中已经做到了。

中午，家长们还看到了孩子们午餐的情况。许多家长都为自己孩子能在学校乖乖吃饭而表示惊讶，一再向我表示之前的顾虑是多余的，应该相信孩子们，配合学校和老师对孩子在家庭中的管理，并咨询了许多家庭教育的问题。

活动反馈中，家长纷纷发表了自己对这次活动的感言。

"今天很荣幸参加了'我与孩子同开学——小学生活体验活动'，感谢老师给予家长这样一个平台与机遇，让我们重新踏入校园，以一种全新的身份参与到学习中来，真是感受颇多。"

"我不敢想象，我家孩子会这么乖，这么认真，与以前做事学习时三分钟热度不能相比，我要好好反思一下我以前的教育思路和教育方法，和学校、老师配合，尽快跟上小学的节奏。"

"在短短的四个小时内，让我们领略到孩子在学校这个大环境以及老师的精心辅导与培养下茁壮成长。一声令下，操场上整齐划一的步调让人刮目相看，也对孩子有了新的认识，这是孩子自身协调性组织性纪律性的集中表现，我们可能在日常生活中很武断地认为这方面是孩子的软肋，事实上我们错了。"

"课堂展示中，那种别具一格打破传统的授课方式更是让学习增添了不少趣味性，让知识更形象更具体。老师平和中带有鼓励性的语气也提高了孩子对学习的积极性。作为家长，对于教育也有了全新的认识，知晓并理解了孩子在学习准备期中应该要做些什么,我们应该配合些什么。我们应该审视自己的不足,结合今天活动中所汲取的经验,在以后的孩子教育中不断地修正自己。"

"感同身受,遥想当年我们的教学环境与质量,孩子们你们是幸福的也是幸运的。这一次,我相信你们学校老师,孩子们一定会快乐、健康地成长!"

……

通过这次的主题活动,我体会到了学习准备期教学的特点,就是各学科的教学进度适当放慢,内容相应减少,同时设置"综合活动"取代拓展型、研究型课程,让学生在活动、游戏中实现幼小的衔接与过渡,培养孩子的学习兴趣和良好的行为习惯,对学生做出有效地零起点评价,家长是学校和教师的有力左膀右臂,家校合作是培养孩子们健康成长的有效途径。

【点评】

当一个家长开始成为小学生的家长时,其实内心都是忐忑的:孩子在学校学什么,怎么学;家长在家里做什么,怎么做,都是家长非常担心的疑问。宣传市区校有关政策、邀请家长观摩小学生的学习、传达最新的教育理念,引导家长的教育行为,老师的这些"主动出击"能为有效的家校合作奠定基础。

【案例】

不可或缺的陪伴

这天是周一,学生们到校后照例要换座位。"老师,这是什么?"突然,有个孩子从台板里拿出一包东西举到我面前。只见那包东西油腻腻的,里面似乎还在"咕嘟咕嘟"泛着气泡。一阵回忆,我想起来了,这个座位小文曾经坐过,两周前他奶奶给他买了一包生煎当早饭,估计这孩子没吃,随便往台板里一塞了事。此刻,那包生煎正在那儿发酵呢!再往小文看去,只见他正忙着放自己的学习用品呢。桌上、地上一团糟,他怎么也无法把自己的东西整理好,只是胡乱地往台板里塞。两条鼻涕伴着他急促的呼吸,在鼻孔里进出,有孩子给他起了个绰号"鼻涕文"。

小文刚入学时各方面的表现明显落后于其他孩子。他上课时一直在做着自己的事情,不是玩文具,就是满地找自己的铅笔、橡皮;作业总是拖到最后一个,在我再三催促下才交上来,上面的字写得乱七八糟;每次做小练习,不是在纸上乱涂,就是空着不做,自然质量很差……

经过进一步的了解,我得知小文家庭情况比较特殊,他的父亲是上海人,母亲长期在香港工作,他们平时忙着自己的事情,对孩子关心很少,平时都是奶奶在照顾他。在老人身边长大的他没有养成良好的生活、行为习惯，所以将近一学期下来，他还无法适应学校生活。

有一天早上，学生们已经早读很久了，小文才背着书包急匆匆进教室。做操的时候，我看见他奶奶和一个年轻女子在校门那里朝我招手。原来，小文的妈妈要回香港了，可是她的护照被孩子拿走了，眼看原定时间要到了，她们只能来校求助于老师。我走到孩子身边，装模作样地对孩子说："你裤袋里鼓鼓囊囊的太影响做操了，东西拿出来我替你保管吧。"他犹豫了一下，还是把护照拿了出来，趁他不注意，我把护照塞给了他妈妈。我正想着如何给孩子个交代，随即发现孩子知道我把护照给了他妈妈。但他不哭也不闹，默默地不作声。看着孩子小小的背影，我一阵心痛，孩子的成长离不开父母的关心，母亲长期不在身边，孩子心里充满了不安全感，他怎么能够安心好好学习呢！再者，连老母鸡也知道要教自己的孩子如何觅食，如何躲避灾害，更何况是我们人类，怎么能够缺席孩子的成长呢！

对待小文，我付出了比其他学生更多的心血，培养他的自理能力，培养他良好的行为习惯。他是个聪明孩子，慢慢地行为习惯改善了很多。但是有一天，我看到小文的妈妈拿着语文练习卷在校门口跟小文说着什么，然后她一脸不开心地走到我面前对我说，老师，这孩子我也实在没有时间去管他，以后有什么事情你找他的爸爸吧！那天，小文表现得特别不安。语文课上，其他孩子在写字，而他呆呆地坐在那儿，纸上只有乱糟糟的几个大字。同桌女孩好心让他快写字，他突然暴怒，挥拳打了人家，然后自己哭了起来。我知道，这个孩子容易情绪不稳定是因为心里缺乏安全感。我和孩子的父母进行了一番深谈，向他们指出，与孩子聚少离多、沟通少，远远达不到其作为监护人的角色要求，由于亲情缺失，孩子心理健康方面存在阴影，很大一部分表现出内心封闭、情感冷漠、自卑懦弱、行为孤僻、缺乏爱心和交流的主动性，还有的脾气暴躁、冲动易怒，常常将无端小事升级为打架斗殴。让他们意识到，孩子只有感到被爱、有安全感，才能建立自信、好好学习、懂得与人相处。

有一次，我给学生进行了一次看图写话练习。图片上，一个妈妈抱着自己的孩子在观赏元宵节的彩灯。小文这样写道：元宵夜的晚上，妈妈抱着弟弟去看灯会，弟弟拿着一个圆圆的灯，笑眯眯地玩起来了。我也有妈妈，我妈妈带我去看灯，我很开心。在一次家长活动中，我特地把小文写的这段话给她看。他妈妈看得入神了。我对她说，孩子的成长只有一次，错过了，是一辈子无法弥补的遗憾！父母的陪伴对孩子将来的成长和发育有至关重要的影响，随着孩子的成长，父母在其生命中的作用渐渐弱下来。一旦有一天，他组成了自己的家庭，有了自己的小孩，你会发现,自己已经开始退出了他的世界。所以,请在这有限的时间内,保质保量地陪伴他吧!孩子的成长只有一次,不要给自己留下无法弥补的遗憾哦!

从此以后,我发现小文的妈妈留在上海的时间比以前多了,孩子也干净了许多,经常笑嘻嘻的。每当他有了一点点进步,我马上和他母亲联系。他的字写得越来越像样了,学习能力也提高了。下课后,他常常冲到我面前要把刚学的课文或古诗背给我听,我就摸摸他的小脑袋,表扬他:"背得真棒!回家后背给你的爸爸妈妈听听吧,他们一定会很高兴的!"他也经常捧着自己打满了钩的本子凑到我面前说:"范老师,看看我写的作业!"我会把他的作业拍照下来,用微信发给他的妈妈看,同她分享孩子进步的喜悦……

一学年结来了,我在教室里接待家长,小文进来了,他竟然往我手里塞了一个红包,说是妈妈给的。我也不知道这是不是香港人的做派。我把红包还给他,让他对妈妈说,孩子的健康成长就是给我的大红包了。看着孩子灿烂的笑脸,我觉得我的大红包收到了。

【点评】

家长的关心与陪伴对孩子来说是重要的精神养料。班主任敏感地通过"藏护照"这个细节,觉察到了孩子对母爱的呼唤;更智慧的是,老师不是简单责怪家长,而把孩子的心声、孩子的成长变化传达给家长,这让家长感受到教育好孩子带来的幸福感与成就感,更愿意主动承担自己的责任。

(二) 如何发现学生的问题

良好的师生关系是产生教育效能的首要条件。只有加强与学生的沟通,师生情感和谐融洽,学生才能"亲其师,信其道",进而"乐其道,学其道"。学科教师要使教学获得成功,提高学生的学习效率和教学成绩,就必须让学生喜欢你的课堂、喜欢你的学科、喜欢你的为人。在此之前,了解每个学生的特点是前提。因此,学科教师要积极和班主任沟通交流,从班主任那里掌握学生的第一手材料,了解学生的相关信息,如家庭背景、学习背景等,了解和熟悉每一个学生的特点和个性。也应该深入到学生的生活中去,和他们多沟通,以便更近地走进学生心里,及时掌握每一位学生的思想动态。还应该重视和学生家长保持联系,并深入细致地了解他们校外活动的真实情况,了解他们的内心世界,正确地评价他们的各种品行,以便于在学生出现意外状况时能够适当合理地解决。

【案例】

小樊不麻烦

"叮铃铃"上课铃响了,我刚走到二(3)班教室门口,就看见一架纸飞机飞落在我的脚边,我还没张口问,同学们就都指着一个胖乎乎的男孩说是他扔的。我一看,原来是这学期二(3)班新转来的小樊。真是人如其名,小樊真是个"小麻烦"。语文课上,其他同学都在专心致志地听讲,只有他一个人忙得不得了,不是玩橡皮、铅笔,就是做出一些怪动作,上课内容一点都没有听进去。做作业时,别的同学都在埋头写字,就他一人东张西望,一节课下来,写不了几个字,学习成绩也特别的不理想……其实,小樊的大名我早有耳闻,短短一年半的时间已换了三所学校,班主任和其他学科教师对他的评价都说他是个自由散漫的孩子,自控能力差。

在与小樊接触一段时间后,我发现他其实是个挺聪明的孩子,口头表达能力挺强的,差就差在他的行为习惯上,他没有"学习"这个概念,来上学就像是来玩似的。一般上课或者集体活动时,老师或同学叫他一遍他根本听不见,要叫他五六次,他才有反应,有的时候甚至会自说自话地离开班级,去厕所或走廊逛一圈。为此,我特地跟二(3)班的班主任了解了小樊的家庭情况,并找小樊家长沟通多次,家长始终认为男孩子只是调皮了点,长大了就会好的。家长的放任使我对小樊教育批评的成效大打折扣,以至于前面说好,他后面就忘记了,仍然我行我素,每天都在故伎重演。

鉴于小樊上语文课时注意集中困难、情绪波动比较大等特殊行为表现,我向我校心理专职教师请教,并到图书馆借阅相关心理书籍进行查阅,了解多动症的一些知识,寻找与家长说理的契合点。然后,我再次与小樊家长联系,把他约到学校进行详谈,建议他们带孩子去相关医院咨询一下。刚开始提及此事时,小樊的家长表现得很反感,总觉得自己的孩子没有毛病,就是顽皮了一点,对于这个话题再三回避。我一直没有放弃,在不伤及家长自尊心的情况下,耐心与他沟通,逐一向他分析孩子现在的行为症状,同时介绍小樊爸爸去听了多动症儿童的心理辅导专家讲座,给他留足思考的空间,让他自己结合专家讲座的内容,我列举的小樊在校表现,以及平时在家里的观察,自己进行判断斟酌。慢慢地,小樊爸爸的思想有了转变,还特地请假带小樊去了新华医院进行咨询。

又一堂语文课上,再次见到小樊时,发现他像变了个人似的。两分钟预备铃时,他坐得端端正正的。上课时,他能认真听讲了,有时还会举手发言,小组合作学习任务时也变得积极主动了。下课了,他还坐在座位上订正着作业,教室里不再听到他肆意的狂笑和追逐声……教二(3)班的其他学科老师也都说"今天小樊不烦了,上课挺认真的,让人很吃惊哦。"我心念一转,应该是小樊爸爸带他去医院看过病了,有医学介入了。课后,我与小樊爸爸电话联系。电话一头的小樊爸爸话语之间满是焦虑,完全没有了以前的满不在乎,他告诉我,医生诊断小樊是有严重的多动症的,现在正在靠药物介入进行治疗。爸爸话语之间流露着对孩子病情的担忧,我也向小樊爸爸表示,学校老师也会积极配合家长、医生共同矫正他的行为。药物只是其一,关键还是行为的矫治,让他知道哪些行为是正确的,哪些行为是错误的。爸爸在电话里连连称是,表示一定会支持配合老师的教育。

因为吃药的关系,小樊在学校的各方面表现都有了进步,但药物的副作用也显现了出来,如没胃口吃饭,有时人看上去有点呆萌萌的……我把观察到的现象及时告诉小樊爸爸,建议他再带孩子去医院咨询一下。小樊爸爸立即同意了,并十分感谢老师对孩子的关心。

"一把钥匙开一把锁。"每一个学生的实际情况是不同的,必然要求老师深入了解弄清学生的行为、习惯、爱好及其后进的原因,从而确定行之有效的对策,因材施教,正确引导。小樊的情况比较特殊,就需要每一个老师都能给予他更多的关心与重视,搭建师生心灵相通的桥梁,用关爱唤起他的自信心、进取心,然后引导并激励他努力学习。同时绝对不能将家长在此间的作用弃之不顾,经常利用微信、QQ等平台,和家长交换小樊的学习、生活等情况,与家长密切沟通联系,帮助家长搭建亲子之间积极有效正面的沟通方式,学会倾听,学会尊重,学会指引,在家校持之以恒地配合中共同解决问题,不放弃每个教育契机,相信小樊一定不会再成为老师、家长的"小麻烦"。

【点评】

发现多动症儿童,并且做好家长工作,医教结合、家校协作帮助孩子成长,是非常有必要,但也是非常有难度的工作。这个案例提供了一个很好的示范:首先教师自己要有发现特殊儿童的能力,其次要能理解家长的顾虑,并且做好相关工作;然后要注意跟进儿童的就诊状况,和家长沟通正确的教育方法与举措;最后,家校协同,持之以恒开展各种有效的教育工作。

【案例】

借　　分

"今天哪些人没有交作业?""老师,除了小A没有交,其他都齐了。"又是小A同学,我在心里默默叹了口气,这已经是他这周第几次没有交作业了?小A可以算是我们班级中让我比较头大的学生了,作业不好好做甚至还常常撒谎推脱,家校联系册上的条条作业都有涂改的迹象,几次想要找他的家长好好谈谈,却无奈家长的工作忙碌,无法抽空当面进行交流。晓之以理、动之以情都对他没有用,依旧是我行我素。长此以往也导致了他数学成绩明显下降,学习的积极性也随之下降,这让我十分着急,却不知如何是好,这时一件事的发生让我发现了一个或许改变他现状的契机。

数学测验的分数下来了,我特意看了看小A的分数,不出乎意料地没有拿到优,成为我们班唯一一个低于85分的同学。我细心观察了他拿到考卷后的样子,却惊讶地发现他竟一脸无所谓地把考卷折了起来放进书包,"回家这张考卷家长签名留言,明天课代表收一下,我检查。"我特意加重了"签名留言"几个字的语气,看见小A抬头看了我一眼,继而又默默地低下了头。

当第二天数学课代表拿着收好的考卷给我时,我大致翻了翻,抽出小A的考卷,却发现家长签名是有的,但是他原本83分的分数竟被他用红笔添上一笔成了85分!也就是说,他擅自修改了分数,从"良好"的等第达到了"优秀"。我深吸一口气,没有想到小A竟然胆大到如此地步,若是不加以严肃的处理,后果不堪设想啊!愤怒的同时,有一个新的想法跳进了我的脑海,我立刻让课代表叫来了小A。

过了好一会儿,他才慢慢腾腾来到我的办公室,或许是因为已经知道我找他来的原因,他紧张地扯着衣角。我开门见山地把考卷拿给他看,但是没有说一个字。大段沉默之后,他终于支支吾吾地开了口,"王老师,分数是我自己改的……""那你为什么要擅自修改分数呢?你知道这是很严重的错误,对吗?"我尽量克制住自己愤怒的心情,让语气尽量的平静。我想,这是一次很好地与学生进行个别交流的机会,我希望通过这次的交流能够彻底改变小A同学当下不思进取的糟糕状况。"但是我不想有一个'良'……"我有些欣喜地发现,他在骨子里还是好强的,因为不想自己的成绩单上出现"良"而去改的分数,虽然这样的做法和想法是绝对不正确的,但是至少证明了他还是有点学习的心思的,不至于无药可救。我认真地思考了一会儿,如果我通知他的班主任,或者找来家长,一定会严加处理,结果可能会更加糟糕,不仅让小A对自己更加没有信心,学生和我之间也会产生不信任和隔阂,甚至进而让小A产生自暴自弃的想法,那样就与我原本找他来谈的初衷违背了。于是我做了一个大胆的决定。"王老师想给你一次机会,这两分我可以帮你加上去。"我略微停顿了一下,暗中观察小A的神色,他有些惊喜地看着我,惊讶要大于喜悦,"但是在下次的测验中,你要还给我十分。"我不动神色地说完了下一句话。

他有些不安地站在那儿,咬指甲的小细节暴露了他紧张的心情。他一定没有想到我会提出"借分"的想法,连我自己开始都没有想到这个有些冒险的主意。但是我很肯定的是,他一定会同意我的想法,因为从他小心翼翼地修改分数和尔后诚恳地说出真实状况的情形来看,他有着很强的自尊心,所以不愿意看到清一色的优秀中出现一个良好。倘若他同意了,那么接下来的事情就简单很多,在这个条件和他自身自尊心上进心的督促下,我相信他会有很大的转变。依旧没有出乎我的意料,他的确是答应我了。

事后,我便和小A的家长取得了联系,针对孩子的情况进行家庭教育指导。我和家长达成一致,当孩子说谎时,家长不要急着批评。首先了解原因,然后针对他说谎的动机给予耐心引导。特别是一开始的时候,不能问都不问就对孩子进行斥责打骂,而是先弄清孩子说谎的原因,然后再耐心地启发孩子承认错误,让孩子意识到说谎的不正确;其次,多与孩子沟通,当孩子因为知道负面后果而说谎的时候,父母应了解孩子的需要,制定更实际的规则,假如是孩子可以做得到且愿意做的,他自然不用说谎了。另外,有些孩子会因为跟父母的接触机会少,所以用说谎的方法去争取父母的关注。因此,父母在平日,应该要加强与孩子沟通互动,多聆听、多了解孩子的想法,让孩子感受到父母对他的关爱与注意;最后,及时奖励诚实的孩子,若是想要培养孩子养成一个好的行为习惯,奖励往往比惩罚更重要、更有效。

如果孩子如实告诉家长自己犯的错误,得到的只是家长一味斥责孩子的错误行为,而忽视了孩子诚实的表现,让孩子的诚实行为没有得到及时的鼓励强化,这样孩子在以后就不会想要主动承认错误了。因此,当孩子承认错误时,家长们应认真告诉孩子能承认错误很不简单,然后再对孩子做的错事进行批评。如此一来,我虽然是数学老师,但同样获得了家长们的支持。我想通过这次机会,不仅能够增强家校间的信任,更能够激发学生的上进心和学习积极性,起到一举多得的教学效果,即便破例,却可以有着深远的良好的影响。

在那次测验以后,小A每天都坚持上交数学作业,并且作业质量也有很大的提升,所有的计算题都认真打好草稿,上课也从原来的懒散状态转变为积极举手发言。在后一次的测验中,小A取得了97的高分,哪怕去掉10分也依旧是优秀。

这个事件不仅仅是几分之差,我想更多的是师生之间、家校之间所建立起来的信任,"借分"换取了学生积极向上的学习心态。

【点评】

发现学生"说谎"行为背后的心态,呵护学生的自尊心,是这个案例中教师的慧眼;善用学生的自尊心,"借2分"换来学生对老师的感激之情、换来学生对学习的持续投入,是案例中教师的慧心;与家长进行及时沟通,引导家长理解和关注孩子,是案例中教师的善举,促进了家校的相互信任,更促进了亲子理解与教育的优化,可谓一举多得。

(三) 如何与班主任合作

班主任是班级工作的组织者,班级管理的行政责任者和中坚力量。因此协调同班主任的关系是十分必要的。学科教师应当尊重班主任的工作,和班主任团结协作,积极参谋,共同构建和谐班级。

一是学科教师要从自己的角度,以自己的眼光去观察班级情况,去发现学生的动态,掌握第一手材料,并及时跟班主任取得联系,以便在第一时间内解决问题,制定措施,使自己的各项教育工作更具针对性。

二是及时向班主任提供信息交流,和班主任站在同一战线,为班主任的班级工作提供决策的依据,对班主任管理工作提出合理建议,让班主任集思广益,优化班级管理模式。

三是参与和指导班级活动。协助班主任开展班级主题活动,落到实处。只有全体教师共同合作,目标一致,下好"一盘棋",学生才能真正受益。

【案例】

单打独斗不如抱团取暖

每次新接一年级,总会听到一些家长讨论:"不知道我们这个班的老师怎么样?""关键看语数外老师,我要严格一点的。""我们家比较喜欢能听他讲的老师。"……家长们对于老师有种种猜测与期待。

身为科任老师也是副班主任的我当然知道一个再有能力的老师,如果不能与班主任协调合作,形成和睦相处,齐心协力,齐抓共管的工作局面,班级工作开展就不会顺利。因此,我总会和班主任一起召开新生家长会,让家长有所了解。

在家长会上,我把对学生的关爱及教学风格等信息传递给家长,并让家长在家庭教育中进一步传递给学生。家长宣传的东西有时候要好于教师自己的宣传,而家长会中,我会以自己的言传身教让家长亲身体验到班级任课教师的个人魅力及较强的教育教学能力,让家长信任教师,让学生信任教师。单打独斗不如抱团取暖。

此外,作为学科老师,和班主任的联系还应该体现在教育教学各个方面,例如:在举行各种学校活动、班级活动、主题班会、运动会等活动时,我积极参加这些活动。这样，可以进一步了解学生，增加师生交流的机会，增进师生间的感情，创造师生交流的平台。同时，在活动中，可以让学生和教师都从另一方面了解彼此，在教育教学活动中加强合作和互助，提高教育教学的时效性。

我经常向班主任反映学生学科作业上交情况，以便让班主任及时掌握学生的学习情况，防止学生偏科等现象的出现。在一些年轻教师课上，个别学生会与老师发生一些摩擦，我对此类问题还是比较重视的，我会耐心向班主任陈述意见，设身处地地理解学生，协助他们教育学生，同时要教育学生尊重老师。如我们班的美术课，班干部不敢和班主任说，就向我反映，说上课的纪律非常糟糕，经常吵吵闹闹，老师在讲台上讲，同学们就在讲台下面讲话，有的孩子还走来走去。因为这个美术老师是刚毕业来我校实习，对于课堂的驾驭能力还不是很强，面对学生在课堂上出现的问题可能一下子还处理不了。于是我就在自己的课上对学生动之以情、晓之以理，跟学生说明上好美术课的重要性，以及要如何尊重上课老师的劳动成果。学生听了，都表示以后上课要遵守课堂纪律，尊重老师。每当我班上美术课，而我自己也是空课时，我多个心眼，不定时地走到教室看一看，有没有在课堂上捣乱的同学。通过我和学科老师的共同努力，学生上课的纪律终于有了明显的好转。

总之，任课老师和班主任处理好关系，与班主任"抱"成一团，可以直接关系到一个班级管理的成败，而班级管理的成败也直接或间接地影响着一个学校总体目标的完成，所以，当所有人"抱"成一团，齐心协力，风雨同舟的时候，这个班集体才能更好。

【点评】

学科教师也是开展班集体教育的重要力量，开展好班集体教育，更有助于学科教学，有助于学生群体的成长。因此，学科教师要有意识地、主动地与班主任相互配合，如同案例中一样，不仅在家长面前展现出优秀的教师团队面貌，日常工作中也和班主任多沟通，多交流孩子的成长情况，配合开展班集体活动，为班主任班集体建设献计献策，共同开展班集体教育。

【案例】

善用矛盾背后的温情

"炒—炒—炒黄豆，炒好黄豆翻跟斗……"随着葛老师的一声"下课"，原本安静的教室顿时沸腾起来。可在教室的门口，却突然发生了不和谐的一幕：小嘉突然哭着鼻子来讲台前找葛老师,许多同学都围了上来,抢着告诉老师:他在下课的时候,和小鹏玩抓人的游戏,抓到人后,还被小鹏反打一耙,他被小鹏欺负了!看着他那张哭丧的脸,仿佛想要让周围的每个人为他伸张正义。

葛老师从班主任那里得知,这俩孩子发生矛盾已经不是一次两次了。小鹏,个子在班级中很高大,喜欢以大欺小、恃强凌弱,小鹏的家庭环境对他影响很大,平时爸爸在外做生意,根本不去关心他,妈妈一人也是无暇顾及,他从小缺乏家人的关爱,心理上存在着阴影,使他产生攻击心理、报复心理,自控能力低,脾气又急,容易被激怒。小嘉,则一直是排在队伍最前面的"小不点儿",虽然个子小,但人小鬼大,也是不甘示弱,家中的"小皇帝",奶奶对他溺爱有加,父亲则是教育他在外边不能吃亏,不能受人欺负,必须显出"男子汉"形象。所以他一旦受到攻击,自尊心和自信心就会"爆表",容易产生抑郁和焦虑。长此以往,在学习上就产生注意力分散,对周围的环境产生不安全感,往往不能和同学们友好相处。葛老师想:我作为任课老师,对于学生的思想情绪、生活和学习情况应给予更高的关注。在生活中要像妈妈一样关怀他们,在思想和学习中发现哪些同学情绪不对劲,成绩滑坡了,就要对其进行正确的引导和教育,帮助他们走出迷惑,走出困境,使他们能够以饱满的热情和充分的自信投入学习。

在班主任张老师打电话联系他们家长的时候,葛老师把这两人都叫到跟前,问道:"你们玩的游戏叫什么名字呢?"

"抓人游戏。"

"哦?游戏规则是怎么样的呢?"

"就是石头、剪刀、布,赢的那个人要去追输的那个人。"小嘉抹了抹脸上的泪花。

"所以刚才你赢了,轮到你去追小鹏,是吗?"

他略带几分骄傲,"是的!但是我抓到了他,他很不服气,就开始打我!"

葛老师了解到他们以往的恩怨以及这次的事件后,她想:班主任工作繁杂又辛苦,同时又要处理家庭教育问题,实属不易。这两个孩子也是我从一年级开始手把手教的,对于他们的现状也是焦急万分。作为他们的语文老师,我必须要配合班主任做好家庭教育工作,从中调解,淡化矛盾,平息事态,做到大事化小,小事化了。自己要站在班主任的立场上,为学生着想,让他们端正态度,专心学习。于是葛老师决定要好好和班主任一起找他们家长谈谈,让他们能够彼此打开心结。

过了不久,两个孩子的家长赶来了学校,了解到整件事情后,小鹏的妈妈很不耐烦地说:"你这孩子怎么又闯祸了?你爸不管你,我也懒得管你了!"而一边小嘉的爸爸认为自己的孩子被欺负了,也扯着嗓门:"你这小子怎么这么没用,被欺负了只知道哭!"张老师连忙说道:"这两个孩子的本质都不坏,只是平时缺乏关注,我们老师在学校里会好好教育他们,希望家长能够多腾出些时间来陪伴孩子。""可是我们实在没时间啊,要工作要陪孩子,累都累死了!"小嘉的爸爸连连抱怨道。"工作永远都做不完,孩子的成长稍纵即逝,现在是习惯养成的重要阶段,一旦错过就来不及了。"张老师又语重心长地劝说着。一直在旁边责怪儿子的小鹏妈妈默默地说道:"哎,怎么办啊,这孩子那么让人操心。"

这时,小鹏突然情绪失控,哇哇哇地大哭起来:"我只有在学校里闯祸了,你才会过来看我,妈妈,我已经好多天没看到你了,好想你!"小鹏的这一番话让老师们有点震惊,又有点感动。于是葛老师蹲下身来,拭去小鹏脸上的泪水,对他说:"小鹏啊,你今天默写本要不要拿给妈妈看看。"他的头点得跟拨浪鼓似的。当小鹏妈妈看到了一个接一个的五角星后,有点不敢相信,非常惊讶地看着儿子。葛老师对小鹏妈妈说:"孩子是很需要家长的关注和陪伴的,他在学校里虽然平时有些捣蛋,认真学习起来可是一点都不含糊呢!你们要多陪伴他,发现他身上的闪光点,少点批评埋怨,多点鼓励表扬。工作再忙,睡觉前都要和孩子交流,聊聊今天学校里发生的事啦,给孩子读读故事书啦等,这样孩子才能身心健康地成长。"小嘉爸爸在一旁听了也频频点头,似乎也知道了自己错误的教育方法。

就这样,在亲情的感染下,两个孩子握手言和,彼此的心结打开了。意外的小矛盾,通过任课老师和班主任的巧妙化解,让两个孩子的心找到了归属,温情融化在了心田。

【点评】

案例中葛老师主动帮助班主任开展学生教育,起到了很好的效果。一是科任老师和班主任联手,可以各展所长,丰富对孩子的观察和了解;二是科任老师换个面孔开展教育,也是换种视角和语言体系,能让孩子和家长更加重视;三是科任老师能借助学科学习,创造出一些新的教育契机,就如同案例中的小嘉,正是在语文学科的学习上有优势,也更能让孩子找到自尊心和自豪感,能让家长表达被关注的需求。

二、职初教师

(一) 家庭教育指导的理念与意识(常见问题)

刚入职的新教师,刚刚走上工作岗位,由于年轻,家长可能对你的能力产生怀疑,甚至轻视你;而新教师由于年轻缺少实际经验,面对家长的挑剔和无端的指责往往不能很好地克制自己的情感,从而造成不必要的矛盾和障碍。如何解决新教师在与家长沟通中存在着的这些困难?我们认为应该从新教师与家长沟通入手,不断提高新教师与家长沟通的方式、途径与技巧。

1. 礼让不避让

尊重是人与人之间交往的基本原则,也是学校建立亲师关系、开展家校合作的基础。作为新教师,面对家长的冷淡、质疑,甚至是挑剔和无理取闹,一定要以礼相待、进退有度,避开锋芒、放低姿态。但是在教育的问题上要不妥协、不让步,用爱心和责任对待孩子,摆事实说道理,就会赢得应有的尊重。

2. 主动多沟通

新老师在学期初,可以利用家访、网络沟通等让家长了解自己的班级工作的做法,有针对性地找家长沟通交流,定期反馈孩子的学习生活情况,适时地提供一些贴心服务,逐渐引起家长的好感,使其愿意建立亲师关系。需要注意的是,在与家长沟通的过程中,一定要有班级意识,以班级利益和孩子成长为重,公平坚持原则。新教师做家长工作时首先要公平对待每个人,公正处理每件事,其次要做到照顾大多数、兼顾两头,要认真对待主动来访的家长,同时,积极关心、主动争取"躲在后面的家长"。如果家长能够了解和体会到老师对自己的孩子付出了一对一、百分百的努力,自然就会心存感激,回报一份尊重。

3. 通情又达理

有效的沟通基于彼此的信任。良好家长关系的建立有赖于家长对教师的信任,新教师要赢得家长信任必须在日常的一言一行中积功累德,让自己很可爱、好接近、可依赖。

4. 能言不善辩

新教师要明确,和家长沟通并不是为了简单地建立亲师关系,其最终目的是为了孩子的身心健康和幸福成长。作为新教师,要树立专业形象,不能简单地向家长灌输专业知识,更不能把家长当成业外人士认为不可理喻,而是应该把一些理念和具体的教育要求进行转化,虚心地倾听、读懂家长的情绪以及真实的需要,把问题具体化,再逐个给予积极的回应,帮助家长提高认识、澄清事实,找到问题根源和解决方法,共同为孩子的发展服务。

总之,新教师要多换位思考,以贴心、诚心的优质教育赢得家长们的信赖与支持。既要更新观念、转换角色,又要平等对话、真诚沟通;此外还要在实践中加强研究与探索的力度,不断创新工作思路,改进工作策略。

【案例】

一节未上完的课

小张是一名四年级的学生,她性格内向,平时与老师主动交流的情况很少。班主任林老师是一名职初期教师,老师通过与家长沟通知道小张的家庭情况有些特殊,父母离异,由妈妈抚养,但由于工作需要,她的妈妈长期在外地,所以小张一直和外婆外公生活。学期初,小张在学校感到头晕,班主任与她外婆联系接孩子去医院检查。事后交流得知孩子在家也经常头晕,这一次去医院检查出脑部有一个良性的小肿瘤,为了不影响学习,决定先吃药治疗,等到放假再做进一步治疗。

某天上午的一节语文课上,林老师提出一个问题让学生们小组讨论,巡视着大家的讨论情况。就在这个时候,突然听到教室后排的小蒋同学喊道:"老师,小张说她头晕,很难受。"林老师发现小张脸色不好,嘴唇微微泛白,立即请同学把小张带到医务室,随后便联系了家长。可是打了好几通电话始终无人接听,担心小张的情况,林老师请其他老师帮忙进教室,自己去医务室看小张。小张平躺在医务室的床上,一问才知道原来前面一节课就开始头晕,却不敢和老师说。卫生老师建议马上去医院检查。可这个节骨眼上却怎么也联系不上孩子家长,考虑到孩子的身体状况,林老师与学校领导沟通后决定先带孩子去附近医院观察,如果孩子身体更加不适,可以及时得到控制。到了离学校最近的医院,和医生说明情况后,做了简单的检查,这期间,孩子家长的电话还是没有打通。林老师陪着小张坐在医院里,不久,孩子外婆的电话终于打来了,电话里进行了简单的说明,小张的外婆便匆匆往医院赶来。

"林老师,孩子这两天挺好,没说过头晕,今天突然又晕了。我看到那么多电话真是吓死了。"说着,小张的外婆赶紧去看小张。

"之前一节课就有点了,可孩子也没说,到了语文课,还是别的同学举手告诉我的。想马上联系你,可电话一直没人接,心里也着急。"

"林老师,我去姐姐家里,一直和她们在厨房烧菜,电话也没听到,忙好拿出来看到你打来那么多,我心想肯定是小张有什么事,赶紧联系你。"

……

看到孩子外婆来了,林老师的心里踏实多了。

"林老师,小张在学校有没有做过剧烈运动?"

"早上做了广播体操,也没上体育课。考虑到你之前跟我说过她的情况,我也很担心,就把她先带到医院,如果有什么事也可以处理得及时些。"

"谢谢你林老师,本来还想不影响学习进度,等到放假再好好看看,现在这样上课头晕,课也没办法好好上,只能带她再去之前的医生那里查查看现在的情况。"

"孩子的身体最重要,还是早点治疗比较放心。如果有什么要学校配合的,及时和我联系。"

事后,家长带着孩子做了进一步检查治疗,根据医院的检查结果和医生建议,家人商量决定让孩子停课开刀,学校方面也积极配合医疗保险等事项。

作为工作不久的新教师,处理突发事件的经验不足。但作为一名教师,在学校发生任何突发状况时,都应该第一时间通知家长,如果再联系不到家长,教师要先以孩子的情况为首要关注点,及时做出有利于孩子身体状况的决策。与家长取得联系后,详细说明情况,使家长知晓事情的全部过程,做到不隐瞒不欺骗,以耐心诚恳的态度对待家长,共同将事情解决好。

【点评】

学生突发疾病后教师如何有效处理,往往会影响家校之间的信任与合作关系。案例中林老师的做法很好,首先,平常就要对学生的身体状况、家庭监护人的联络方式与状况有清晰的了解;其次,当紧急状况发生后,能有条不紊地进行报告、与医务室协同、联络家长、适时送医等一系列工作,保障学生安全;最后,当与家长联络交接时,能耐心诚恳地说明情况,有效沟通。

(二) 如何尽快与家长建立互信关系

新教师刚刚踏入岗位之时,事情往往一茬接着一茬,心里迫切想寻求家校合作,但在沟通前的准备、沟通的方法和技巧上还不成熟,导致无法进行有效沟通。如何解决新教师在与家长沟通中存在着的这些困难?我们认为应该从新教师尽快与家长建立互信关系入手,不断提高新教师与家长沟通的方式、途径与技巧。

【案例】

面对第一次的新生家长会,我该怎么办?

8月底的一个酷暑夜晚,一年级的教室各个灯火通明,这里即将举行新生家长会。如果说室外的天气是炎热的,那么坐在教室里的家长们他们此刻的心更是无比火热。因为那是他们参加的第一次小学家长会。家长们欣喜、新鲜、好奇,并带着一连串的问题走进教室。他们和孩子一样期待即将开始的小学生活。

在所有家长无比期待的目光下,作为职初期班主任的我走上了讲台。虽然这是我第一次召开家长会。面对全体家长,心中略有不安。但在这之前,我已经做足了功课,在向周围的老班主任讨教经验之后,记事本上已写满了今晚的发言稿。因此,我胸有成竹,面带微笑,自信地说道:"各位家长晚上好!很高兴能站在这里第二次见到大家。记得上次见到各位还是一个月前家访的时候。一晃两个月的暑假即将结束,不知道在座的各位家长和孩子们是否都已经做好了准备,迎接崭新的小学生活。"我心里非常清楚家长们此刻最关心的是什么,最想了解的又是什么。所以,我从自我介绍、互相了解开始,针对学校对一年级新生提出的"零起点"要求对家长们进行了解释说明,并针对家长们最困惑的如何帮助孩子平稳地度过"幼小衔接期"进行了答疑解惑。

一、互相介绍,增进了解

首先,我播放了事先制作好的视频。一张张配有学生名字的全家福映入眼帘,家长们开始窃窃私语,喜出望外的表情写在他们脸上。没错,这36张全家福正是暑假家访时拍下的学生照片。播放视频期间,我不时按下暂停,请照片中的家长介绍自己与孩子的基本情况,又或者说说孩子的性格、爱好、家庭情况等。家长们都很期待看到自己家庭的照片,在欢声笑语中他们对彼此有了一个初步了解,而最后这36张照片汇聚成了一个大爱心。我告诉家长们,从今往后的五年,我们将凝聚在一起,一同陪伴着36个孩子成长、成熟,我们都将是这个大家庭中的一员。随后屏幕中央出现了我的照片,作为这个大家庭的主心骨,我向各位家长介绍起了自己。这是我踏上神圣的教师岗位后的第一个班级,我和所有家长一样期待着接下来的新学期。我向家长们保证会在自身不断努力下与孩子们一同成长。虚心诚恳的态度,以及视频的用心制作给了家长们第一份惊喜。

二、走进"零起点",提前感受"精彩校园"

在轻松活跃的氛围下,相互有了初步认识之后,我针对学校对于一年级新生要求,开始了今天的讲座《认识"零起点"教学》。

根据市教委针对小学一年级新生入学提出的有关"零起点"教学的概念,相信家长们一定是陌生的。我事先查阅了大量资料,寻找相关媒体。家长会上通过一段动画短片让家长们对"零起点"有个初步认识。"零起点"教学的提出,是针对当前学前儿童"抢跑",即过早、过多地进入学科知识学习的现象而言的。说到这,我顺势将事先打印好的调查表下发,请家长们勾勾、填填孩子目前在课外参加学习情况,了解班里学生目前"非零起点"状况。并具体介绍起"零起点"教学的主要两方面内容。

通过我的介绍,家长们对于孩子未来学习的方向也更加明确。随后,我将学校依托"零起点"教学开展的精彩丰富的校园活动通过一张张图片以及视频呈献给家长。家长们各个目不转睛地看着屏幕,随着我的介绍让家长们更快地走进校园,了解学校,提前感受了孩子们即将体验的多彩校园生活。家长们惊讶于刚刚入校的新老师居然对教育政策、学校活动有了那么深入的了解,他们对台上的我频频点头。

三、你问我答,推荐好书

但家长们心中对小学教育还有许多疑惑、忧虑。例如孩子厌学想回幼儿园怎么办?中午想睡午觉怎么办?在集体中自我封闭,不敢说话怎么办?诸多关于如何帮助孩子平稳度过"幼小衔接期"的问题。也许家长们觉得这些问题会难倒刚刚工作的我。其实早就在暑假,我就针对一年级新生的各种不适问题做了深入了解。

首先我介绍了什么是"幼小衔接"。接着通过与家长的一问一答,进行答疑解惑,帮助家长们消除心中疑惑,将从老班主任那里学习到的丰富经验传授家长,问题一个个迎刃而解。其实,家长们所有有关孩子幼小衔接的问题在一本《陪着孩子慢慢来——新生家长手册》中都有解答,我将这本手册分享给家长,一一解读书中的问题。

通过我与家长的互动问答,家长们也深深地感受到我这位新班主任对于工作的认真态度,我的专业知识让所有家长有理由可以放心地把孩子交到我的手上。家长会尾声,全体家长用热烈的掌声给予我工作的肯定,更是对职初教师极大的鼓舞与动力。

对于职初期的新教师,一切才刚刚开始,这第一次的家长会是一次极大的挑战。如何开好新生家长会,能够让家长对小学生活有个初步了解,增进对小学各项工作的理解和对新教师的信任呢?这就需要我们职初教师虚心求教身边的同事,认真学习相关理论知识,阅读大量相关书籍,精心准备好家长会的每个流程、细节,你的用心与努力一定能消除家长们的疑虑,取得他们的信任,赢得每一位家长的支持配合,同时也迈出了家庭教育指导的第一步。

【点评】

展现专业形象,赢得家长信任,这是职初教师的"必备课";大到每一场家长会,小到家长约谈,都需要进行精心准备。

要备好这些课,就需要对家长的需求进行了解,对各项工作充分熟悉,对各个环节和准备精心设计,对家长可能产生的疑问进行预设并准备解答……这是一种专业的态度,是对家长的尊重,也是对职业的尊重。当然,如果万一出现意料之外的问题,也大可以坦然承认不足或者未知,事后及时了解再与家长沟通,更能获得家长的信任。

【案例】

让"带病上阵"的孩子安心回家休养

今年9月,作为一名新上岗的职初教师我迎来了第一批活泼可爱的一年级新生。在暑假家访和与家长们的聊天中,我发现这个班级的家长对孩子的关注度很高、跟老师的互动似乎也很积极主动。为此,我心中不禁感到欣喜,因为我深知,关于孩子的教育问题,能够取得家长的积极主动配合,方能达到事半功倍的效果。

为此,我组建了一个家长微信群,方便家长及时了解孩子的在校情况以及各项要求,以配合学校教育到家庭教育的延伸。这样一个其乐融融的班级群在顺利开展了小半个学期后,逐渐出现了不怎么和谐的音符。

春暖花开之际,不仅是万物复苏的季节,对于孩子们来说也进入了流感等传染病的高发季节。先是班级里的唐小宝感冒了,妈妈在群里发了一张孩子边挂水边看书的照片,并附文:"高烧中的孩子,依然不想落下课,挂完水坚持要去学校上课,精神可嘉!妈妈的好儿子!"消息一发,自然在"其乐融融"的班级群里引起了一阵夸赞声:"唐小宝真棒!"或是一些暖心的鼓励"唐小宝加油!快快好起来哦!"还有的家长留言说"带病坚持上课,真是我们家××学习的榜样。"

对于带病来上课的小唐,我对他也是照顾有加,常常询问他身体状况、督促他多喝水休息。虽然在班级中只有这一个"带病上阵"的小战士,但看着隔壁班级已经有近10个孩子病假的情况,我的心中不免有一丝担忧。

果真,在接下去的几天里,班级里又陆陆续续出现了几个病号,不仅高烧症状相同,还几乎都被医生诊断为"肺炎"。而此时,班级群里"晒"孩子带病上阵的帖子少了,群里开始出现了从未有过的寂静……几个病号的家长开始和我私信沟通或者来校当面交流,有的已经为孩子请假,但更多的是说"张老师,孩子竟然肺炎了,可我们实在不想让他落下功课,麻烦你多关照呀。"有的家长说:"张老师,我们家小赵说什么也不愿意在家休息,说是唐小宝可以坚持,他也要坚持,我们也拗不过他,就让他挂完水继续来上课吧。"……各种说法,总之就是想让孩子坚持完成上课。此刻我很犹豫,又不想打击孩子、家长对学习的热忱,可一想到这流感的蔓延,不禁又为更多孩子的健康感到担忧。

在没有想到如何更好地劝说生病孩子的家长,不要坚持让孩子来上课的沟通方法前,我只好每天请卫生老师帮忙在教室里熏醋消毒,希望能用这种方法暂时控制疾病蔓延的状况。就在这时,平静了好久的班级群里开始出现了一位家长的抱怨:"各位家长,我是小周同学的家长,我们已经病假在家一个多星期了,现在孩子状况已经有好转,但我还是想让她在家好好休养,免得再次交叉感染!但对于很多家长让孩子带病上课的情况,开始大家都是鼓励赞同的,但我感到十分的气愤!你们有没有想过其他小朋友?本来可以健健康康每天上学,却因为你们的自私坚持而被感染上疾病!我觉得学校也应该有相关规定,不能让生病的孩子带病上课!"之后也有很多孩子生病的家长附和表示抗议。看到这些家长们的言论愈演愈烈,我觉得应该要采取一些切实的措施让生病孩子回家休息才能控制疾病的蔓延,平息家长间的矛盾,这样才有利于将来更好地相处。

本来孩子来不来上课就是家长自己决定的事情,但是小周同学家长的话虽然偏激但也不无道理。我觉得,首先要了解家长们坚持送孩子带病上课的真正原因,然后有针对地解决,这样才能皆大欢喜。于是,我找了唐小宝等几名带病上课的孩子家长了解情况。有的说:"老师,现在我们都很在乎孩子的成绩,就是怕落下了再赶上去很吃力。"有的说:"群里不是很支持带病上课,我们也不想让孩子带病上课,但是孩子自己觉得休息在家就得不到大家的赞赏了。"还有家长说:"现在进度都很快,老师也忙,我们也怕麻烦老师给他补没上的内容。"……了解了具体情况之后,我也舒了一口气,只要能解除家长孩子们的疑虑,自然能让家长心甘情愿地把孩子接回去休息,孩子的病情也能得到恢复,班级流感蔓延的趋势也会从根本上得到控制。

于是,我立刻投入到和不同家长沟通的工作中。首先,我找了那些害怕孩子落下功课跟不上班级进度的家长,告诉他们等养好病再来校时,老师会利用课余,将新授的内容重新补课。对于想做"小英雄"的孩子,我首先肯定了他们的精神,也与孩子和他们的家长同时沟通,一起权衡身体和暂停学习的轻重利弊。对于我的解释和引导,家长和孩子们很乐意接受。终于,在第二天的课堂上,"带病上阵"的小战士们都回家好好休息了,一场风波得以化解。

通过这件事,给我这个新上岗的青年教师上了很生动的一课,让我深深感受到教育不仅仅是教师一个人的事情,只有家校合力才能有效发挥作用。如果老师在家校沟通时能把家长的积极性也激发起来,再借助这个力量去激发孩子的积极性,这无疑就是"借力打力"的最高境界。而一旦家长们的积极性被激发起来之后,他们也就不会抵触老师的教育,而是会积极地配合老师的工作。和谐家校关系的形成,有助于家长对学校和班主任工作的理解和支持,更有助于家长和学生对学校的认可。

【点评】

一个好的群体,对其中的个体的行为有约束作用,使群体内的成员更容易形成良好的行为规范。班主任利用家长群,形成家庭与学校的良好互动,这种做法是可取的。但是也要注意,群体有时也会有不好的影响,例如盲目跟风。因此,班主任需要敏感地把握在群体内发生的"第一例事件",并进行有效地处理和引导,能让后续的行为朝着更为规范的方向发展。

【案例】

如何面对家长的"非常规"请假

"王老师,中秋节前我们要请两天假,带孩子去泰国旅游,这是暑假里就定好的……"

"王老师,我们国庆节要回崇明,晚走会堵车,今天下午我想请假……"

"王老师,最后两天返校我们不来了,订好了去日本旅游,晚一天走价钱贵好多……"

刚做班主任不久,我就遇到了一个大问题:一到节假日前夕,我就会接到家长各种各样的请假电话,他们请假的理由还真是五花八门。像这样频繁的,以不正当理由请假的现象,我真不知道该怎么应付才好。同意吧,那就没完没了,影响孩子学习;不同意吧,又怕不给面子,家长不高兴,哎,真是头疼!

这不,前两天又有家长来请假。那天放学后,小张同学的妈妈带着小张同学来办公室找我,说是她和孩子爸爸结婚十周年纪念日,想趁着这个机会带上两个老的一起出去旅游一次庆祝一下。因为没人接送孩子,所以只好把孩子也带去了。一听这话,我的火就上来了,忍不住冲口而出:"那孩子的学习呢?落下三天的课怎么办?""我女儿是不肯,说老师说过为了玩请假不可以的。我也知道这样不太好,不过我们也是没有办法,落下的课我们自己补。""什么叫没办法,不可以换种方式庆祝结婚纪念日吗?不可以安排其他时间旅游吗?不就是觉得孩子读书没有庆祝纪念日重要吗?课自己补,你们自己能补,干嘛还送孩子来学校呀!"我真想这样反驳她,可是我看孩子在一边偷偷地抹眼泪,心想:孩子也是没有办法,只好听家长的安排。事情已经出了,要不同意,留下孩子显然也是不可能的。但我也不想随随便便就这样准假了。于是,我拉过孩子,摸着她的头说:"我们小张是个好孩子,老师说的话记得牢牢的。今天这事不能怪你,要怪妈妈没安排好。"听了我的话,小张哭得更伤心了。妈妈看了有些心疼,把责任都揽在自己身上,连声说:"是我不好,是我不好。"我说:"是呀,因为你们的不当安排,影响了孩子的学习,还给孩子造成了很重的心理负担。你们这样的情况,学校从来没有先例,我也不能擅自做主,需要请示领导。"我安排家长在办公室里坐一会儿,自己到外面找领导商量解决的办法。

最后,我还是准了假,但请妈妈写了张申请,说明请假的理由。我还告诉她之所以要写这份申请,是因为请假理由比较特别,时间也比较长,学校必须备案留档。听了我的话,家长可能意识到事情的严重,一再保证这是最后一次,以后不会了。

虽然准了假,但我心里真是不舒服,总想着要有更好的解决办法。于是我向办公室里其他的老教师讨教经验。最后,我觉得还是要在孩子的身上下功夫,让孩子了解学校的请假制度,再转告给他们的家长。有时候孩子的话也许会更管用。于是,我利用品社课、班会课、午会课加强了关于请假制度的教育。我让孩子们说说去过哪些地方旅游,说说他们喜欢旅游的原因,告诉他们旅游可以增长知识,放松身心,广交朋友,领略大好河山,老师也喜欢旅游。我又让孩子说说来学校学习一年多的感受,交流一年多来的收获,谈谈喜不喜欢上学,为什么?小朋友各抒己见,都认为这一年学会了好多本领,自己变聪明了;认识了很多老师和朋友,还能参加各种活动,很喜欢来学校。我又问如果上学期间,爸爸妈妈要请假带你出去旅游,你觉得好不好?为什么?这下教室里可是炸开了锅,大家议论纷纷。不过大部分的孩子还是觉得学习比较重要,旅游可以安排在假期进行。我及时表扬了孩子们热爱学习的精神,并创设情境,让孩子们说说,遇到这样的情况该怎样和爸爸妈妈说。通过一系列的教育,孩子们知道了只有生病或遇到一些突发的特殊情况才可以请假,请假必须要及时。

事后,我还是帮小张同学补了课。家长打电话来,再三表示感谢,说是给老师添麻烦了。我说:的确是添了麻烦,但这是我们的工作,我们应该的。只是补课的效果未必会有课堂听课的效果好,希望这样的事以后再也不要发生了。家长连连答应。

说来也巧,不久之后,小张同学查出早发育的毛病,专家门诊的检查只有周五早上才有,加上路又远,不得不请假一天。为此,她妈妈很早就打电话给我,再三说明情况,还保证可能的话,尽可能赶回来上下午的课。这让我感到很高兴,说明对孩子的教育在家长那儿也起了作用。

其实现在的家长也在逐步地改变中,他们在注重孩子学习课本知识的同时,也很关心孩子其他方面的发展。他们喜欢带着孩子周游世界,让孩子接近大自然,感受大自然的神奇;了解不同地方的文化,学会与人交往,在玩中增长知识。其实这是值得肯定的,并没有错。只是我们怎样让家长了解学校的各项规章制度,并自觉遵守是我们作为班主任应该思考的。刚从幼儿园升入小学,孩子需要适应,家长也需要适应。在小学第一次的家长会上,我们就应该让家长初步了解小学和幼儿园的不同之处,让家长知道遵守学校规章制度的重要性,明确请假制度的要求,以后才可以照章办事。在加强对孩子教育的同时,也要加强与家长的沟通交流,让家长认可我们的工作,自觉配合。所以,在这次事件后的家长会上,我重申了请假制度和要求,每到放假之前,我都会提前在微信群里告知放假的时间,提醒家长做好合理的安排。现在这种不正当理由的请假明显减少了。

【点评】

没有规矩,不成方圆。义务教育阶段学生有享受教育的权利,学校和家庭都必须保护学生的这一权利。学校会制定学生请假制度,对学生的出勤进行规范管理。因此,教师有必要向家长进行制度的宣传与说明。当然,"请'旅游假'"这一现象是近年来较多见,除了宣传制度加强自律,建议老师也可以就这一现象组织家长进行讨论,启发家长自觉。

(三)职初教师如何与有个性的家长打交道

如今家长的诉求不再仅仅局限于孩子的学习,而更关注孩子的全面发展,要求维护孩子的权益。随着家长的文化层次逐步提高,有着各自不同的教育理念,这样在家校沟通过程中,未必能与教师形成统一。虽然,绝大多数家长都能积极有效地配合和支持老师的工作,但也有家长或漠不关心、或百般苛求、或莽撞无理,我们权且把这部分家长称为"有个性"的家长。不管愿意与否,新教师们总会遇到这样一些家长,一旦遇上,情绪自然受到干扰而影响正常工作。"有个性"的家长给新教师工作带来的负面影响不可小视。因此,掌握一些应对这些"有个性"的家长的策略与技巧是职初教师工作的必修技。

【案例】

"闹脾气"的家长该"宠"还是该"限"

小 Z 今天还是没来学校上课。这已经是她第五天无故旷课了!

这次罢课的时间应该是小 Z 父母向老师"示威"历史上最长的一次。起因是只得了 2 票的小 Z 在大队委员竞选中落选。小 Z 父母认为这样的选举结果,完全是英语老师兼大队辅导员的"不公正"导致,其自认为小 Z 成绩优异,当选大队委员是顺理成章的。

面对小 Z 家长一而再再而三的激进表现,我的心理满是矛盾,放任不管吧,对孩子成长不利；管一管吧，却真的无从着手，找不到解决问题的有效方法。于是，我向我校几位经验比较丰富的老班主任请教接下来我该怎么办？"小Z的家长确实比较特殊，但作为班主任的你要做到工作细致、到位。尽管明知她为什么不来上课，但你也要坚持主动联系家长。"得到老班主任们的建议后，我接下来的工作有了方向。

于是，从小Z开始罢课的第一天一早起，作为班主任的我就主动去电话咨询原因。可是，小Z家座机、小Z父母手机全部无人接听。为了做到工作"细致"，一上完课，我就匆匆赶到小Z家中，却家门紧闭，无论门铃怎么响，都没有任何回音。我不死心，留了一张纸条从门缝中塞入，告知小Z父母我下班后还会过来，希望他们能与我进行当面沟通。下班后，我又一次地来到小Z家，但依旧无任何人应答，拨打家中电话，也是只闻铃声，不见其人。街坊邻居听到了声响，走了出来，告知我中午还看见小Z的妈妈买菜回来呢，家里应该有人的。但是任凭我使出浑身解数，依旧不见任何动静，无奈之下，我再次发了一条短信给小Z父亲母亲，希望排除小Z身体以外的情况，他们能够让小Z来上学，大队委员选举中的困惑也可以当面来谈。但发出去的短消息石沉大海，期间拨打手机也都响了一下后，就被按掉了。

到了第六天，小Z父亲终于接了我的电话。电话那头的父亲显得有些激动："你们学校里选举很多都是拉帮结派，什么安徽帮、苏北帮、河北帮等都在欺负我们小Z，而大队辅导员视若不见，有意包庇纵容这些帮派。还有这次在竞选版面中，大队辅导员有意将小Z的'自我介绍'放在了末端……"

"无论什么原因，我请您让小Z同学能够正常来学校上课。如果您有什么想法，我们可以约个时间坐下来沟通。"耳边响起老班主任的支招，碰到这种情况，电话里道理是讲不通的，要保证孩子来校上课才是当下之重！可是，小Z的父母执念太深："我们的事情还没解决，孩子怎么有心思来上课？"言下之意，小Z父亲就是要求让小Z当选大队委员才肯来校上课，否则一切免谈！

从前任班主任那里了解到，小Z父母当年从成都北路动迁到彭浦新村时，采取了"钉子"策略，分得了比邻居优越的住房。而今，在大队委员的选举过程中，结果与他们的预想有出入，他们又想使用这种策略来解决问题。可大队部选举不偏不倚，严格按照程序公正操作，大队辅导员也未有任何偏私行为，一切都有据可查，在家长提出的这个无理要求面前，我觉得必须坚持准则。

虽然我每天都努力坚持着主动联系家长，可是却毫无所获。我决定调整工作方式——尝试从法制角度与家长沟通！

于是，接下去每天一早，尽管小Z父母可能不会接电话，但我坚持每天打电话过去;空余时间,我会发短信过去,规劝他们让小 Z 早日正常来校上课,否则拖课太久、太多,恐怕跟不上同学,到时候,不要说大队委员,可能连小干部都会落选了;并告知他们义务教育法的中明确指出,父母作为监护人,应当尊重未成年人接受教育的权利,必须按照规定接受义务教育,不得使在校接受义务教育的未成年人辍学。他们这种行为是违法的。另一方面,学校也将此事的来龙去脉上报上级组织部门。

果然,经过我单向的短信"沟通"后,终于,在第十四天一早,小 Z 出现在教室里了!我给她父母发去短信表示感谢,感谢他们将小 Z 送来读书了,并让他们抽空来学校当面进行沟通。据小 Z 说,她是被父母强行关在家里的。不能正常来学校上课其实她内心也很着急,可是她母亲全职在家,24 小时看着她,她也苦苦哀求,但是无济于事。我抚慰小 Z,并晓之以理、动之以情地跟她分析了此次事情造成的影响,明确了是非对错,同时也告知她,学习上的问题,老师们都会利用休息时间帮助她补习,让她不要担忧。

经验丰富的老班主任们及时帮我总结:今天小 Z 能够来学校,一是时间长了,父母也能相对冷静看待此事了;二是因为我每天发去的短信内容多少对他们是有点作用的。同时,老班主任们也不忘提醒我:如果此事就此了结,那么,小 Z 父母日后和任课老师、和大队辅导员还会产生这样、那样的矛盾的,一旦有了矛盾又会做出类似过激行为。所以我和小 Z 父母进行一次深度的当面沟通还是很有必要的。

在我的再三邀请下,小 Z 父母来到了学校。同时,我还邀请了校领导、两名任课老师和大队辅导员,进行了长达两个半小时的交流。首先,我明确了这次双方交流的目的:为了孩子健康的成长;其次,数学老师、英语老师将一直以来小 Z 父母的"误会"进行解释;然后,大队辅导员先将选举流程进行说明,再解释了"自我介绍"是按照姓氏的首字母进行排序,"Z"是字母中最后一个;接着,播放了当时选举的全程录像,清楚再现了完全按照公平公正的民主选举产生出新一届的大队委员的过程;最后,我把事先录好的小 Z 就此事的想法放给小 Z 父母听,让他们从根本上了解孩子内心真实的想法,不要妄加猜测孩子的心理,不要强加自己的想法在孩子身上。同时我对小 Z 父母的这种过激行为对孩子存在的不良影响进行了批评,并希望他们相信老师解决问题的能力,遇事常作沟通以免不必要的矛盾。面对各位老师毫无芥蒂的诚恳话语,聆听着孩子对自我成长的肺腑之言,感受着老师所传递出的真切关怀,从最初高扬的脖颈一脸的怨恨,到低垂的眼睑一脸的尴尬,小 Z 父母从神情到举止都悄然地发生着变化。最后,他们表示今后将多与任课老师沟通交流,不以一己之私妄加揣测,也表示会积极配合学校和老师们各项工作的开展。

从这以后,小 Z 再也没有因为这样那样的事情"罢课"了!

在班主任工作中遇到难缠的家长,无论矛盾的对象是谁,首先绝对不能轻易回避,了解事情真相,搭好沟通桥梁。遇到语言尖刻、态度蛮横不讲理的家长时,一定要把握好尺度,不卑不亢,说话时软中带硬,软中有理;切忌不能和家长发脾气,硬碰硬,那样只会使问题变得更糟,摆事实讲道理,明确要求指导方法,让家长真心感受到你是为了他孩子好,一切也就能迎刃而解。

【点评】

"晓之以理,动之以情",这是案例中老师与家长沟通的重要原则。在案例中,选举工作有规范的程序和流程,Z同学没有当选,家长的失落情绪可以理解,但做法失当。老师了解了学校工作流程、分析家长心态之后,能够向家长及时解释和说明学校的各项制度,包括选举制度和学籍管理制度,这让家长对规则有所敬畏和遵守。在说明这些原则、共同遵守之后,教师和家长就孩子的失落情绪以及如何后续发展进行讨论,才是真正的各司其职、平等沟通、有效协作。

【案例】

沟通　从爱开始

今年的教师节,我收到了一个快递,打开一看是一盒包装精美的巧克力,还有一封信,信封上的署名是"××强"。

看到小强的名字,我喜出望外,赶紧拆开信封,看到信里用工整的笔迹写着:"敬爱的李老师,您好!

我是曾经让您头疼了一年的小强。

前几年由于我父母工作忙碌,无暇管我,我特别顽劣,惹您生了不少气!虽然您很生气,但还是经常放学后帮我补作业。整个学校很黑暗,可我们教室的灯依旧亮着。我补完作业,您还会打车把我送回家,让我感受到了犹如妈妈的爱!真心向您说一句迟来的'谢谢'!谢谢您对我的关心和照顾!

我升入初中后,爸爸对我关心了很多,我的成绩也一直稳步提升。我一直很后悔当初的行为,我想能够报答您的,只有好好学习!相信只要我努力,一定不会辜负您的期望!

今天是教师节,在此衷心的祝您节日快乐!永远快乐!

永远感激您的学生:××强"

看到这封信,这份特别的礼物,我的内心无比激动!

前年,我大学毕业刚参加工作,就遇到了一名全校出名的顽劣生——小强。他父母离异，母亲在外地，父亲生意起步阶段，平时工作很忙。虽然家境还算不错，可他却喜欢拿别人的东西占为己有，喜欢推搡别人与别人起争执，吃饭时常把自己的菜夹到别人的碗里取乐，上课的时候会突然间哈哈大笑影响同学上课，经常不完成作业，就算完成作业也大多是抄同学的，或者把本子藏起来……可以说，他做过的错事数落个几天几夜都数落不完。

我对他讲道理，希望通过道理使他"折服"，没用；我严厉批评他，希望通过"威严"把他吓到，没用；我把他拉到校长室门口，吓唬他说把他"撵走"，还是没用。教育他的时候，他点头表示做错了，可是过后还是我行我素。当时小强只是一名五年级的小学生，可行为却像个叛逆的青春期少年。在用了诸多方法都没用之后，我只能把小强变好的期望寄托在他的家长身上。刚开始几次找他家长，家长还是蛮配合的，在家长的配合下，小强有所收敛。不过因为家长比较忙，不能对他持续的关心和教育，小强常常是好了一段时间后，又开始老样子。于是我就经常找家长，家长渐渐对我不耐烦起来。记得最后一次找家长，家长对我大吼说："教育学生是老师的责任，孩子在校不好，你老师要负责任，关我什么事？以后再也不要来找我。"

对于刚毕业的我来说，对自己的工作充满着热情，希望得到领导的认可，可是却碰到了这样一名能让人发疯的学生，和极其不负责任的家长，真的感到气愤和无奈啊！可是我毕竟刚工作，不能输在工作的起点上啊！怎么办呢？想办法"赢"他，一定要想办法"赢"他，不要让小强搅乱我的班级！

放学的时候我把小强留在学校，让他写作业，有时留到很晚，我会打车送他回家。留了几天后，我发现小强的行为有所收敛，成绩也提高了一些。我心里暗自高兴，想着不能放松，一定要"赢"过他！又陪小强写了一段时间的作业后，发现他学习成绩和行为习惯都越来越好，我很开心。再想到小强是因为缺乏家人的关爱，想引起别人的注意，才变得这么叛逆。我又想通过我的"关爱"让小强得到温暖。因此在后来的学习、生活中，我都尽量做到对小强关爱有加。放学后依旧陪他写作业，就这样，一直坚持到小强小学毕业。在我的陪同下，小强在五年级下学期时，成绩提高了很多，不良行为也没有发生。

毕业那天，小强的父亲找到我，表示对我非常抱歉与感激。抱歉的是没有配合老师一起教育孩子，感激的是老师没有放弃连他都认为无可救药的孩子。小强的爸爸哭了，表示无论有多忙，都不会放弃自己的孩子，一定会做一个负责任的好父亲！作为班主任，我很欣慰，也很庆幸。庆幸自己有这种要"赢"过小强的执拗性格，庆幸自己用这样的方式，"惩罚"变为"关爱"，来爱护帮助小强。因为我的关爱，小强由问题学生变成了一名好学生。因为我的关爱，感化了小强的家长，小强的父亲也意识到了自己对孩子的疏忽。对于刚工作的我而言,更增添了对工作的热情和信心。没想到一年后,小强还会给我惊喜,原来我的坚持付出都是值得的!我为曾经教过这样一名学生,感到自豪和骄傲!

其实,每一个问题学生的背后,都有一个问题家庭。随着生活节奏的加快,家长们忙于生计,加上有的家长自己文化水平有限,对孩子的学习只能睁一只眼,闭一只眼。很多时候,要转化问题学生的同时也要转化其家长。如今我还做班主任,还经常会遇到一些有问题的学生和不配合工作的家长,但是经历过小强这件事之后,我相信用"家长不配合,唯有以爱换爱"的方式,任何困难都将不是困难了!

【点评】

家长需要学习教育孩子的方法,有些问题孩子的家长,常常有教育孩子的无助感。如果教师总是只向家长告状,家长容易心理防御,表现出推卸责任或者指责学校。所以,如果教师有经验,那么就具体进行指导;如果教师还没有充分的经验,就尝试着找到教育孩子的方法,然后带领家长一起前行。家长会最终成为学校教育的支持者、同行者,成为子女教育的称职承担者。

【案例】

理解 协调 和谐

我是一所寄宿制学校的职初教师,在我的班级里,有不少家长忙于做生意或自己的工作,恨不得让孩子365天都住在学校里,哪怕是孩子生了病,家长还是坚持要让他来上学。在我刚接手一年级时就遇到了这样的问题,真是让我左右为难。

"老师!老师!小邱脚骨折了!昨天晚上被她妈妈接回家去了!"一大早,我刚走进教室,听到这个消息,满脸的笑容就立马僵住了!昨天晚班离开的时候30个人还都是好好的,怎么睡了一晚,就有人骨折了?"怎么回事?是谁推她了?还是谁和她一起追逐打闹了?"一连串的质问声并没使孩子们安静下来,他们异口同声地说:"NO!NO!NO!"

原来,昨天下午我们学校的孩子进行体能测试,也许是比较劳累,也许是不小心,傍晚下楼洗澡时,小邱脚一软,自己崴伤了脚踝。开始她也没注意,可到了晚上临睡前,脚踝肿得像馒头,就跟生活老师反映。校医赶紧带她去附近的医院拍片,由于该院没有小儿科,校医只好通知家长把她接回家,到市新华医院儿科复查。

听到这里,我一颗悬着的心才安定下来,接着立刻联系家长:"小邱妈妈,孩子还好吧?骨折了吗?脚肿得厉害吗?一定很痛吧?""哦,张老师啊,医院拍了片子,说只是扭伤,没骨折,就是肿得厉害,一走路就疼得厉害,不能沾地。""那就在家多休息几天吧!""但是我们决定,还是让她到学校去,否则要拖课的。""没关系,拖下的课老师可以帮她补,到学校来会有很多不便,比如上厕所、吃饭、洗澡、晚上睡觉……再说万一小朋友碰撞到……""对不起老师,我们家里没人照顾她,我们已经出发在去学校的路上了,很快就到了……一会儿见!"家长冷冰冰地挂断了电话。

"嘟……嘟……"就算我再怎么想和她沟通,可她就是不接电话,这可咋办啊?作为一个新教师,我第一次碰到这种情况,不知如何是好!家长态度如此强硬,我该怎样应对?看来躲是躲不掉了,只能硬着头皮迎战了!

对了,可以去搬救兵!我先向同办公室的老教师请教,她们说:这种家长只能安抚,不能硬碰硬,他们把孩子送来了,你就要接受并安排好。无奈,我只好开动脑筋,想方设法做好接受的准备,先是安排个方便她进出的座位,再安排几个同学轮流负责帮她送水,打饭……唉……忙得焦头烂额!

刚安排妥当,家长就带着孩子来到了教室。我笑脸相迎,对家长说:"放心吧,我已经安排好了,同学们都会帮助她喝水、上厕所……学校也会安排后勤阿姨照顾她吃饭、洗澡的。"

"谢谢!"家长冷冰冰地丢下一句客套话,扔下孩子头也不回地走了。我当然也是做到了自己的承诺——先安排小邱一个人坐在两个人的位置上,这样就可以把脚翘在另一张凳子上,以免血流不畅,也避免被碰撞。接着安排好照顾小邱的小干部和几名学生上岗。

一下课,女孩子们就轮流搀扶小邱上厕所;有人给她倒来了温水;她写好作业,小组长立刻替她把本子交上去;中午,孩子们自告奋勇为她去食堂打饭、添汤、送餐盘……

其间,我主动向家长汇报孩子的情况,我总是把"放心吧!孩子很好!你们工作忙,就不要担心了!我会照顾好她的!"挂嘴上,并且让孩子和家长通话,让家长彻底放心。这下家长的声音不再冷冰冰了,语气也温和了不少。

很快到了星期五,孩子的脚基本能落地行走了。家长来接孩子,当他们看到小邱没有痛苦,脚也不痛了,学习也没有落下,反而开心地有说有笑时,立刻对我连声道谢!

这件事情以后,孩子的妈妈那总是拉长的脸上有了笑容,她也会经常来接孩子了(以前总是叫亲戚代接,自己很少亲自来校)。让我意想不到的是,在举办毕业典礼时,她还主动为班级借来了舞蹈的服装。

通过这件事,我深深体会到:每个孩子都是家长的"心头肉"。只有孩子们在学校开心,家长才会放心,只有获得家长的信任,他们才会主动配合、支持老师的工作。

作为一名新教师,这件事也让我认识到在与家长的交流中尽可能避免心浮气躁,不要急于发表自己的观点,要多倾听家长的诉求,不轻易打断家长的话。只有开动脑筋,多找找解决问题的办法,多与家长协商,才能取得理解。同时遇到问题要尽量在学校解决,不要依赖家长、麻烦家长,可以向有经验的老师请教,也可以在班级学生中进行友爱互助教育,这样才能做一个聪明的协调者,有效地增强和家长的沟通,融洽家校关系,最终得到家长的认可和支持!

【点评】

互相理解,以心换心是这个个案给我们的第一个启示。一般来说,学校与家庭各有分工,学校主要负责教育,家庭主要负责照养;但对寄宿制学校而言,这两者之间的边界无法非常清晰。有些时候,家长的确会因为一些实际困难和原因无法好好承担照养的责任。但一旦当家长感觉到学校、老师对孩子的关心、接纳和支持之后,会更加感谢学校,更加支持学校。同时,老师还巧妙地利用这一困难事件,转化成班级进行友爱互助教育的契机,既解决了照顾孩子的问题,还教育了班级其他孩子,可谓智慧!

后　　记

《教师法》规定:"教师是履行教育教学职责的专业人员。"每一位老师都深知,教书育人是自己天然的职业使命。学校是专门从事教育的组织机构,为人民大众提供教育公共服务,而教师则是学校组织中最重要的专业人员。那教师是不是只需要在学校里站稳三尺讲台?他们需要熟悉家庭教育,开展家庭教育指导吗?毕竟,众所周知,家庭是私生活的场所,而家庭教育是私人领域的教育活动。

答案当然是否定的。在厘清家庭、家庭教育和家庭教育指导三者概念的基础上,教师需要明晰家庭教育指导的价值与意义所在,从而深刻理解教师与家庭教育指导的关系:家庭教育必离不开教师的指导;教师工作无法游离于家庭教育。

然而,教育现实与教育理想总是有较大的距离,目前教师的家庭教育指导意识和能力还远不能胜任基础教育内涵发展的要求。由于教师家庭教育指导能力不足而导致的舆论事件也屡见于报端。

2015年10月,教育部颁布《关于加强家庭教育工作的指导意见》,意见中明确规定:"中小学幼儿园要建立健全家庭教育工作机制,逐步建成以分管德育工作的校长、幼儿园园长、中小学德育主任、年级长、班主任、德育课老师为主体,专家学者和优秀家长共同参与,专兼职相结合的家庭教育骨干力量。将家庭教育工作纳入教育行政干部和中小学校长培训内容,将学校安排的家庭教育指导服务计入工作量。"2017年3月,上海市相应出台了《关于进一步加强家庭教育工作的实施意见》,再次强调需要加强家庭教育指导的队伍建设:编撰既有理论支撑又有实训内容、符合家庭教育指导工作特点和要求的"上海市家庭教育指导系列培训丛书(教师卷)"。读者现在看到的一套四册《教师家庭教育指导实务》即是上海市教科院普通教育研究所家庭教育研究与指导中心积极落实文件精神,在上海市教委德育处的支持下,组织市、区、校三级家庭教育研究和实践的骨干力量编撰而成的教师培训用书。

改革开放四十年来,上海一直是家庭教育指导理论研究和实践推进的先行者。

《上海市家庭教育指导大纲》是我国第一部针对家庭教育指导工作的工作大纲。《上海市 0-18 岁家庭教育指导内容大纲(试行)》是我国第一部系统阐述不同年龄段家庭教育指导内容的大纲。而这套丛书的出版,作为国内第一套适用于在岗中小学幼教师、家庭教育指导者的开展家庭教育指导的通俗读本,希冀能够直接服务于上海中小学幼儿园教师的家庭教育指导专业培训,并在全国产生较好的示范和引领作用。

丛书是多方合作的科研成果。真诚感谢上海市教委德育处江伟鸣处长和上海市教科院普教所汤林春所长对丛书的策划出版给予的关心,两位领导多次参与书稿框架的研讨,并对丛书的出版和后续使用给予了支持。上海市教科院普教所家庭教育研究与指导中心成立了课题组,选择了静安、杨浦、虹口三个实验区,获得了实验区多方校长、教师的热情参与。从接到研究项目到成果付梓,历时两年多,历经调查问题、设计框架、撰写文稿、反复修改,汇集了众人的智慧,篇幅限制,不一一列举,在此深表感谢。感谢上海社科院杨雄研究员、华东师范大学李家成教授、上海市中小学德育研究协会副会长陈镇虎特级教师三位专家为丛书出版提供了诸多建议。尤其是杨雄老师,不辞辛苦欣然应允为本书作序!

由于时间仓促及认识上的局限,文稿的不足在所难免,还望读者朋友不吝赐教。最后希望这套既有理论阐释又有大量真实案例的丛书能够真正从书斋走向教育现场,成为教师的案头书,成为教师开展家庭教育指导工作的良师益友,对教师有实质的帮助。

编　者

2018 年夏

图书在版编目(CIP)数据

教师家庭教育指导实务:小学版 / 王君瑶,吴叔君主编. —上海:上海社会科学院出版社,2017
 ISBN 978 - 7 - 5520 - 2078 - 6

Ⅰ.①教… Ⅱ.①王… ②吴… Ⅲ.①小学生—家庭教育 Ⅳ.①G782

中国版本图书馆 CIP 数据核字(2017)第 257326 号

教师家庭教育指导实务:小学版

主　　编	王君瑶　吴叔君
责任编辑	杜颖颖
封面设计	黄婧昉
出版发行	上海社会科学院出版社
	上海顺昌路 622 号　邮编 200025
	电话总机 021 - 63315947　销售热线 021 - 53063735
	http://www.sassp.org.cn　E-mail:sassp@sass.org.cn
排　　版	南京展望文化发展有限公司
印　　刷	镇江文苑制版印刷有限责任公司
开　　本	710 毫米×1010 毫米　1/16
印　　张	14.75
字　　数	261 千
版　　次	2018 年 9 月第 1 版　2022 年 7 月第 7 次印刷

ISBN 978 - 7 - 5520 - 2078 - 6/G·700　　　　　定价:48.00 元

版权所有　翻印必究